Ulla Fagerlin Birgitta Hulterström Kristina Malmberg

KLÖPPELN

TRADITION UND NEUE ENTWÜRFE

rosenheimer raritäten

Ulla Fagerlin   Birgitta Hulterström   Kristina Malmberg

Klöppeln

Tradition und neue Entwürfe

rosenheimer

Inhalt

Vorwort

Dieses Klöppelbuch ist das Ergebnis langjährig gesammelter Arbeiten eines größeren Personenkreises.

Es richtet sich sowohl an Anfänger als auch an Fortgeschrittene. Das Buch beinhaltet Gründe auf traditionelle Art nach ganz neu entwickelten Mustern, aber es vermittelt auch Ideen zum eigenen Experimentieren und Entwerfen. Zusätzlich gibt es einige Klöppelarbeiten mit Mustern, aber ohne Arbeitszeichnungen. Das bedeutet, daß man individuelle Lösungen finden kann.

Wir hoffen, daß diese drei Abschnitte zum freien und selbständigen Denken auf dem Gebiet des Klöppelns führen werden, so wie dies früher zum Beispiel beim Weben und Sticken geschehen ist.

Dieses Klöppelbuch wurde in Gemeinschaftsarbeit hergestellt. Ulla Fagerlin hat entworfen und geklöppelt, Birgitta Hulterström geschrieben und gezeichnet, Hildur Kratz Musterproben geklöppelt, Kristina Malmberg die geschichtliche Übersicht verfaßt und Naime Thorlin hat gezeichnet und Muster hergestellt.

Zusätzlich wirkte noch eine Anzahl Personen mit Bildern eigener Klöppelarbeiten mit.

Marianne Erikson vom Röhsska Kunstgewerbemuseum in Göteburg hat den geschichtlichen Teil geprüft.

Ulla Fagerlin
Birgitta Hulterström
Kristina Malmberg

Anmerkungen zur deutschen Ausgabe

Wir haben die schwedischen Angaben zu Material, Einkaufsquellen sowie Fachliteratur beibehalten, weil wir glauben, daß diese für die Klöppelfreunde von besonderem Interesse sind.

Diesem Buch liegt ein Bogen mit 9 Klöppelbriefen zu folgenden Mustern bei:

Randspitze, Seite 58
Teveronika, Seite 60
Wegrand, 2,1 cm breit, Seite 62
Wegrand, 3 cm breit, Seite 63
Eiszapfen, 2,7 cm breit, Seite 64
Eiszapfen, 3,8 cm breit, Seite 66
Kornblume, Seite 67
Übungsspitze, Seite 72
Taube, Seite 118

Geschichte des Klöppelns

Eine geklöppelte Spitze ist ein durchbrochenes Fadengebilde, das gewöhnlich aus dünnem Garn hergestellt ist. Die Spitze ist oft Abschluß oder Außenkante eines textilen Gegenstandes. Das Wort *Spitze* bedeutet Kante oder Zacke.

Geklöppelte Spitze wird auf einem Polster mit Hilfe von Klöppeln, Garn und einem Klöppelbrief hergestellt.

Klöppeln stammt von einem alten deutschen Wort: *Knüppel.* Das Wort bezieht sich auf das Werkzeug, das man gebraucht, den Klöppel. Das geht auch deutlich aus den Begriffen in der englischen, französischen und holländischen Sprache hervor, nämlich: *bobbin* lace, dentelle au *fuseau* und kant*klossen.*

Geklöppelte Spitze ist im allgemeinen ein langes schmales Textilgebilde, das in Streifen hergestellt wird. Aber schon vor etwa 400 Jahren konnte man Bilder oder Motive klöppeln. In unserer Zeit ist es nicht ungewöhnlich, daß man sich in Form von Bildern durch freiere Arbeitsweise ausdrückt.

Die meisten Textiltechniken haben etwas gemeinsam, wenn man zeitlich weiter zurückgeht. Das betrifft Knoten-Makramee, Flechten, Bandweben und Klöppeln.

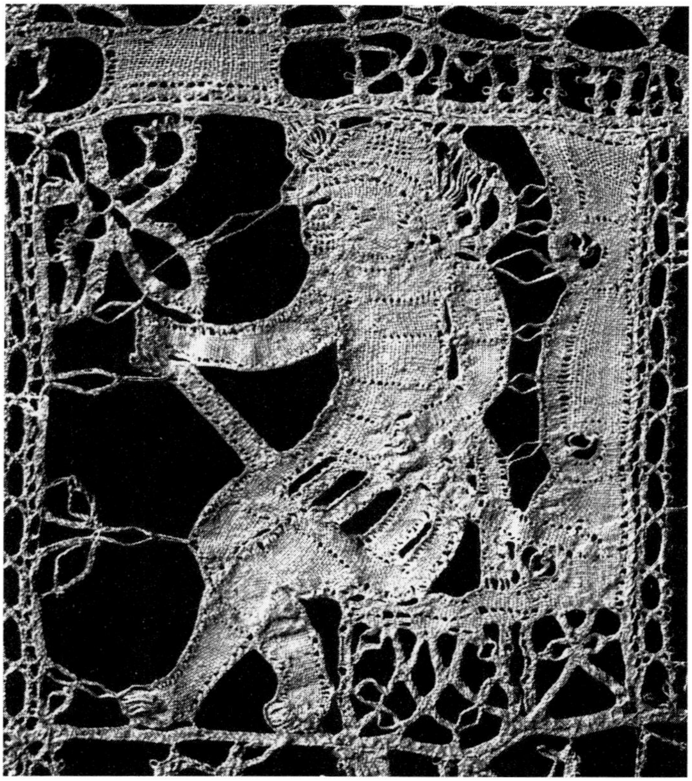

◁

1. Detailbild einer sogenannten Fußdecke, die sich aus 120 Vierecken zusammensetzt, in verschiedenen Motiven geklöppelt. Die Decke mißt 1,73 × 1,33 m und wurde dem Herzogpaar Isabella und Albert aus Brabant 1599 zur Hochzeit geschenkt. Die Decke befindet sich jetzt im Museum Royaux d'Art et d'Histoire in Brüssel.

▷

2. Im Dom zu Uppsala gibt es ein sog. »Sudarium«. Es ist ein Leinengewebe, das zusammen mit geklöppelten Borten aus roter, blauer und grüner Seide und Goldfäden einen Bischofsstab ziert. Man glaubt, daß es in Vadstena 1470–1478 hergestellt wurde. Das Bild zeigt einen Ausschnitt. Dies bedeutet, daß die Technik des Klöppelns älter ist, als die Kunst, geklöppelte Spitze herzustellen.

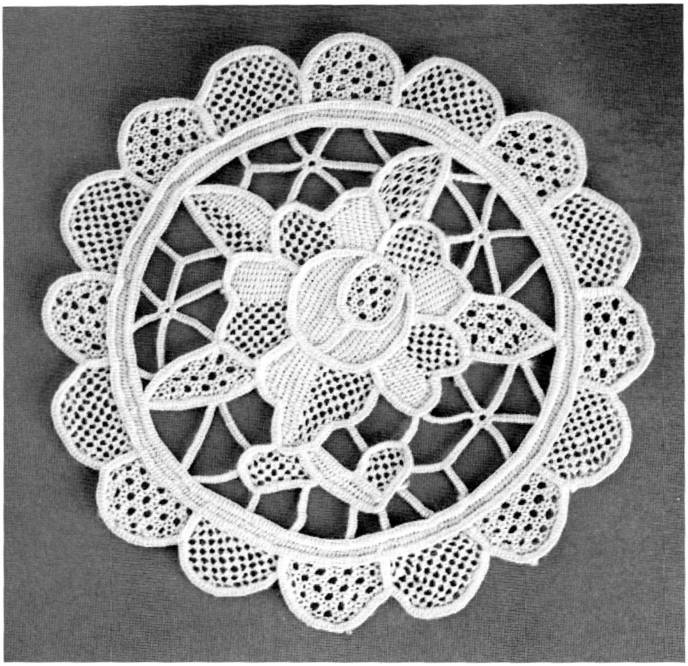

3. *Spitze mit Langettestich genäht.*

Das Wort *Textil* stammt von dem lateinischen *texere,* was soviel wie *Flechten* oder *Weben* bedeutet. Um eine textile Fläche herzustellen, muß man dementsprechend Fäden knoten, drehen, flechten oder stopfen. Niemand weiß mit Sicherheit, wann und in welchem Teil der Welt Klöppeln entstanden ist. Dennoch gibt es viele Fakten, die Anhaltspunkte geben.

Man weiß, daß die Posamenten-Technik in Italien seit dem Mittelalter bekannt ist. Das war eine Arbeit aus Flechten und Knoten aus Gold- und Silberfäden und Seide in verschiedenen Farben.

Ein weiterer Vorläufer des Klöppelns ist das sogenannte *Posament,* ein Band aus Wolle, Seide oder Metallfäden, das in einer klöppelähnlichen Technik hergestellt wurde.

Man kann Spitzen auf verschiedene Arten herstellen: Durch Flechten, Sprangen, Klöppeln, Nähen, Stricken, Häkeln und maschinell. Von diesen Techniken werden geklöppelte und genähte Spitzen traditionell als echte *Spitzen* oder *Kunstspitzen* bezeichnet, während die übrigen als Vereinfachung oder Kopien der echten gesehen werden.

Man kann Spitzen auf viele verschiedene Arten nähen. Entweder indem man ein Netz aus Fäden knotet und auf dieses Netz Stiche näht oder nur mit Hilfe von langetteähnlichen Stichen eine Fläche herstellt.

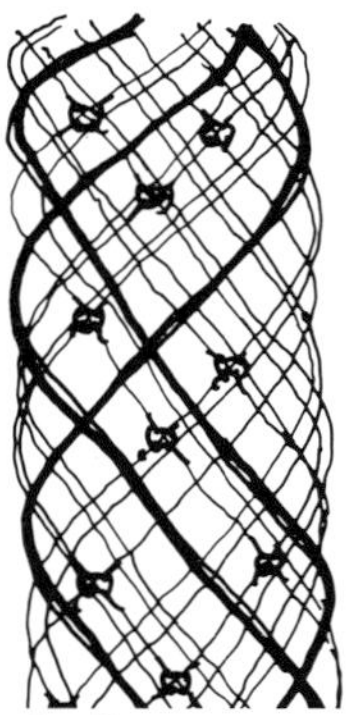

4. *Posamenten-Technik. Das Flechten mit Metallfäden war bekannt.*

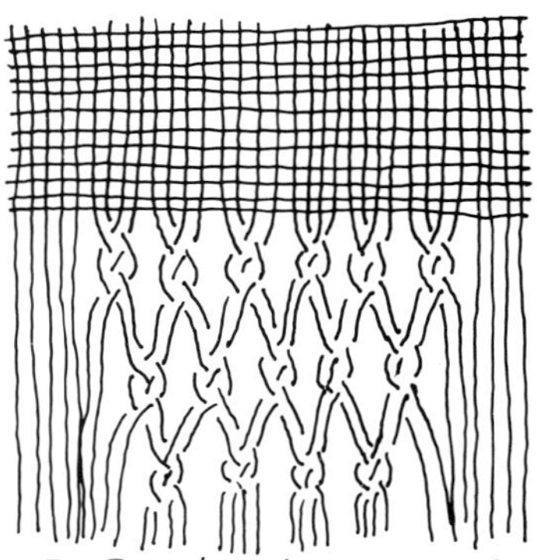

5. *Gewebe mit Fransen und Flechtarbeit. Das Flechten von Mustern nahm zu.*

6. *Der Klöppel wurde »erfunden«.*

Fransen oder Endfäden des Gewebes waren wichtig im Zusammenhang mit Spitzen. Man machte lange Fransen an Leinengeweben als Abschluß. Zu einem ge-

7. Medicikragen mit geklöppelter Leinenspitze. In Cesare Vecellios Musterbuch, Venedig 1592, sind ähnliche Spitzen abgebildet. Sie wurden auch in Flandern hergestellt. Rubens, Bildnis der Jaqueline von Caestre, ca. 1617.

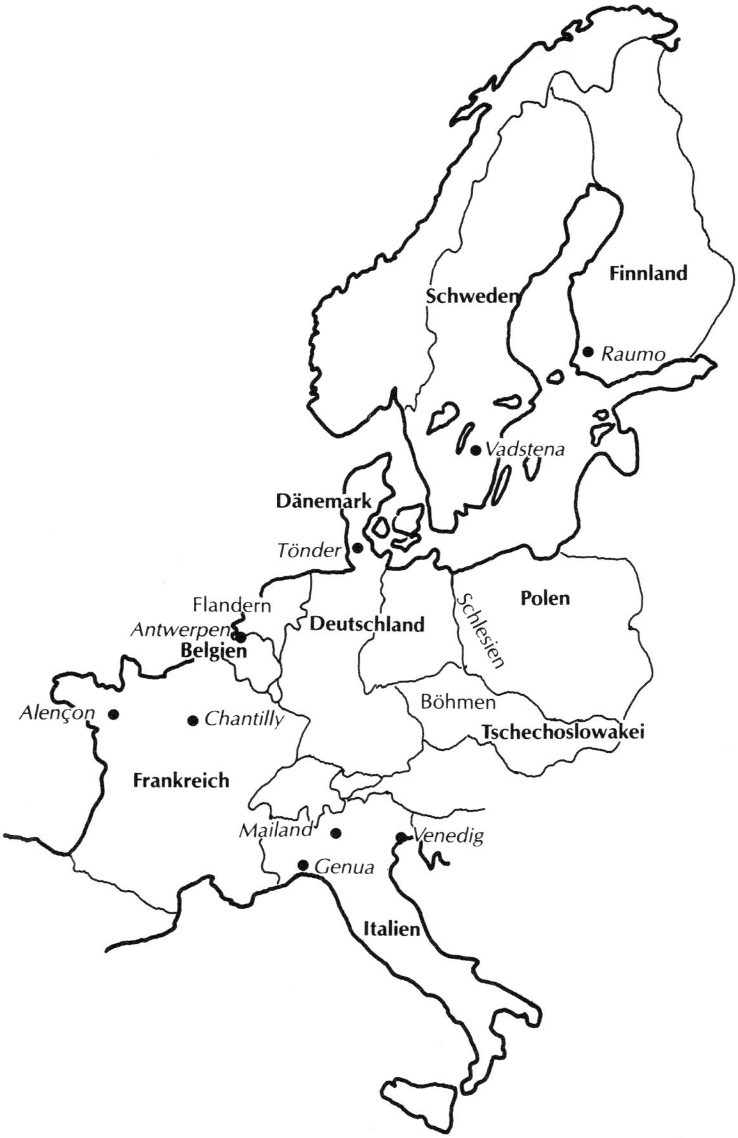

8. Übersichtskarte der Orte, die den historischen Spitzen ihren Namen verliehen haben.

wissen Zeitpunkt gab es das Bedürfnis, diese Abschlüsse sehr dekorativ und technisch kompliziert herzustellen. Man brauchte dann ein Hilfsmittel, um Ordnung in all diesen langen Fäden zu halten. Man nimmt an, daß der Klöppel zu dieser Zeit entstand.

Während des 16. Jahrhunderts fing man bei der Herstellung von Spitzen damit an, statt Metallfäden oder farbiger Seide weißen Leinenfaden anzuwenden. Dies hing mit der Erfindung des Spinnrades zusammen. Man konnte einen feinen Faden herstellen, mit dem man klöppeln konnte. Aus anderer Quelle weiß man, daß weißer Leinenfaden auch aus praktischen Gründen gebraucht wurde, da es nämlich auch leichter war, weiße Spitzen zu waschen als die aus Metallfäden oder Seide.

Die ältesten Quellen über geklöppelte Spitzen gehen in das 15. Jahrhundert zurück. Diese fand man in italienischen Testamenten, Kassenbüchern und Porträtmalereien sowie Musterbüchern und Kunstliteratur aus dem 16. Jahrhundert. Außerdem gibt es Angaben, daß man Spitzen aus dem 13. und 14. Jahrhundert in Spanien und Rußland gefunden hat. Einflüsse aus dem Orient haben sicherlich auch eine große Rolle gespielt.

Anfangs wurden die weißen Spitzen von den königlichen Höfen, Adelsfamilien und der Kirche verwendet. Von den verschiedenen Zentren der Spitzenherstellung breiteten sich die Kenntnisse auf andere Volksgruppen aus, die ihre Trachten mit Spitzen schmückten.

Die historisch bekanntesten Klöppelgegenden waren: Venedig, Genua und Mailand in Italien, Alençon, Lille und Chantilly in Frankreich, Brüssel, Valenciennes, Binche, Malines und Antwerpen in Flandern, Schlesien und das Erzgebirge in Deutschland, Tönder in Dänemark, Raumo in Finnland und Vadstena in Schweden.

Volkstümliche Spitzen hat man in den meisten Ländern geklöppelt, so auch viele in Schweden.

Während des 16. Jahrhunderts waren genähte Spitzen aus Venedig sehr gefragt. Es dauerte lange, sie herzustellen, und sie waren sehr teuer. Daher war es ein großer Fortschritt, als man dieselben Muster durch Klöppeln zu einer hervorragenden, aber billigeren Spitze umwandeln konnte. Diese Art Spitze, die Genuaspitze genannt wurde, exportierte man nach vielen europäischen Ländern, so auch nach Schweden. Die Spitzen, die man auf Gemälden mit Gustav II. Adolf sehen kann, sind so ein Beispiel.

Spitzen waren Bestandteil sowohl der Männer- als auch der Frauenmode in verschiedenen Teilen der Welt. Personen hohen Standes konnten eine Menge teure Spitzen besitzen. Es gab Zeiten, in denen der Überfluß so groß war, daß die Behörden ein Importverbot für Spitzen erließen, um gleichzeitig die Herstellung im eigenen Land zu fördern.

Vier Grundtypen geklöppelter Spitzen

Geklöppelte Spitzen können in vier große Gruppen eingeteilt werden.

Die Flechtspitze ist aus einer Flechte mit vier Fäden (Viererflechte) entstanden und die ursprünglichste Art geklöppelter Spitze. Sie hat große Ähnlichkeit mit dem Posament. Die Flechtspitze, die aus weißen, farbigen oder Goldfäden geklöppelt wurde, war typisch für Spitzen aus Italien und Flandern des 16. und 17. Jahrhunderts.

Die Formschlagspitze wurde aus Flechten und Formschlägen geklöppelt, d. h. dichten Leinenschlägen, die zu Vierecken oder blattähnlichen Formen oder Figuren gebildet wurden. Die Formschlagspitze war bezeichnend für Spitzen aus Genua des 17. Jahrhunderts und für die im 19. Jahrhundert sehr beliebte sogenannte Malteserspitze.

Die Leinenschlagspitze (Leinwandspitze) besteht aus Flächen, wo die Fäden einander rechtwinklig kreuzen. Es entsteht ein dichter Grund, ähnlich einem Stoff in Leinenbindung. Diese Art kam häufig in älteren holländischen Spitzen vor. Sie hat auch eine gewisse Ähnlichkeit mit einigen Spitzen aus Schonen. In der slawischen Volkskunst gibt es die Leinenschlagspitze ebenfalls. Die Musterformen waren flache, dünne Bänder, die der Form der Spitze folgten.

9. Italienische Spitze. In ihr kommen sowohl Elemente der Flecht- sowie Formschlagspitze vor. Flechten sind in den Bögen, Formschläge in den blattförmigen Figuren vorhanden. Dichter Leinenschlag und Bänder in Ganzschlag, die sich kreuzen, waren auch kennzeichnend für gewisse Spitzen aus dem 17. Jahrhundert. Aus Lillie Zickermans Sammlung. Gemalt von Ulla Fagerlin.

▷

11. Spitze aus Schonen. Eine Leinenschlagspitze mit größeren und kleineren Flächen aus Leinenschlägen. Beachtenswert sind die kleinen Flechten an der Bogenseite der Spitze. Aus Lillie Zickermans Sammlung. Gemalt von Ulla Fagerlin.

△ 10. Brüsseler Spitze. Der Name steht für eine Art Spitzen, die auch außerhalb Brüssels hergestellt wurden. Eine Brüsseler Spitze aus der zweiten Hälfte des 17. Jahrhunderts konnte wie oben aussehen. Naturgetreue Blätter und Blütenmotive, zusammengehalten von dünnen Flechten, die »brider« oder Brücken genannt werden. Aus Lillie Zickermans Sammlung. Gemalt von Ulla Fagerlin.

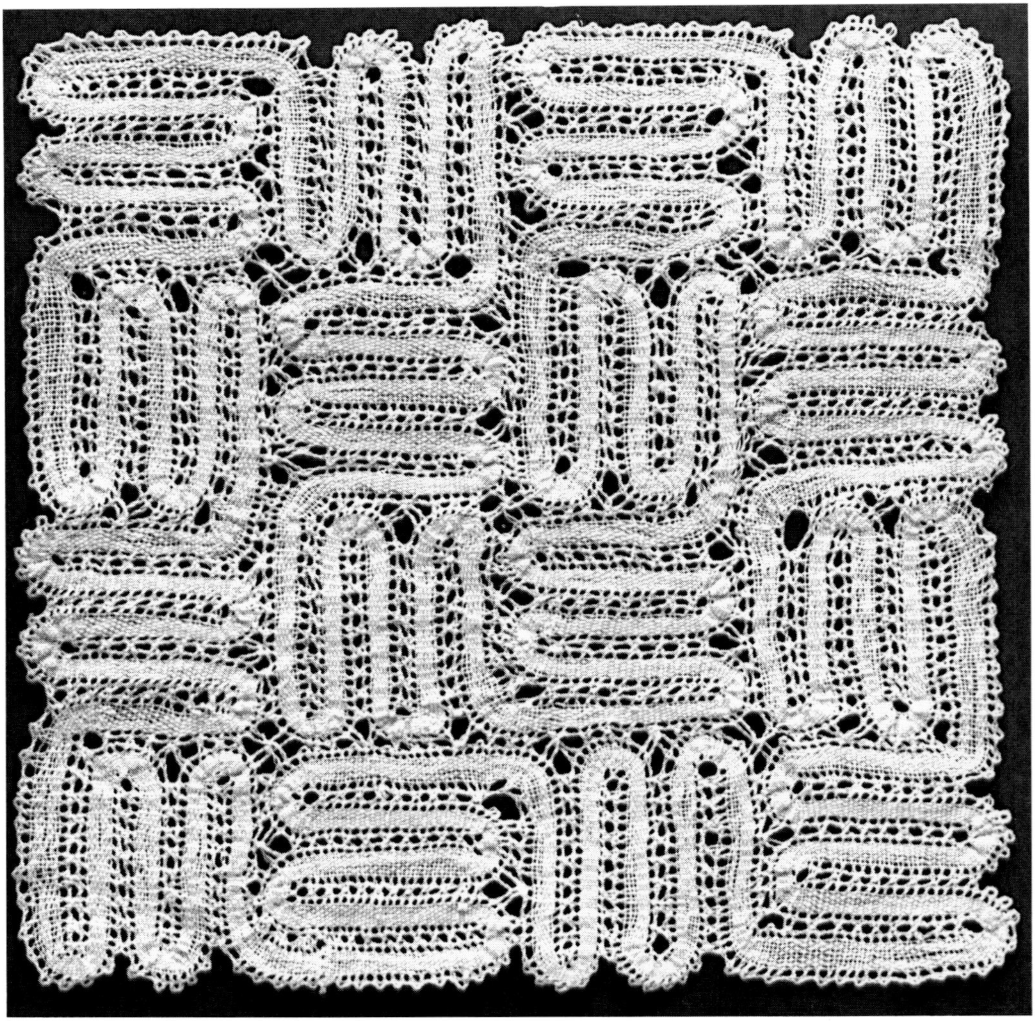

12. Leinenschlagspitze oder Bandspitze. Dies ist eine Arbeit aus der Tschechoslowakei, um 1960 hergestellt. Diese Art Spitzen werden immer noch sowohl in weißem als auch in farbigem Garn geklöppelt. Die Spitzen finden in den Volkstrachten Verwendung.

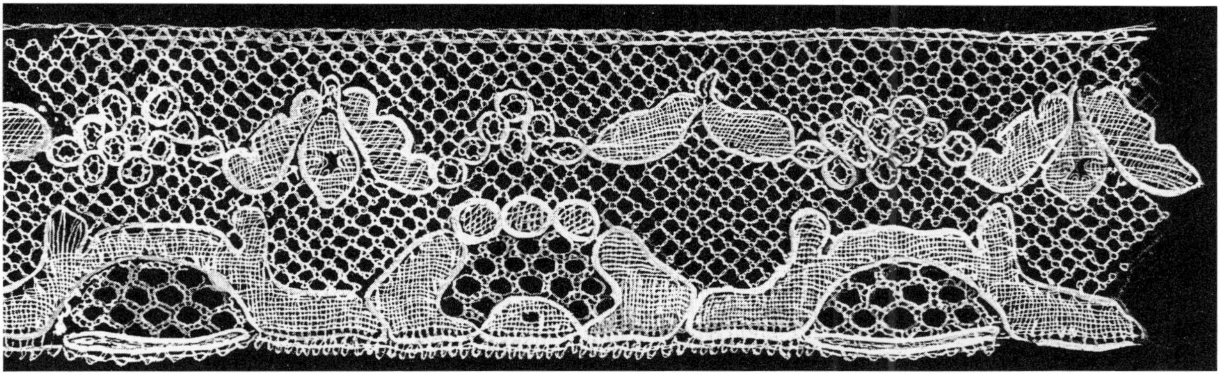

13. Vadstenaspitze. Eine Netzgrundspitze mit verschiedenen Musterformen, von einem dünnen Grund zusammengehalten, einem Löchergrund mit doppelter Drehung und zweimal gedrehtem Schlußschlag. Aus Lillie Zickermans Sammlung. Gemalt von Ulla Fagerlin.

Die Netzgrundspitze hat einen dünnen, netzähnlichen Grund, der verschiedene Musterteile zusammenhält. Sie entstand schon Anfang des 17. Jahrhunderts und fand während des 18. Jahrhunderts in Frankreich und Flandern ihre Vollendung. Diese Spitze sollte eine *sehr* große Rolle für das europäische Klöppeln spielen. Sie wurde auch Vorbild für das Klöppeln in Vadstena. Die Bezeichnung Netzgrundspitze darf nicht mit der technischen Variante Netzschlag verwechselt werden, die mit einem Halbschlag gearbeitet wird.

Innerhalb dieser vier Grundtypen geklöppelter Spitzen gibt es viele Variationen, besonders viele Übergangsformen zwischen diesen Gruppen. Die Bilder, die zu diesem Abschnitt gezeigt werden, sind keine Beispiele unverfälschter Grundtypen, sondern haben von vielen Merkmale.

Verschiedene Traditionen

Eine Klöppelarbeit ist für die meisten Menschen eine dünne, weiße Spitze. Bei genauerem Hinsehen kann man viele Varianten entdecken. Auf einige haben wir bereits hingewiesen, aber es gibt auch andere Arten, speziell in den osteuropäischen Ländern und in der Sowjetunion. Viele Farben und für uns ganz fremde Formen gibt es in den Spitzen, die zu den Volkstrachten dieser Länder gehören.

14. Detail eines Schales einer slowakischen Volkstracht. Stickerei in blauer Seide. Geklöppelte Spitze in silberweißem Nesselgarn und dunkelblauer Seide.

15. Slowakische Spitze, geklöppelt mit Seide in den Farben beige, orange, rot, blau und grün.

16. Verbreitungswege des Klöppelns. Skizze von A. Linnove, 1947. In: Axel Hörlén, Klöppeln und Klöpplerinnen im südlichen Teil des Gebietes Ingelstad, 1962.

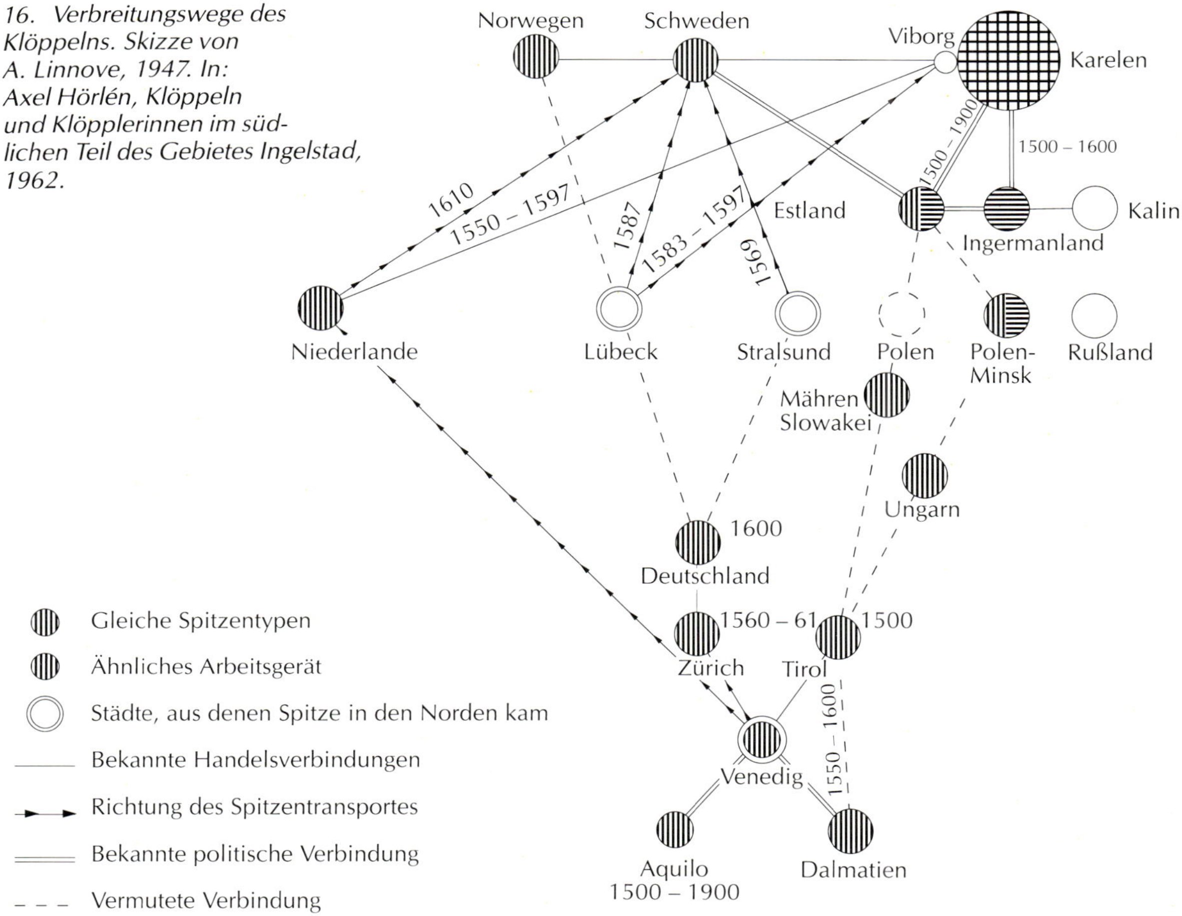

Im Laufe der Jahrhunderte sind verschiedene Traditionen entwickelt worden. Die Geschichte des Klöppelns ist leider noch nicht Gegenstand vieler Forschungen geworden, da sie ein ziemlich begrenztes Gebiet, aber nicht minder interessant ist.

Aino Linnove (1894–1978) hat in einer Abhandlung über finnische Spitzen die *Verbreitungswege des Klöppelns* in Europa beschrieben und zeigt auf einer Karte einen *westlichen* und einen *östlichen Weg.* Sie konnte nachweisen, daß die Technik unterschiedlich angewandt wurde, und daß Klöppelbriefe und Klöppelwerkzeug sich je nach Verbreitungsweg unterschieden. Die Klöppelarbeiten entlang des westlichen Verbreitungsweges sind mit Hilfe von *Briefen* hergestellt worden, und *der Schlag begann mit Kreuzen.* Das Klöppelkissen ist flach gewesen wie das Vadstenakissen.

Spitzen, die den östlichen Verbreitungsweg entlang gefunden wurden, waren *ohne Brief* geklöppelt, *der Schlag begann mit Drehen,* und das Kissen bestand nur aus einer gestopften Rolle. Das schwedische Klöppeln bezieht seine Tradition aus beiden Verbreitungswegen. Die Spitzen aus Vadstena sind deutlich von westlichem Einfluß in Technik, Musterform und Briefen geprägt. Die Spitzen aus Schonen, Blekinge und Dalarna dagegen sind von der Tradition des östlichen Verbreitungsweges *beeinflußt.* Der Schlag fängt öfters mit einer Drehung an, und die Spitzen wurden ohne Brief geklöppelt. Mehr Einzelheiten über die verschiedenen volkstümlichen Typen sind weiter hinten ausgeführt.

Klöppeln für den Adelsstand und volkstümliches Klöppeln

Das schwedische Klöppeln ist aus verschiedenen Teilen der Welt und von verschiedenen Traditionen beeinflußt worden. Die Spitzen haben unterschiedliches Aussehen, je nachdem *wo* und wann sie entstanden sind, und welchen Materialzugang man hatte.

Man kann sie nach verschiedenen Merkmalen klassifizieren: nach Aussehen, Technik der Herstellung, wer sie geklöppelt hat, und wer sie verwendete.

Eine grobe geschichtliche Einteilung ist die des *Klöppelns für den Adelsstand* und die des *volkstümlichen Klöppelns.*

Im großen und ganzen ist *für den Adelsstand* dünne und weiße Spitze typisch. Sie gehörte einer gewissen Stilperiode an. Sie war auf einem gestochenen Brief in komplizierter Technik geklöppelt. Der weiße Faden war dünn und fest gezwirnt. Im allgemeinen wurde die Arbeit von Berufsklöpplerinnen ausgeführt, denen speziell hergestelltes Werkzeug zur Verfügung stand.

Innerhalb dieser Berufsgruppe gab es Spezialisierungen, zum Beispiel den Designer, der Muster entwarf, den Konstrukteur, der die Entwürfe für das Klöppeln anwendbar machte, den Lochstecher, der alle vom Brief benötigten Löcher stach und schließlich die Klöpplerin, die fast immer eine Frau war. Dazu kamen der Garnlieferant, der Verleger und verschiedene Händler.

Die volkstümliche Spitze war häufig gröber und in der technischen Ausführung einfacher. Es waren Frauen, die in den für Spitzen bekannten Zentren mit selbstgesponnenem Leinenfaden und selbstgemachtem Werkzeug Spitzen herstellten, die oft für Trachten und Wäsche Verwendung fanden. Ursprünglich klöppelte man ohne Brief. Gefärbter Faden kam in einigen Gebieten vor.

Die Spitzen sind einfach und klar in ihren Musterformen. Man kann keine Grenzen erkennen zwischen den verschiedenen Zeitepochen, die ursprünglichen Merkmale sind bis in unsere Zeit geblieben. In sehr geringem Umfang wurde für den Verkauf geklöppelt, häufiger für den Eigengebrauch. Um diese Spitzentypen zu bewahren, hat man in den letzten Jahren Klöppelbriefe zum Nacharbeiten hergestellt.

Gebietsspezifische Arten des volkstümlichen Klöppelns

Gebietsspezifische Arten des volkstümlichen Klöppelns gab es in verschiedenen Teilen Schwedens. Man kennt Spitzen aus Schonen, Blekinge, Dalarna und Hälsingland, aber auch in Småland, Ångermanland und Gästrikland hat man Klöppelarbeiten verschiedenen Alters dokumentiert.

Diese Klöppelarbeiten waren anfangs von sehr einfacher Art. Mit einfachem Werkzeug und grobem Material klöppelte man ohne Brief und Nadeln. Zum Befestigen des Fadens an den Außenkanten hat man zum Beispiel dünne Holzstäbchen oder Fischgräten gebraucht. Diese Spitzen wurden oft grob und dicht.

In den Gemeinden *Ore in Dalarna* und *Ovanåker in Hälsingland* wird ein altertümlicher Spitzentyp aus dem 17. Jahrhundert nachgewiesen. Das Muster geht von dem sogenannten 16.-Jahrhundert-Gitter aus. Dieses ist ein Mustertyp, den man auch in Musterbüchern anderer europäischer Länder fand, und der in verschiedenen Techniken angewendet wurde. Auf Seite 112 ist eine Spitze aus Ovanåker zu einem Brief übertragen und kann daher auf traditionelle Art geklöppelt werden.

Klöppeln in *Delsbo.* In diesem Gebiet sind viele Traditionen bewahrt. Das Bild zeigt eine *Kirchenmütze* aus schwarzem Samt, die zur Delsbotracht gehört. Die schwarze Spitze ist aus weißem Leinenfa-

17. *Kirchenmütze aus Delsbo mit schwarzer geklöppelter Spitze.*

den geklöppelt und schwarz gefärbt. Diese Art zu klöppeln wurde im 18. Jahrhundert von der Familie Rudolphi aus Pommern eingeführt. Die Spitze wurde ursprünglich aus *schwarzer Seide* geklöppelt. Zu Anfang klöppelten die Männer der Familien, und man *führte* in der Delsbogegend *Briefe ein.*

Das abgebildete Klöppelkissen kommt von Marta Nordlingen und ist in Hälsinglands Museum in Hudiksvall zu sehen. Auf dem Boden des Kissens steht:

»Ein Deutscher Wundarzt kam 1789 nach Schweden. Sein Name war Rudolfi. Seine Tochter Maria hat klöppeln gelernt. Sie war meine Großmutter. Sie war 1793

18. Klöppelkissen aus Delsbo. Die Spitze ist mit rotem und weißem Garn geklöppelt auf einer mit Birkenrinde ausgeschlagenen Rolle.

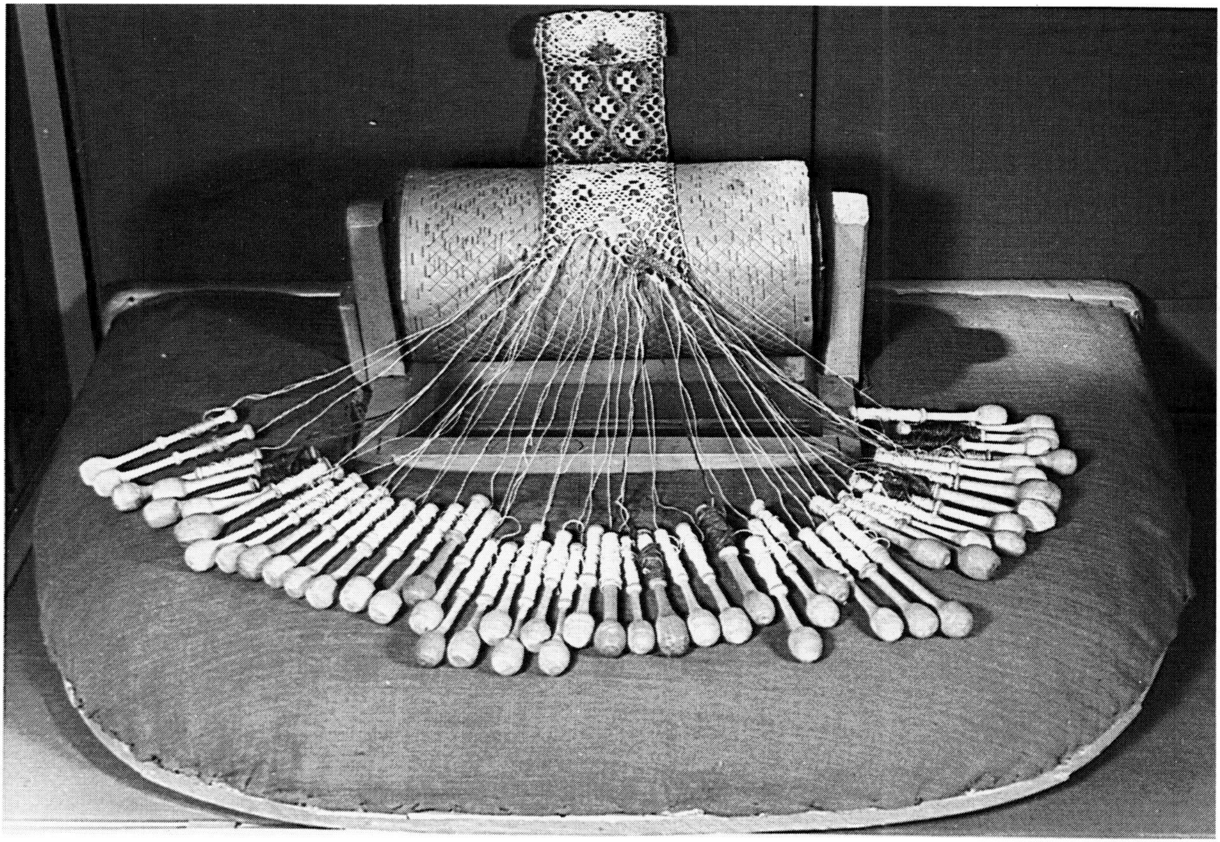

19. Überdecke mit Delsbospitze aus rotem und weißem Garn.

geboren. Meine Mutter 1816. Ich 1852.«

Die Rolle ist mit *Birkenrinde,* die mit Karos versehen ist, beschlagen. Dies ist der *Brief.* Darauf hat man verschiedene Motive aus dem Gedächtnis geklöppelt. Das konnten Karos, schräge Stäbe und Herzen sein, aber auch Buchstaben und Ziffern, zum Beispiel Initialen und Jahreszahlen.

Im 19. Jahrhundert haben die Frauen aus der Delsbogegend weiße Spitzen unter Einschluß von *rotem Baumwollfaden* für ihre Mitgift geklöppelt.

Dalarna hat eine reiche und vielfältige Klöppeltradition. Die Spitzen werden »Knoten« genannt und bauen auf Traditionen und Einflüssen vieler Seiten auf, wie zum Beispiel Vadstena und Finnland. Viele Gemeinden haben ihre spezifische Art entwickelt. Einige sind von Vadstenaspitzen beeinflußt worden, andere behielten ihre althergebrachten Eigenarten. Man hat lange ohne jegliche Art von Brief geklöppelt und mit nur wenigen Nadeln an den Außenkanten der Spitze gearbeitet. Erst Anfang des 20. Jahrhunderts fing man an, das Kissen mit einem karierten oder gestreiften Stoff zu beziehen, um die Arbeit zu erleichtern. Früher bestimmte das Augenmaß, wohin die Nadeln gesteckt werden sollten.

Die Spitzen in Dalarna sind stark geprägt durch ihre Verwendung in Volkstrachten, so bei den Hüten. Zu diesen klöppelte man passende Längen. Manchmal hat man mehrere zusammengenäht,

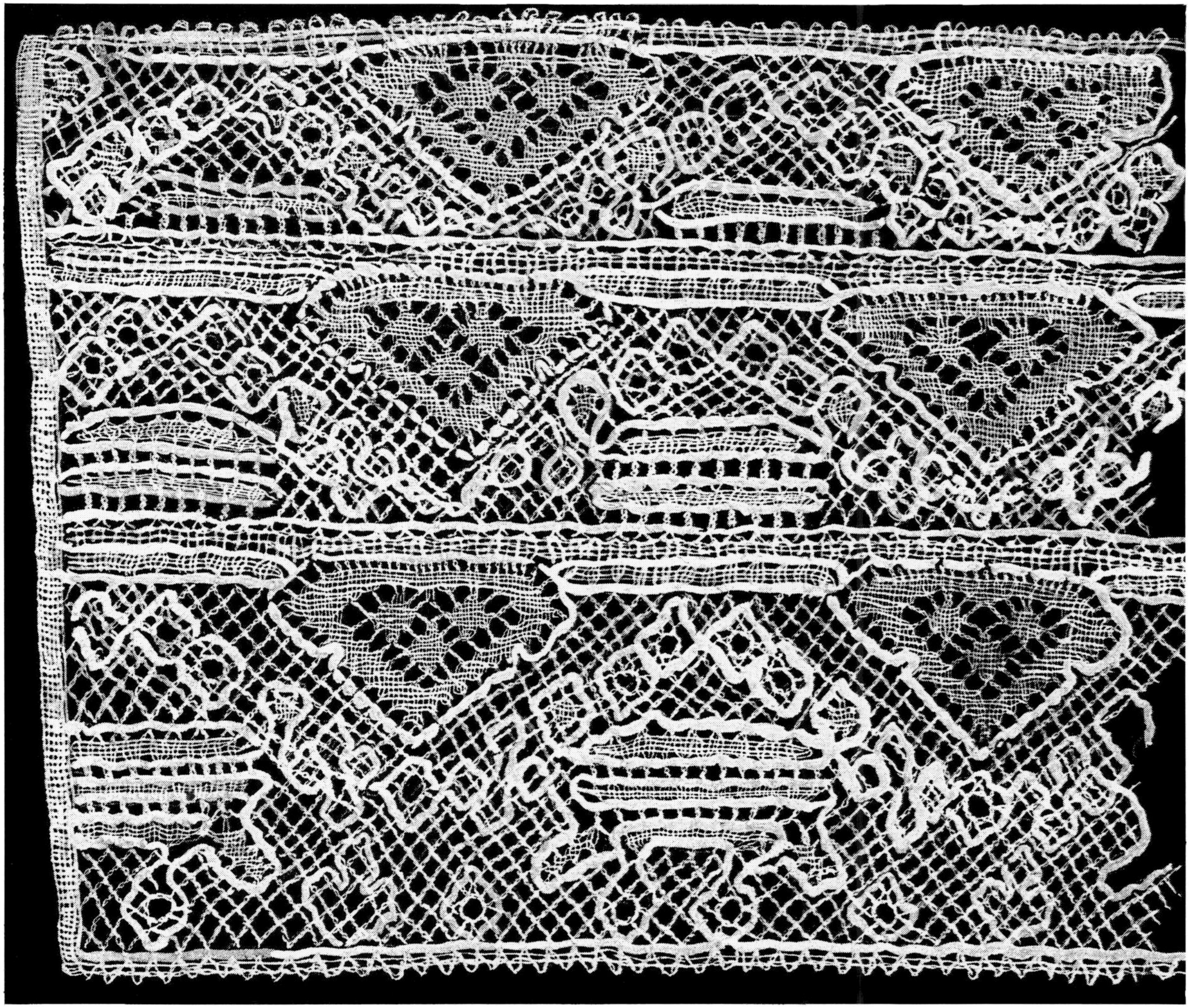

20. *Dalarnaspitze, eine Variante zu der »Klavskäppa« in drei verschiedenen Breiten, zu einer sehr breiten Spitze zusammengenäht. Aus Lillie Zickermans Sammlung. Gemalt von Ulla Fagerlin.*

um eine richtig breite Spitze zu bekommen. Es ist nicht möglich, allzu breit zu klöppeln, wenn man Nadeln nur an die Außenseiten der Spitze steckt. Anschließend werden die Spitzen gestärkt, um steif zu werden.

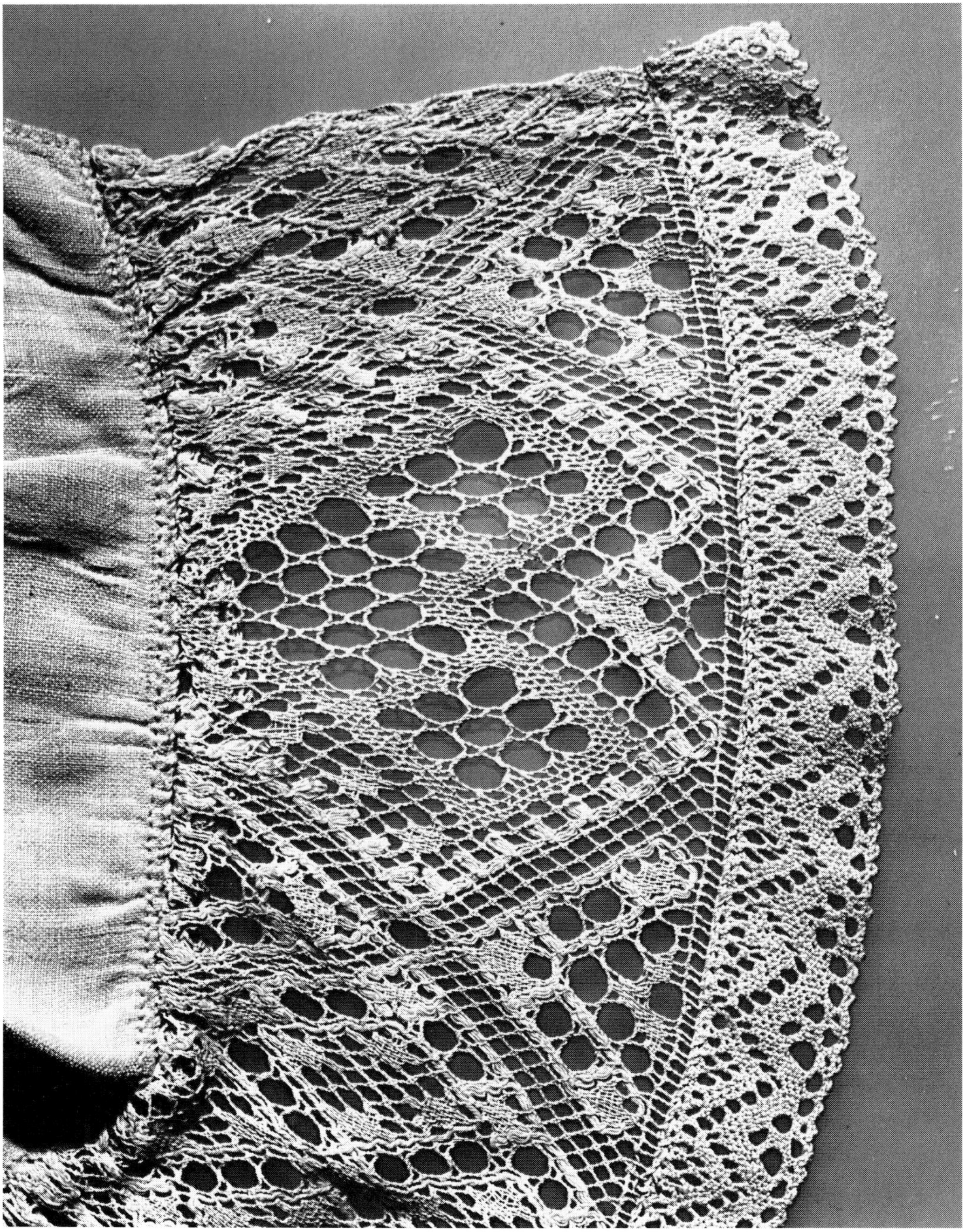

21. Trachtenhut aus Åls. Die Spitze ist in Teilen hergestellt, zusammengenäht und gestärkt.

22. Klöppelmädchen in Volkstracht aus Gagnef. Aquarell von Ottilia Adelborg. Um die Jahrhundertwende hatte die Schriftstellerin und Künstlerin Ottilia Adelborg eine Klöppelschule für Kinder. Das Bild zeigt das Kissen in einem Holzkasten mit nach unten hängenden Klöppeln. (Aus Adelborgska Fondens Sammlungen)

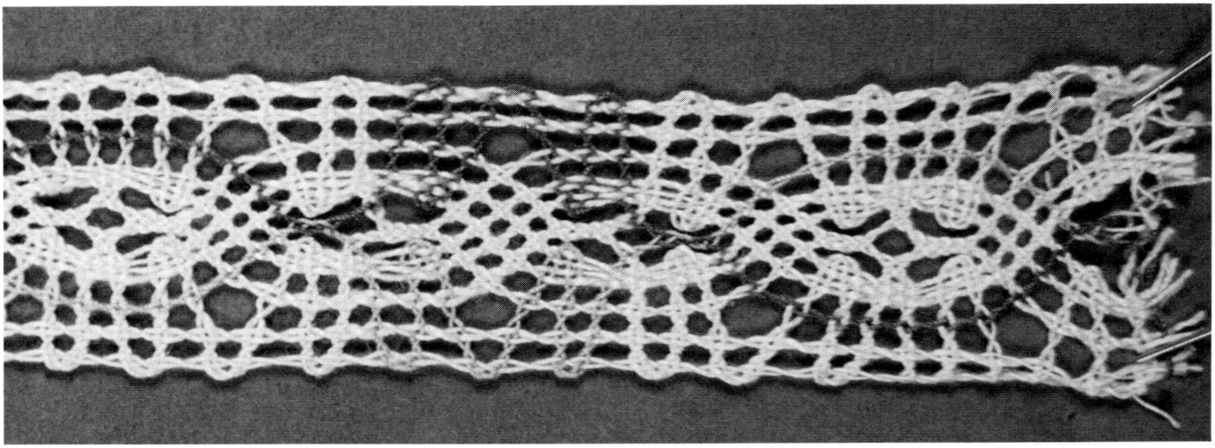

23. *Blekingespitze.* *Siehe auch S. 114.*

In *Blekinge* hat man sowohl mit als auch ohne Brief geklöppelt. Die Spitzen im östlichen und westlichen Teil von Blekinge sind unterschiedlich, bedingt durch verschiedene Kultureinflüsse. Vor 1658 gehörte Schonen, Blekinge und Halland zu Dänemark, aber nach dem Frieden zu

24. »Liegendes S« wird die Musterform in dieser Spitze aus dem westlichen Teil von Blekinge genannt. Dieses Muster findet man sonst nirgends im Norden, jedoch in italienischen Musterbüchern des 16. und 17. Jahrhunderts.

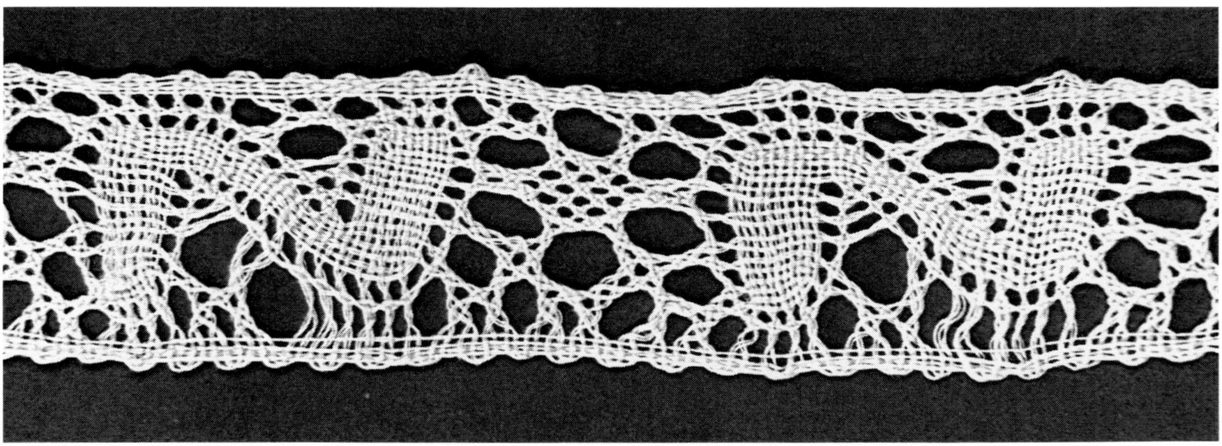

25. *Spitze aus Schonen. Högbo Museum.*

Roskilde kamen diese Provinzen zu Schweden. Daraufhin sollten sich die Handelsverbindungen total verändern.

Im östlichen Teil von Blekinge waren die Spitzen grob und locker, und oft mit eingearbeiteten farbigen Fäden, rotem Baumwollgarn und dunkelblauem Leinenfaden. Diese Spitzen haben eine auffallende Ähnlichkeit mit finnischen Spitzen aus Karelen. Im westlichen Teil von Blekinge ähneln die Spitzen denen, die man auch im nordöstlichen Schonen und noch früher auch im Südsmåland fand.

Spitzen wurden für Heimtextilien und Trachten verwendet. Nachdem Baumwolle im 19. Jahrhundert eingeführt wurde, hörte man mit dem Klöppeln auf und kaufte statt dessen maschinell hergestellte Spitzen für die Tracht. Wenn man heutzutage Blekingespitzen klöppelt, geschieht es mit Klöppelbrief und in Vadstenatechnik.

Die Spitze aus Schonen ist ein eigener Typ, der sich im südöstlichen Schonen entwickelt hat. Er hat keinen anderen bekannten Spitzentyp als Vorbild. Er wird auf die alten volkstümlichen Traditionen zurückgeführt, die überall, wo sie vorkamen, ähnlich waren. Die Schonenspitze ist ein eigenständiger Typ in bezug auf Muster und Formen, die man bei anderen Textilien aus Schonen, wie zum Beispiel Stickereien, Bändern und Gewebtem wiederfindet.

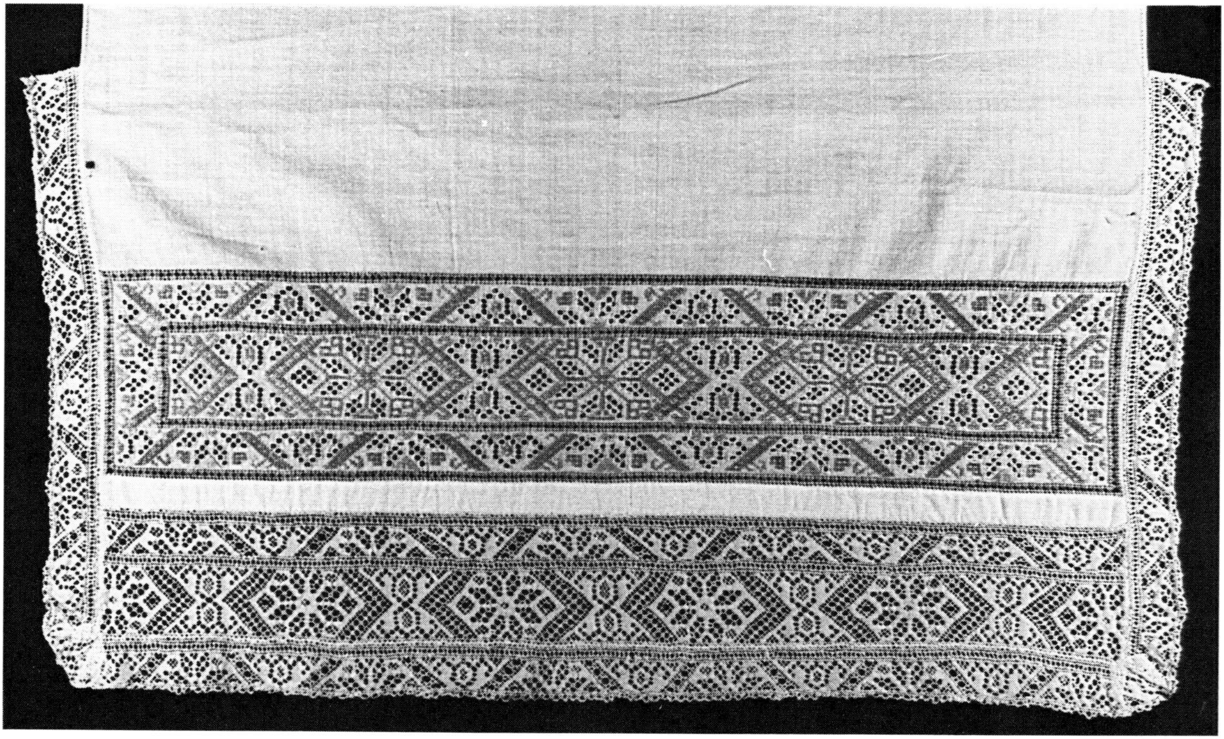

26. Teil einer Haube. Die geklöppelte Spitze am Außenrand ist ein Ebenbild der Stickerei auf dem Leinentuch.

Die Muster in diesen Spitzen haben eine rhythmische Einteilung in geometrische Felder, abgegrenzt durch senkrechte und schräg liegende Stäbchen. Die Hauptfiguren dieser Muster bestehen aus Herzen, Sternen, Tulpen und Kränzen. Zusätzlich gibt es kleingemusterte Nebenmotive, wie z. B. »viddelöv, gassablommor und ljusgull«. Der einzige Grund, der einen speziellen Namen hat, ist »viddelöv«. Er entspricht dem Fünf-Löcher-Grund.

Einen engen Zusammenhang zwischen Musterformen der Stickerei und des Klöppelns gab es bei den Hauben. Man kann sehen, wie die Spitze direkt vom Hohlsaum zur Klöppelarbeit nachgearbeitet wurde. Während des 20. Jahrhunderts wurden neue Muster entworfen, die u. a. Achteck, Reiter, Gans, Schwan, Hähne, Vogelspiel und Blume im Topf hießen. Diese Spitzen waren von den »Röllakan«-Geweben aus Schonen inspiriert, die sich mit ihren geometrischen Formen leicht klöppeln ließen.

Die Schonenspitze ist eine rein volkstümliche Klöppelarbeit ohne vom Klöppeln für den Adelsstand beeinflußt zu

27. Klöpplerinnen im Åke Nils' Garten, Valleberga, Gemeinde Ingelstad. 1910–15. Die Frauen haben die Kissen im Schoß und klöppeln ohne Brief, worauf sie laut Auskunft stolz waren. Auch heute noch gebraucht man in Schonen nur einen gestreiften Stoff statt eines Klöppelbriefes.

sein. Axel Hörlén hat in einer Abhandlung auf den Zusammenhang zwischen Spitzen aus dem südöstlichen Teil Schonens und Spitzen aus Finnland und Karelen hingewiesen.

Werkzeug und Material

In Schweden wird jetzt allgemein mit einem hartgezwirnten ungebleichten oder gebleichten Leinengarn auf einem Vadstena-Modellkissen und einem Brief geklöppelt. Andere Traditionen konnten nicht so überleben wie die Vadstenatradition, weil man ohne Brief geklöppelt hat. Dadurch basieren die Kenntnisse nur auf mündlicher Überlieferung und individueller Ausführung.

Im volkstümlichen Klöppeln hat man früher häufig ein *Kissen* angewandt, das wie eine stabile Rolle aussah. Sie lag in einem Kasten, einem Korb oder auf einem Gestell. In diesem Fall hingen die Klöppel von der Rolle, und man arbeitete mit den Klöppeln von unten, das heißt die Klöppel rollten in den Händen.

Auf dem Vadstenakissen liegen die Klöppel auf dem Kissen, und man arbeitet mit ihnen von oben.

In Dalarna gebraucht man immer noch das alte Kissen in Form einer Rolle. Die gleiche Ausführung trifft man auch in den östlichen Gebieten an, zum Beispiel in bestimmten Teilen Finnlands, der Tschechoslowakei und Deutschlands.

Eine alte Variante des Dalarnakissens mit Ursprung in Finnland hat der Künstler und Ethnologe Nils Månsson Mandelgren während einer Reise in Dalarna im Jahre 1869 gefunden.

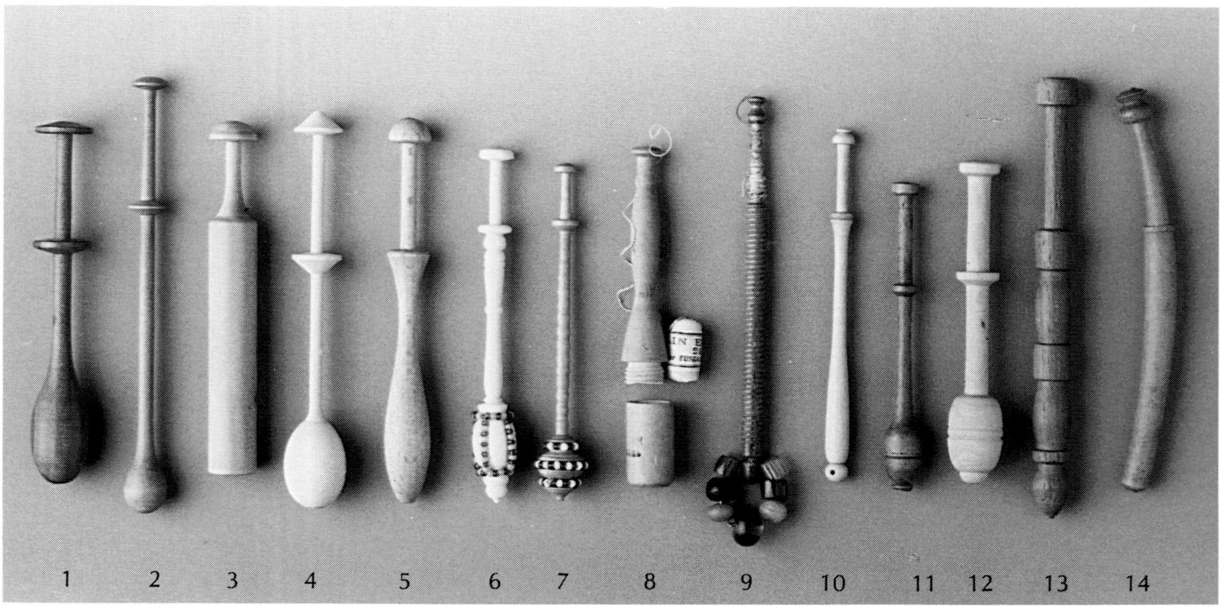

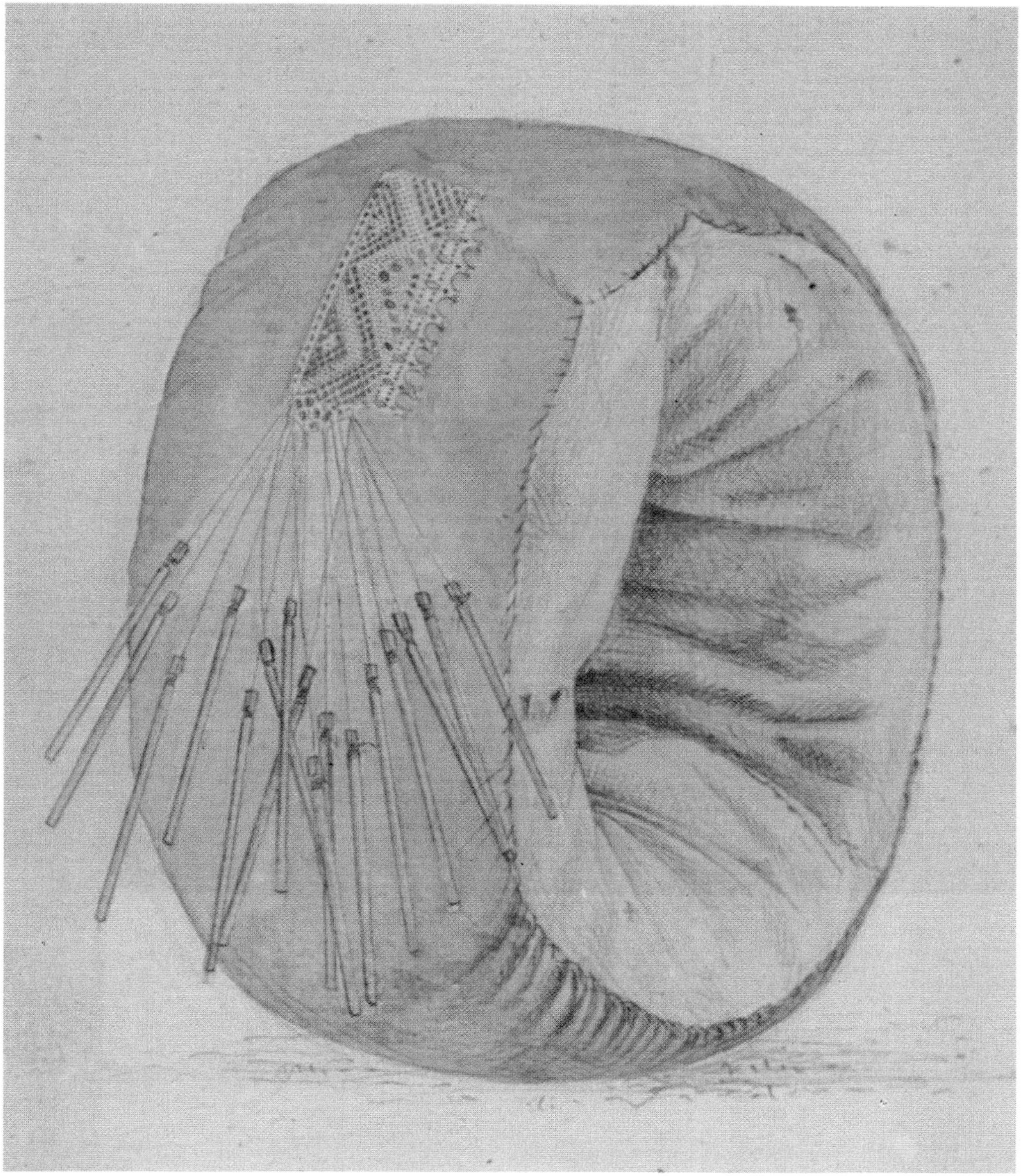

◁
28. *Alte und neue Klöppel aus verschiedenen Ländern. Von links. 1–3 aus Schweden, 4 Finnland, 5–7 Dänemark, 8–10 England, 11, 12 Belgien, 13 Malta, 14 Spanien.*

△
29. *Altes Kissen aus Dalarna. Der Ausgangspunkt ist ein Muff, den man gestopft und mit Stoff oder Leder bezogen hat. Zeichnung von Nils Månsson Mandelgren.*

Klöppel sind meistens aus verschiedenen Holzarten, aber auch aus Knochen, Horn und Plastik hergestellt worden. Manchmal sind sie Geschenke gewesen mit schönen Verzierungen, andere Male

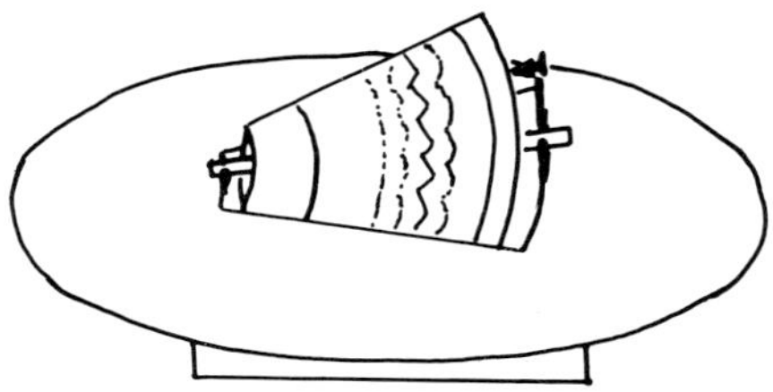

30. Ein sog. Kragenkissen aus Borghamn in Östergötland. Eine kegelförmige Rolle ist in einem Kissen mit entsprechendem Ausschnitt befestigt. Auf der Rolle kann man z. B. Kragen klöppeln. Man braucht dann nicht den Brief heben und die Spitze umdrehen, sondern kann direkt weiterarbeiten.

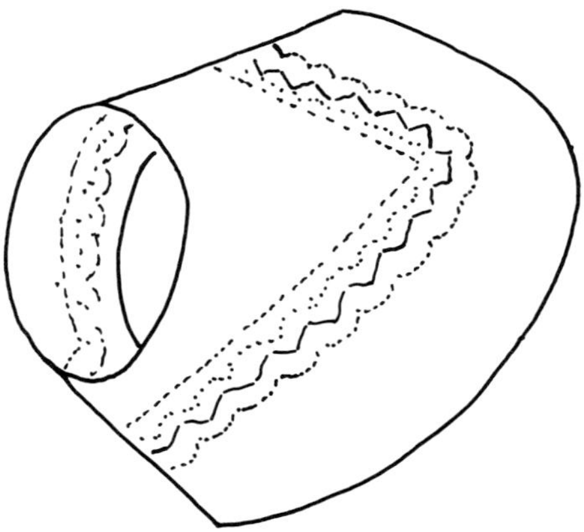

war der Klöppel nur ein einfaches Stück Holz, das eine Funktion zu erfüllen hatte.

Klöppelbriefe bestehen heutzutage normalerweise aus einem länglichen Streifen fester Pappe. Früher waren die Briefe, sofern man solche gebrauchte, aus Birkenrinde, Leder oder Pergament.

Das klassische *Klöppelmaterial* ist der *Leinenfaden,* weil seine Eigenschaften die Spitze richtig zur Geltung bringen. Aber man hat auch anderes Material verwendet. Es kam darauf an, welchen Zugang man zu den verschiedenen Naturstoffen hatte. Wolle hat man in Finnland und Island gebraucht. Hanf, Baumwolle, Seide, Nessel und Metallfäden verarbeitete man in verschiedenen Gebieten Europas. Aber sie sind nie in großem Maße gebraucht worden, sondern wurden entweder als Ersatz für Leinen benutzt oder um gewisse Effekte in der Spitze hervorzuheben. Nachdem man das Färben erfunden hatte, ist auch farbiges Material zum Einsatz gekommen, und so entstanden neue Traditionen.

Schon vor ein paar Jahrhunderten konnte man einen sehr dünnen Leinenfaden herstellen, bis Stärke 350/2. Dies besonders in Flandern im 18. Jahrhundert. Heutzutage gibt es kein feineres Garn als Stärke 120/2. Sicherlich kann man immer noch den dünnen Faden herstellen, aber wahrscheinlich wäre er zu teuer und sein Verbrauch zu gering.

▷
31. Vadstena ist geschichtlicher Mittelpunkt für das Klöppeln in Schweden. Klöppeln ist immer noch sehr populär in dieser Gegend und in ganz Östergötland. Klöpplerinnen lassen sich gerne von historischen Objekten inspirieren. Hildur Kratz interessiert sich für alte Bauwerke. 1978 klöppelte sie das Rathaus, das aus dem Jahr 1490 stammt.

Klöppeln und das Vadstena Kloster

Oft wird Klöppeln mit dem Vadstena Kloster in Verbindung gebracht. Es herrscht geteilte Meinung, ob es eine Verbindung zwischen Klöppeln und dem Kloster gab, vieles spricht dafür. Man weiß, daß die Nonnen sich mit textilen Durchbrucharbeiten beschäftigt haben, und daß durch die klostereigenen Transporte Kontakte auf kulturellem Gebiet vermittelt wurden, so daß man auch Eindrücke aus italienischen und niederländischen Klöstern erhielt. Mit Sicherheit weiß man, daß Klöppeln in einem anderen Tochterkloster in Nådendal in Finnland vorkam. Es wäre eigenartig gewesen, wenn die Kunst des Klöppelns nicht auch im Mutterkloster Vadstena bekannt gewesen wäre.

Auch wenn es nicht bewiesen ist, wann das Klöppeln in Schweden anfing, weiß man doch, daß geklöppelte Spitzen als Borten und Krausen Mitte des 16. Jahrhunderts importiert wurden. Zu dieser Zeit bezeichnete man verschiedenste Spitzen mit dem Wort „Knüpfarbeit".

Aus Zollunterlagen weiß man, daß Klöppelkissen, Klöppel, Nadeln und Klöppelbriefe um 1630 nach Schweden importiert wurden, woraus man schließen kann, daß danach Spitze auf vorgestochenen Briefen hergestellt werden konnte. In der Vadstenagegend wurden Klöppelarbeiten hergestellt, die vom Staat unterstützt wurden. Es entwickelte sich ein Hauptgewerbe, das durch Verkauf im ganzen Land dazu beitrug, die ortstypische Spitze zu beeinflussen.

Das Vadstenaklöppeln hat viele Entwicklungsstufen durchlaufen. Außer dem Höhepunkt, der ins 18. Jahrhundert fiel, war Anfang des 20. Jahrhunderts ein wichtiger Zeitabschnitt. Damals wurden Vadstena-Klöppelschulen gegründet, die sich damit beschäftigten, alte Techniken und Muster wieder einzuführen, und so der maschinellen Herstellung entgegenzuwirken.

32. *Nonnen. Ausführung Ulla Fagerlin, 1985 (8 × 11 cm). Der Zusammenhang zwischen dem Klöppeln und dem Vadstena Kloster ist immer noch eine offene Frage, die viel Interesse findet.*

Klöppeln und das schwedische Kunstgewerbe

Das Klöppeln ist sorgfältig vom schwedischen Kunstgewerbe gepflegt worden, besonders dort, wo es eine aufbaufähige Tradition gab. Das trifft besonders für Schonen, Blekinge, Östergötland, Dalarna und Hälsingland zu. Man hat alte wertvolle Muster rekonstruiert und neue hergestellt. Außerdem wurden Klöppelgarn von guter Qualität besorgt und Ausbildung sowie Kurse organisiert. Als Ergebnis kann man in Schweden immer noch handgeklöppelte Spitzen von hoher Qualität herstellen und verkaufen. Dies ist fast einzigartig in der Welt.

Am umfangreichsten wird das Klöppeln natürlich in Östergötland betrieben. Schon 1936 wurde eine eigene Abteilung im Landesverband für Kunstgewerbe geschaffen, die sich nur mit Klöppeln beschäftigt. Sie wurde von Anfang an von Sally Johanson (1915–1984) geleitet.

Heutzutage gibt es in diesem Bezirk zwei verschiedene Organisationen, die sich mit Klöppeln beschäftigen, Vadstenaspetsar und Svenska Spetsar.

Experimente beim Klöppeln

Bei der traditionellen Art zu klöppeln geht man von einem Vorbild aus, das heißt, daß man auf einem Klöppelbrief arbeitet, und daß man eine technische Zeichnung und gelegentlich eine Beschreibung hat. Diese Arbeitsweise begründet sich aus der Vadstenatradition und bedeutet die Nacharbeit einer Vorlage. Sie fordert Sorgfältigkeit und technisches Wissen und gibt oft sehr schöne Ergebnisse. Außerdem weiß man auch, welches Resultat man bekommt, da man die Vorlage kennt. Auf diese Art und Weise hat man eine große technische Fähigkeit in Schweden aufgebaut. Aber es gibt auch andere Arbeitsweisen, freiere, die auf andere Traditionen zurückgehen. Unsere volkstümliche Spitze zum Beispiel bezieht sich größtenteils auf Traditionen, bei denen man *keine* Vorlagen anwendete, sondern statt dessen seine Spitze »dichtete«, wie man in Dalarna zu sagen pflegte. Man versuchte, eine alte Spitze nachzuarbeiten, oder nahm, wie in Schonen üblich, eine Stickerei oder ein Webmuster als Vorbild und klöppelte sie nach.

Auch die Farbe des Garnes hat seine Tradition. In Blekinge klöppelte man mit dem gleichen blauen und rosa Faden, den man bei der Stickerei verwendete. In der Umgebung von Delsbo klöppelte man mit dem roten Baumwollgarn, das man für die Delsbostickerei gebrauchte.

Spitzen auf Trachten aus den baltischen Ländern und den Oststaaten sind oft in kräftigen Farben und wechselndem Material hergestellt worden. Sie sind technisch weniger kompliziert als der Vadstena-Flanderntyp.

Bei farbigen Spitzen muß die Technik sich natürlich den Farben unterordnen.

Ein erster Schritt zur freieren Arbeitsweise ist ein Motiv zu klöppeln, das die

33. Ein Experiment im Rahmen der traditionellen Meterspitze. Klöppelarbeit von Christina Karlsson.

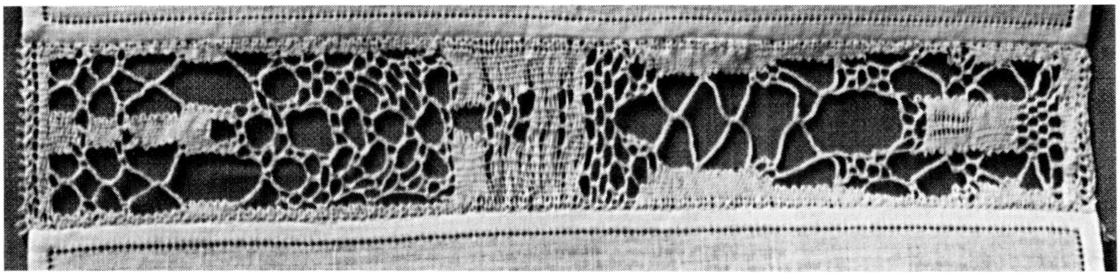

traditionelle Form der Meterspitze hat, aber die Möglichkeit zu gewissen Variationen bietet. Die freiere Arbeitsweise kann darin bestehen, daß man ohne technische Zeichnung arbeitet. Man kann selbst aus einer deutlichen Fotokopie erkennen, welche Schläge und Gründe in der Klöppelarbeit vorhanden sind. Im Kapitel »Geklöppelte Bilder mit Brief« zeigen wir Beispiele solcher Arbeiten. Diese bilden einen Übergang von der traditionellen Spitze nach gebundenem Muster zur freieren und selbständigeren Arbeitsweise.

34. Klöppelarbeit von Eva Lecerof. Siehe auch Beispiel Seite 161.

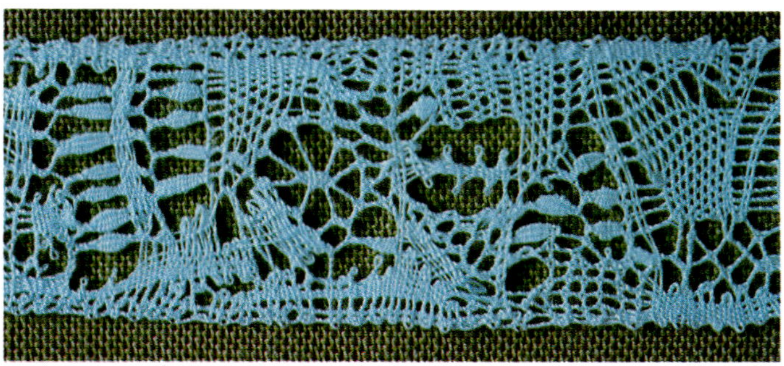

Klöppeln als Kunst

Greta Sjunnesson-Sandberg (1886–1976) gilt als unsere erste Bildklöpplerin. Viel früher als alle anderen ging sie von der traditionellen Form der Spitze ab und klöppelte statt dessen Bilder mit dünnem weißem Garn. Sie wuchs in Vadstena auf, in einer großen, künstlerisch begabten Familie, die sich sehr für das Klöppeln interessierte. Ihre Großmutter war Verlegerin, und auch ihr Großvater verkaufte Spitzen. Die Klöppeltradition war seit Jahrhunderten fest verankert in der Umgebung, und sie lernte schon als Kind klöppeln.

Greta Sandberg bildete sich in der Stockholmer Kunstfachschule zur Kunstlehrerin aus, aber gab bald den Lehrberuf auf und setzte statt dessen ihre künstlerische Begabung ein, um Bilder zu klöppeln. Sie wurde von religiösen Motiven inspiriert, die oft auf das Mittelalter zurückgingen. Zu ihrer Motivwahl trug auch ihr Leben im Vadstenamilieu bei. Für ihre Motive benutzte sie die Werke anderer Künstler als Vorlage, wie zum

▷
35. Geklöppeltes Bild der Våmbs Kirche in Västergötland mit der heiligen Helena. Das Bild wurde beeinflußt sowohl von jener Kirche als auch von einer Skulptur in Skövde, die St. Helena darstellt. Der Künstler Helge Johansson, der die Skulptur geschaffen hat, bekam das Klöppelbild 1957 von Greta Sandberg als Geschenk. Im Privatbesitz von Berit und Jan Johansson.

Beispiel Altarbilder und Skulpturen biblischer Gestalten. Deren Botschaft wollte sie hervorheben durch die Art, wie sie ihre Klöppelbilder gestaltete.

Greta Sandberg kann als neue Gestalterin der geklöppelten Spitze angesehen werden. Sie hat für die Entwicklung der Vadstenaspitze viel geleistet. Außer den einzigartigen Bildern, die sie oft in mehreren Ausführungen herstellte, jedoch nie zwei gleiche, hat sie eine große Anzahl Altarspitzen entworfen, die viele Kirchen in Schweden schmücken.

Sie ist die einzige schwedische Bildklöpplerin, die ich kenne, die in ausländischen Fachzeitschriften vorgestellt wurde.

Vor 19 Jahren fand in der Kunstfachschule in Stockholm eine Ausstellung von Klöppelarbeiten statt, die etwas völlig Neues zeigten. Es handelte sich dabei um kleine und große, ja fast monumentale geklöppelte Bilder der Tschechin Milča Eremiášová. Das Klöppeln in der Tschechoslowakei beruht auf anderen Traditionen als die in Schweden. Milča Eremiášová hat seit 1968 viele Male in Schweden ausgestellt. Im Jahre 1983 zeigte das Kunsthandwerkmuseum in Kopenhagen eine Ausstellung von Textilkünstlern mit dem Thema »Moderne tschechische Klöppelkunst«. Dagmar Tučná vom Kunsthandwerkmuseum in Prag schreibt in der Einleitung des Katalogs zur Ausstellung wie folgt:

»Die Renaissance der Klöppelkunst, die gewiß in den letzten Jahrzehnten in der Tschechoslowakei stattgefunden hat, begründet sich natürlich auf die Verbindung mit der Tradition; aber sie ist auch bedingt durch die Tatsache, daß das Klöppeln jetzt in neuem Zusammenhang, als Antwort zu den veränderten psychologischen, ästhetischen und sozialen Forderungen der Gesellschaft gesehen werden muß. Diese Entwicklung berührt zweifellos sowohl die gebrauchsmäßige Funktion als auch die Form und die Idee des Klöppelns. Klöppelarbeiten erfüllten früher eine Funktion, die begrenzt war in der Anwendung für Trachten und zur Zierde des Heimes. Heutzutage aber wird das Klöppeln als ein selbständiges künstlerisches Ausdrucksmittel betrachtet, ebenso wie andere Techniken innerhalb der freien Künste.«

Das Ergebnis dieser modernen Kunst begründet sich auf das, was in den zwanziger und dreißiger Jahren in der Tschechoslowakei stattfand. Mehrere Künstler, unter ihnen Emilie Paličková (1882–1973) schufen damals eine Plattform für das Klöppeln als künstlerisches Ausdrucksmittel. Emilie Paličková wurde in den vierziger Jahren Lehrerin an der Kunsthandwerkakademie in Prag und hat seitdem viele Generationen von Textilkünstlern im Klöppeln ausgebildet, deren Werke man überall in der Welt sehen kann.

▷

36. »Im Nebel«. Geklöppelt 1967 von Milča Eremiášová. Die Komposition ist inspiriert von der Musik Leoš Janáčeks. Die Klöppelarbeit, die einen Durchmesser von ca. 2,5 m hat, befindet sich im Museum Royaux d'Art et d'Histoire in Brüssel.

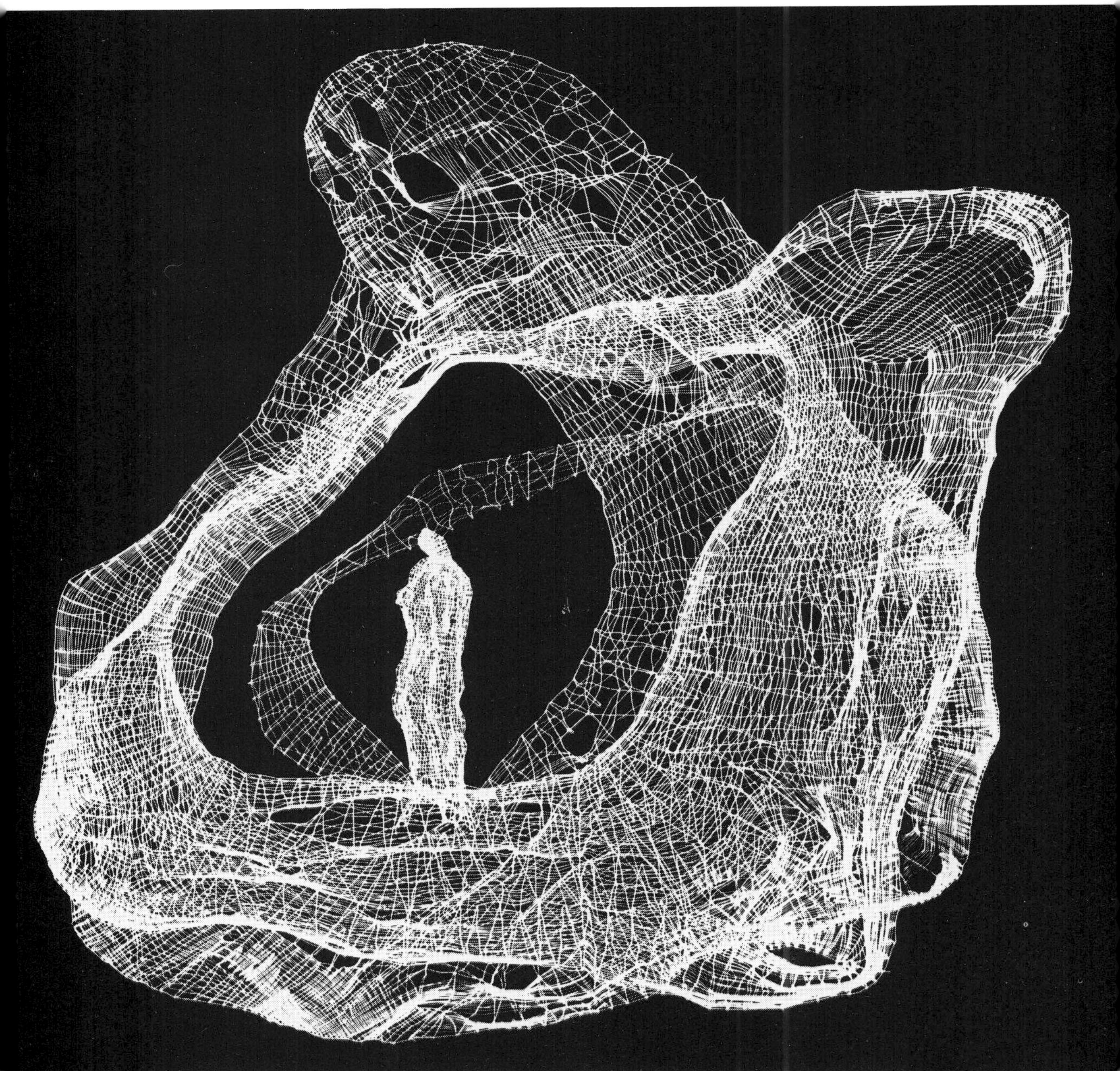

*37. »Gotische Variationen« 1985.
Dreiteiliges Kunstwerk der tschechischen Künstlerin Ludmila Kaprasová. Das gewebte, geklöppelte und gestickte Kunstwerk ist aus handgesponnenem Flachs hergestellt. Format 2 × 2, 4 × 0,5 m.*

38. Detail »Gotische Variationen«.

39. Detail »Gotische Variationen«.

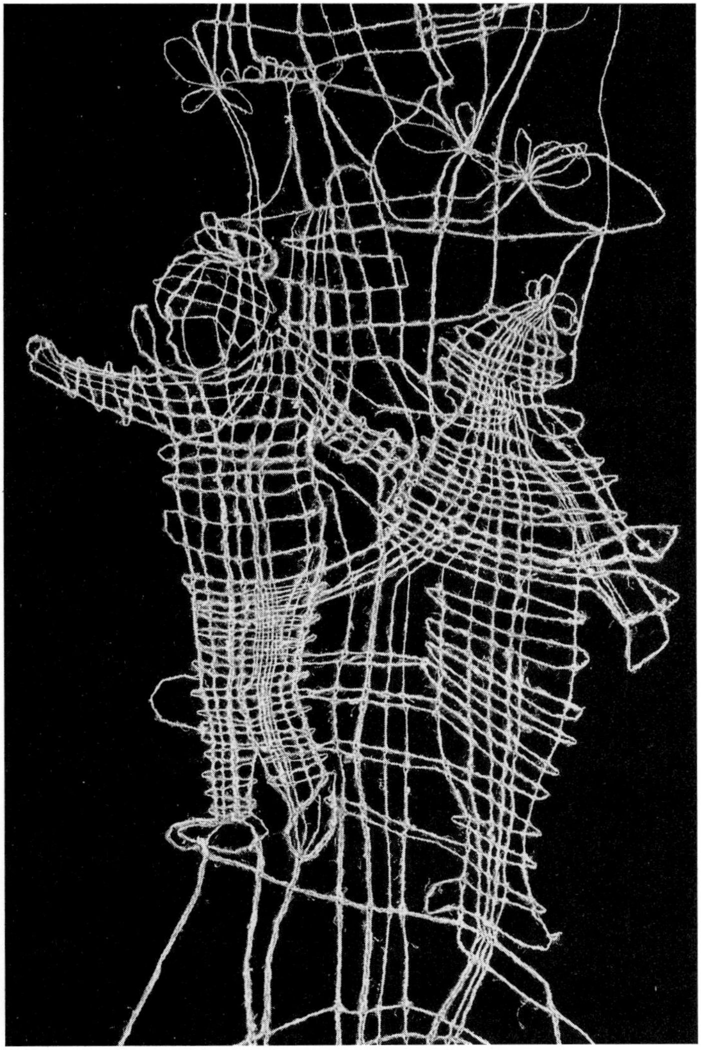

40. »Glückliche Kinder«, 1979. Dreiteiliges Kunstwerk der tschechischen Textilkünstlerin Marie Vaňková, geklöppelt von Jana Stefková. Material: naturfarbenes und rotes Leinengarn. Größe der einzelnen Teile: 0,7 × 0,2 m, 0,7 × 0,4 m, 0,7 × 0,2 m.

Das Tekomuseum in Borås veranstaltete 1985 eine internationale Ausstellung »Lace as an Art«, Spitze als Kunst. Dort wurde gezeigt, wie mit Hilfe des Klöppelns darstellende Kunst ausgedrückt werden kann. Die Ausstellung war das Ergebnis eines belgischen Wettbewerbes in Zusammenarbeit mit World Craft Council. Unter den Gewinnern befanden sich Künstler aus neun Nationen. Den ersten Preis erhielt Rosa Vercaemst aus Belgien mit vier kleinen Bildern »Sinfonietta«. Sie hat ihre technische Fähigkeit bei der Komposition ausgenützt, indem sie die Netzschläge zur Außenkante hin verdichtete, so daß das Bild den Eindruck eines dreidimensionalen Bogens wiedergibt. Eine schwierige Arbeit, weil diese Spitze nur an den Außenkanten durch Nadeln befestigt ist.

Aus dieser anregenden Ausstellung sind mehrere Bilder auf den Seiten 162–165 zu sehen.

In Schweden fehlt seit Anfang der sechziger Jahre eine künstlerische Ausbildung mit Schwergewicht auf geklöppelte und genähte Spitze. Dies ist ein Problem, weil man so keinen Fachlehrernachwuchs bekommt. Gelegentlich haben Textilkünstler sich für das Klöppeln interessiert. Einer von ihnen ist Sten Kauppi, der in den siebziger Jahren einige interessante Entwürfe anfertigte. Ulla Fagerlin und Naime Thorlin, Mitarbeiterinnen dieses Buches, gehören zu den wenigen Textilkünstlern, die einen großen Teil ihres Lebens dem Klöppeln gewidmet haben.

Da Klöppeln nur ein kleines Fachgebiet im textilen Bereich ist, sollte man sich gegenseitig unterstützen und Erfahrungen

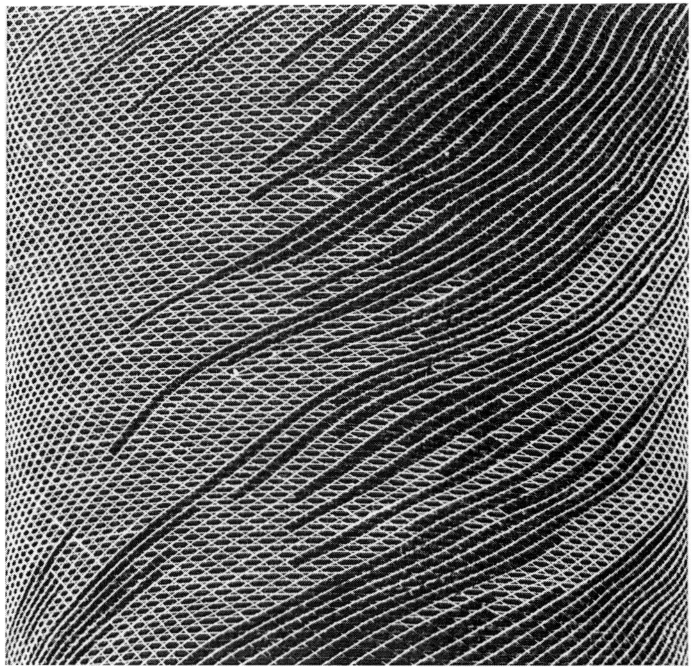

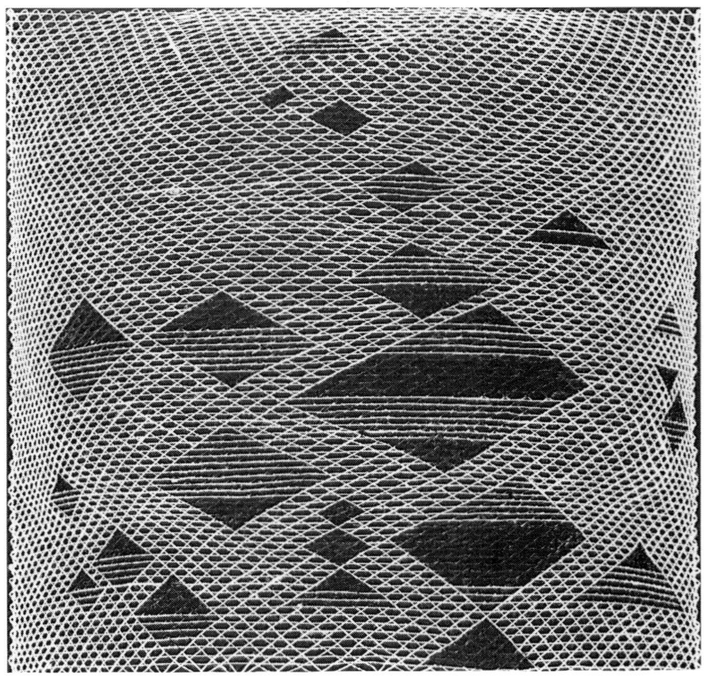

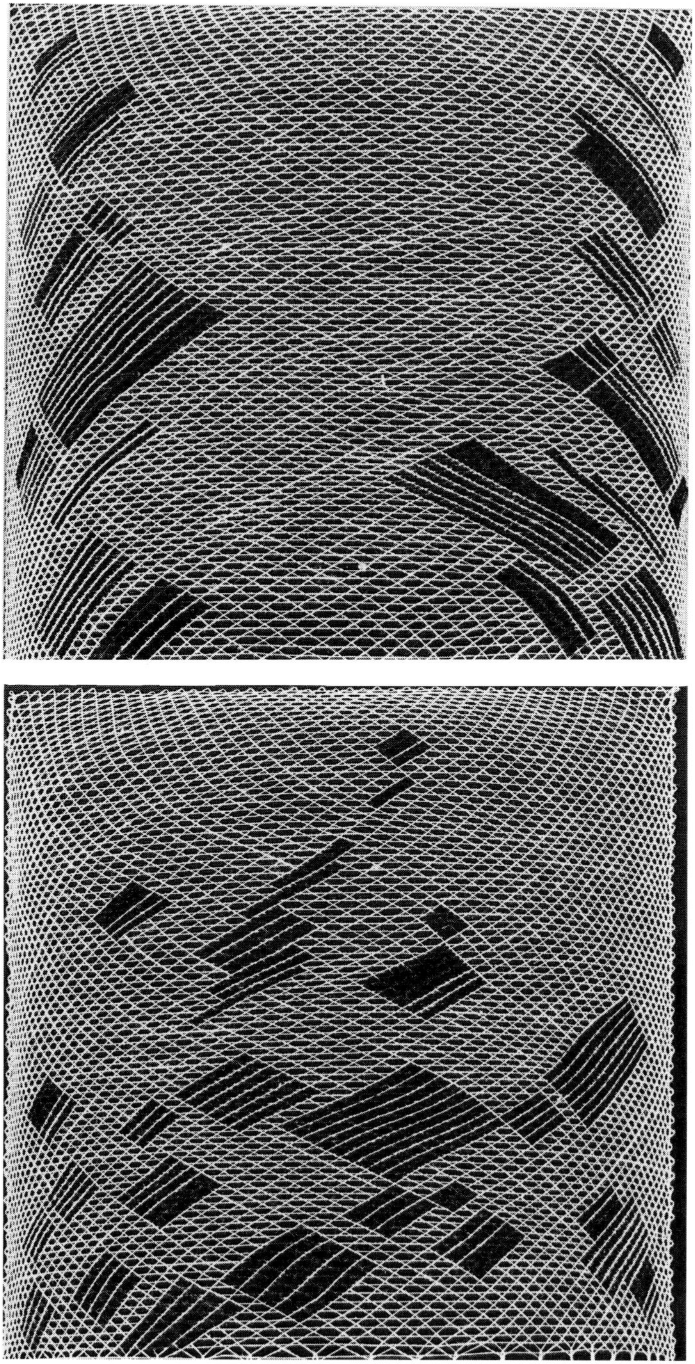

auch grenzüberschreitend austauschen. Ein Beispiel dafür, daß dies bereits geschieht, ist die 1982 in Frankreich gegründete Organisation für genähte und geklöppelte Spitzen, OIDFA, Organisation Internationale de la Dentelle au Fuseau et à l'Aiguille – International Bobbin and Lace Organization.

41. »Sinfonietta« 1985 von Rosa Vercaemst, Belgien.

Werkzeug und Material

Klöppelkissen

Ein Vadstena-Klöppelkissen ist in der Regel oval und mit Baumwollstoff bezogen. Der Stoff sollte dicht und weich sein, damit man leicht Nadeln reinstecken kann. Um zu vermeiden, daß die Spitze schief und ungleichmäßig wird, muß die Rolle hart und fest gestopft sein. Angemessene Größe ist 60 × 48 cm. Zu diesem Kissen gibt es zwei verschiedene Rollenbreiten, 20 und 25 cm. Die Höhe des Kissens ist 10 cm, siehe Abb. 42.

Befestigen Sie etwas Stoff am vorderen Teil des Kissens, um es vor Abnutzung durch die Klöppel zu schützen.

Klöppeltisch

Es gibt im Handel einen kleinen zusammenklappbaren Tisch, der sich speziell für das Klöppelkissen eignet. Die Größe der Platte ist 38 × 42 cm, sie wird von einer Leiste umgeben. Die Tischhöhe ist ca. 60 cm, und zusammen mit der Höhe des Klöppelkissens ergibt sich eine passende Arbeitsstellung, siehe Abb. 42.

Die Höhe der Arbeitsfläche sollte einige Zentimeter über dem Ellenbogen sein.

42. Klöppelkissen Vadstenatyp.
So sollte man beim Klöppeln sitzen.

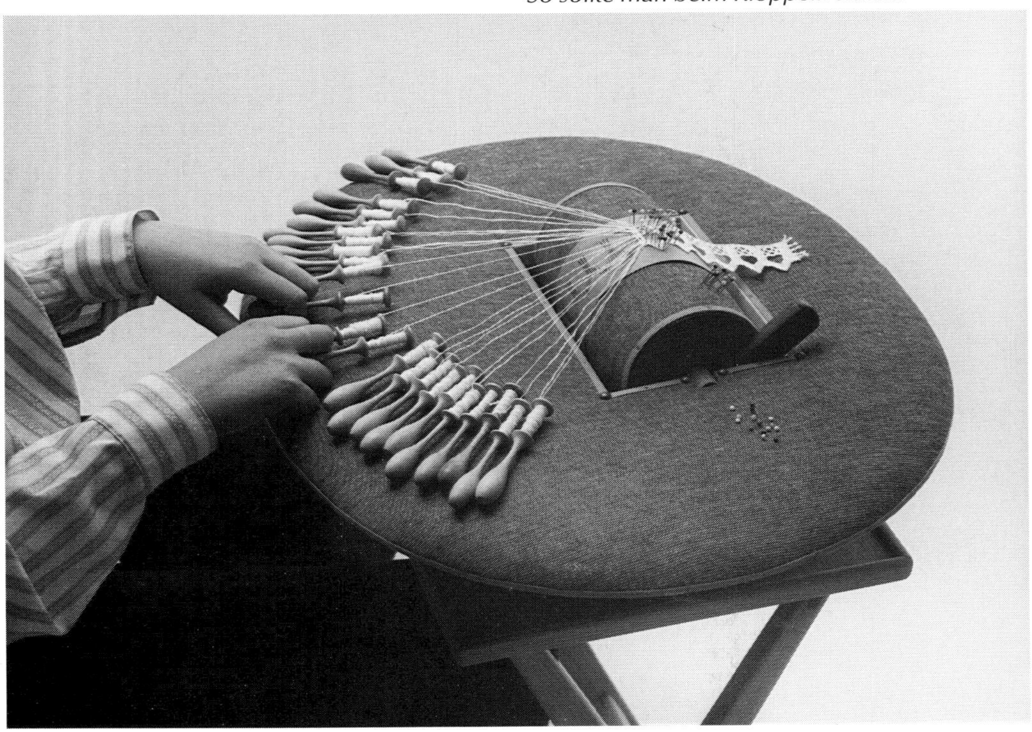

Klöppelbrief

Briefe kann man auch selber herstellen. Klöppelbriefe, wie die aus Vadstena, bestehen aus Hartpappe, die auch Klöppelpappe oder Preßspan genannt wird. In diese Hartpappe wird das Muster gestochen. Millimeterpapier wird an den für das Muster notwendigen Stellen punktiert. Die Klöppelpappe mit dem auf ihr befestigten Millimeterpapier wird sorgfältig auf dem Klöppelkissen oder einer Platte aus Styropor befestigt. Die Nadeln werden auf einer Längsseite und beiden Schmalseiten dicht gesetzt. Die einem zugewandte Längsseite läßt man ohne Nadeln, damit sie beim Stechen nicht im Weg sind. Die Löcher werden mit einem Stecher hergestellt, in dessen Spitze eine dünne Nähnadel festgeschraubt ist, siehe Abb. 44. Halten Sie den Stecher rechtwinklig zur Pappe, sonst kann die Nadel abbrechen, die Löcher können schräg und die Nadelabstände unregelmäßig werden.

Auf dem Brief zeichnet man mit Zeichentusche die Hilfslinien ein: Laufpaar in Leinenschlagfigur, Markierung für Netzschlag, Konturfaden, Formschläge, Durchbrüche, Einhängen von extra Paaren und so weiter. Siehe Seite 108.

43. Das Stechen eines Klöppelbriefes.

Nadeln

Zum Klöppeln verwendet man dünne, nichtrostende Stecknadeln mit kleinen Glasköpfen. Es gibt sie in Schachteln zu 100 oder 200 Stück. Es gibt besondere Stecknadeln ohne Glaskopf für feine Spitzen. Man benutzt sie, wenn mit dünnem Faden geklöppelt wird, und wenn die Löcher im Brief sehr dicht sitzen (siehe die Spitze Pingpong, Abb. 106).

Gebraucht man gröberes Garn, 8/3 oder 12/3, ist es besser, noch dickere Nadeln zu nehmen, sogenannte Makrameenadeln.

44. Klöppel, Klöppel für Konturfaden, Nadeln und Löcherband, Spulmaschine, Spulhülse, Spulgestell, Klöppelgarne und Stecher.

Klöppel

Die Klöppel sind ca. 10 cm lang und aus Birkenholz gedrechselt. Um die Klöppel geschmeidig und haltbar zu machen, kann man sie in eine Mischung aus drei Teilen Leinöl und zwei Teilen Terpentin tauchen. Die Klöppel so lange in das Ölbad legen, bis die Blasen verschwinden, dann herausnehmen und eventuelle Tropfen abwischen. Die Klöppel müssen einen Monat trocknen. Für den Konturfaden gibt es breitere Klöppel.

Um die Klöppel beim Transport des Klöppelkissens gut befestigt zu halten, ist es nützlich, ein Lochband zu häkeln. Aus Wolle oder einem anderen elastischen Material wird eine Reihe Luftmaschen in gewünschter Länge gehäkelt. In jede zweite Masche werden halbe Stäbchen mit einer Luftmasche zwischen jedem Stäbchen gehäkelt. Ausprobieren, ob die Klöppel in die Löcher passen.

Garn

Klöppelgarn ist aus Flachs hergestellt und hat eine ziemlich feste Zwirnung speziell für das Klöppeln. Verwendet man ein Garn, das nicht so fest gezwirnt ist, muß man sich darauf einstellen, daß es schwieriger ist, damit zu arbeiten, und daß das Ergebnis dementsprechend wird.

Leinen ist stark und glänzt. Die Formbarkeit ist sehr gering, was dazu beiträgt, daß Leinen »stumpf« ist, was aber den Vorteil hat, daß es sich gut »führt«.

Klöppelgarn gibt es sowohl 2- als auch 3fädig, von Nr. 20/3 bis 120/2.

Die Garne gibt es ungebleicht, viertelgebleicht, halbgebleicht und ganzgebleicht. Die Konturfäden 18/3 und 18/5 gibt es nur halbgebleicht.

In bestimmten Fällen kann ein 2fädiges Garn durch ein 3fädiges ersetzt werden:
30/2 entspricht 40/3
35/2 entspricht 50/3
40/2 entspricht 60/3
50/2 entspricht 70/3

Ein 3fädiges Garn ist stärker als ein 2fädiges. Eine Spitze sollte niemals mit einem anderen Garn geklöppelt werden als dem auf dem Brief angegebenem.

Farbiges Klöppelgarn kann man nur in wenigen Farben erhalten, siehe Abb. 195. Farbnummern 134, 470, 503, 515, 1310 und 1440 gibt es in Rollen von 12,5 gr. von der Firma Holma Helsingland. Übrige Farben gibt es in Docken von ca. 30 m.

Klippans Wollfabrik stellt ein Garn in Nr. 40/2, H/V her, etwas lockerer gezwirnt als 35/2. Dieses gibt es in vielen verschiedenen Farben. Manchmal kann man es statt 35/2 verwenden.

Spulmaschine und Spulgestell

Es gibt spezielle Hilfsmittel, um Garn auf die Klöppel zu spulen. Man kann eine beim Weben gebräuchliche Spulmaschine anwenden, indem man sie mit einer Spulhülse bestückt. Es gibt aber auch Spulmaschinen, die nur für das Klöppeln entwickelt wurden. Auch sollte man ein Spulgestell haben.

Wie geklöppelt wird

Vorbereitung

Den Klöppelbrief mit Stecknadeln auf der Rolle so befestigen, daß die Zackenkante rechts liegt. Der Text steht in der Regel rechts auf dem Brief ebenso wie die Zakkenkante der Spitze. An der Verbindungsstelle soll der hintere Teil des Briefes über dem vorderen Teil liegen, und es ist darauf zu achten, daß die Muster deckungsgleich übereinander liegen, siehe Abb. 45. Andernfalls erweitert man den Umfang der Rolle dadurch, daß man einen Stoffstreifen oder eine elastische Binde um die Rolle wickelt.

Garnverbrauch

Man rechnet mit einem Garnverbrauch, der etwa dreimal die Länge der fertigen Spitze beträgt. Es muß berücksichtigt werden, daß man auch die Länge dazurechnen muß, die man benötigt, um die Klöppel auf dem Brief zu befestigen.

Wenn viele Leinenschlagfiguren in der Spitze vorkommen, wird der Garnverbrauch größer. Das Laufpaar in einer Leinenschlagfigur fordert recht viel Garn, und so muß man selbst abschätzen, wieviel Garn benötigt wird.

Zusammenfügen von Garn

Es gibt viele Möglichkeiten des Zusammenfügens, wenn ein Faden reißt oder zu Ende geht.

Reißt der Faden nahe der Nadel, macht man einen Schlingknoten und befestigt den Faden weiter hinten auf dem Brief. Nach Fertigstellung der Spitze vernäht man den Restfaden, indem man dem abgerissenen Faden ein Stück folgt.

Wenn der Faden zu Ende geht, kann man mit dem alten und dem neuen Faden zusammen klöppeln. Man sollte versuchen, die Verbindung in einer Leinenschlagfigur oder am Rand der Spitze zu bekommen und nicht im Löchergrund oder im Netzschlag. Hat die Spitze einen Konturfaden, kann man die Fäden dort vernähen. Dickes Garn kann man zusammenfügen, indem man sowohl den alten als auch den neuen Faden teilt. Man schneidet die eine Hälfte des Fadens ab und legt die übriggebliebenen Fäden parallel zueinander, dann arbeitet man weiter. Wenn die Arbeit fertig ist, schneidet man die Fadenenden ab.

Knoten dürfen nicht vorkommen!

◁
45. Die Musterrapporte müssen deckungsgleich übereinander liegen, wenn der Klöppelbrief auf der Rolle befestigt wird.

Spulen

Das Garn auf dem Klöppel mit einem Schlingknoten befestigen, Abb. 46. Den Knoten zuziehen und einen Halbschlag machen, Abb. 47.

46. Schlingknoten *47. Halbschlag*

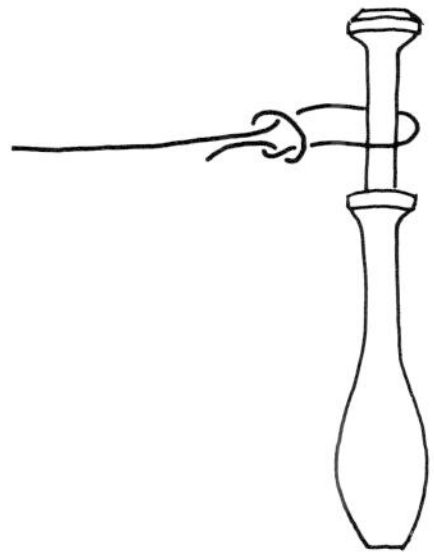

Das Garn gleichmäßig und fest auf die Klöppel spulen, Abb. 49.

Es ist darauf zu achten, daß der Faden gegen den Uhrzeigersinn läuft, siehe Abb. 48.

48. Der Faden wird gegen den Uhrzeigersinn aufgespult.

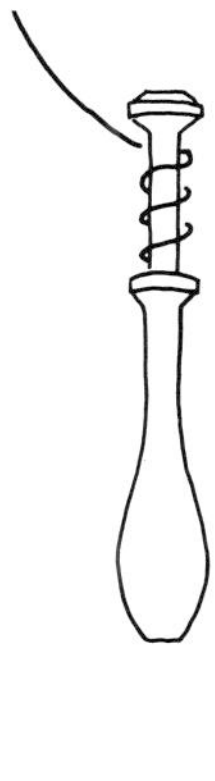

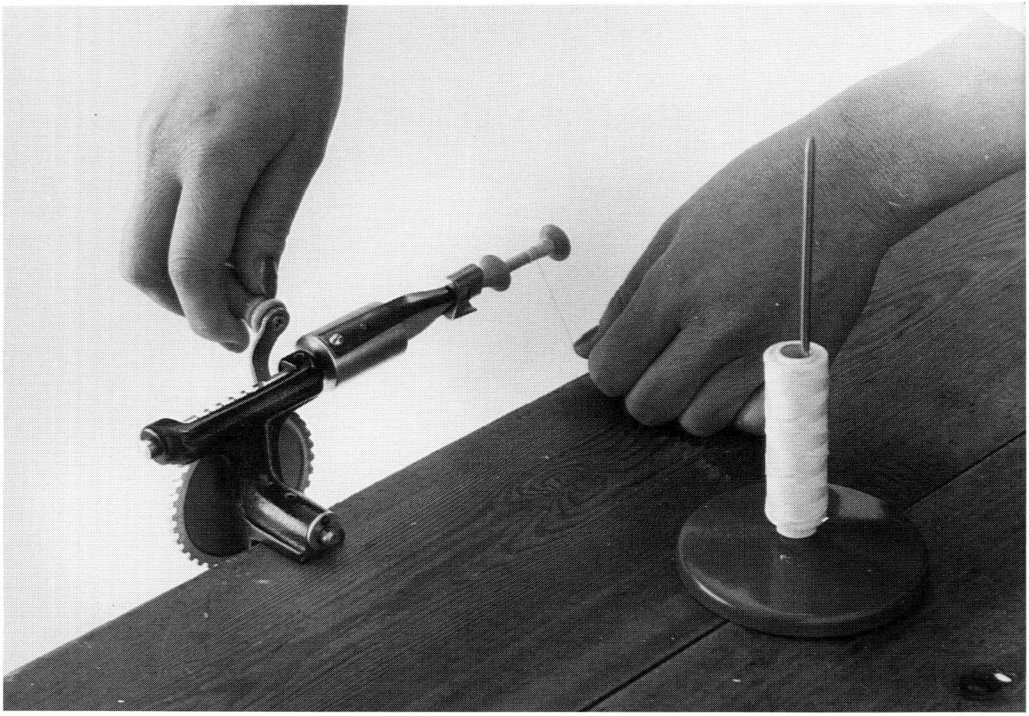

49. Die Handstellung beim Spulen.

Falls man nur wenig Garn braucht, kann man es per Hand aufspulen: das Garn mit der linken Hand, den Klöppel in der rechten Hand halten und drehen. Das Garn gegen den Uhrzeigersinn wickeln. Man beginnt mit dem Aufspulen ganz oben auf dem Klöppel, um zu vermeiden, daß die Klöppel rutschen, siehe Abb. 50.

Alle Klöppelgarne sind S-gedreht und sollten deshalb gegen den Uhrzeigersinn aufgespult werden. Sonst könnte es sein, daß die Drehung aufgeht und die Haltbarkeit des Fadens nachläßt. Nähgarn ist normalerweise Z-gedreht (in »Taube« verwendet, siehe Abb. 149). Ebenso sind Nähseide, Knopflochseide (in »Schmiede« verwendet, siehe Abb. 217) und bestimmte Seidengarne Z-gedreht. Z-gedrehte Garne müssen *im Uhrzeigersinn* auf die Klöppel gespult werden, siehe auch Seite 145

50. Wenig Garn wird ganz oben auf den Klöppel gespult.

51. Die Drehrichtung der Garne gibt man heutzutage mit Buchstaben an, S-gedrehtes Garn (links) und Z-gedrehtes Garn (rechts).

Damit die Fäden während des Arbeitens nicht von den Klöppeln rutschen, muß man eine Schlinge machen, siehe Abb. 52–54.

Man verlängert den Faden, indem der Klöppel waagrecht gehalten wird, und so das Garn abrollen kann. Wenn der Klöppel hängt, kann das Garn nicht ablaufen.

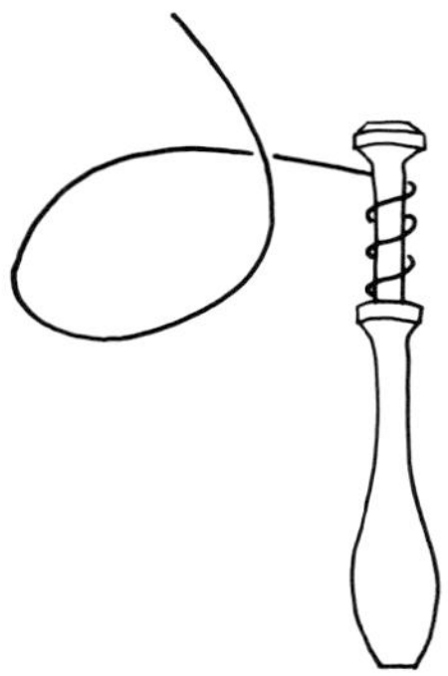

52.

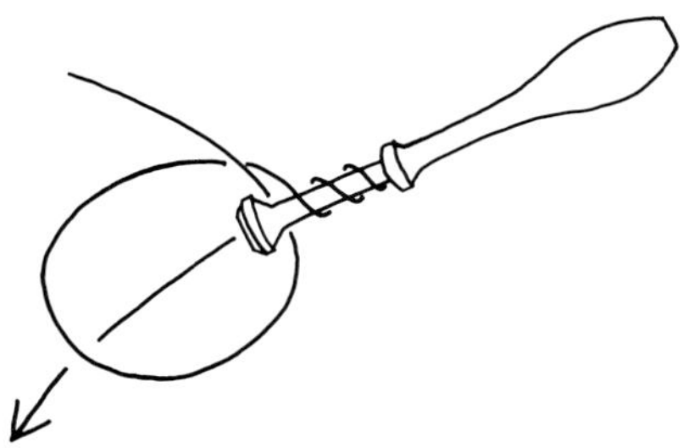

53.

54.

Die Handstellung

Die Handstellung beim Klöppeln ist etwa die gleiche wie beim Maschineschreiben. In der Regel klöppelt man mit zwei Klöppelpaaren. Man hält die Klöppel mit den Zeige-, Mittel- und Ringfingern, siehe Abb. 42.

Vor Klöppelbeginn ist daran zu denken, die Fäden zu sortieren. Weiterhin ist es wichtig, daß alle Fäden gleich lang sind, damit die Klöppel nebeneinander liegen.

Die Grundschläge

Die Klöppeltechnik besteht aus nur zwei Vorgängen: *Kreuzen* und *Drehen.* Indem diese zwei Bewegungsabläufe variiert werden, erhält man verschiedene Grundschläge: *Halbschlag, Ganzschlag* und *Leinenschlag.* Abb. 55 zeigt die Ausgangsstellung.

55. Ausgangsstellung.

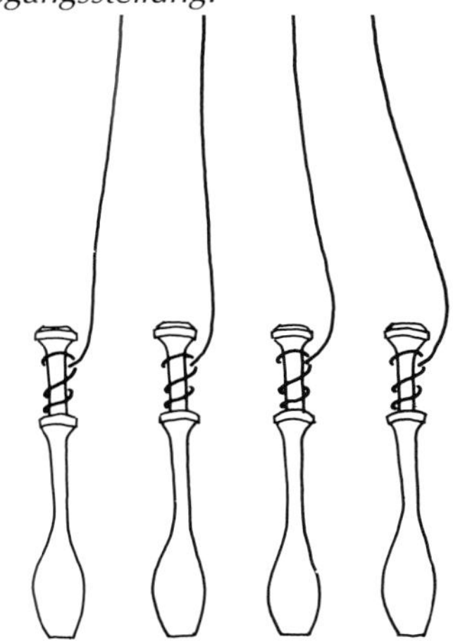

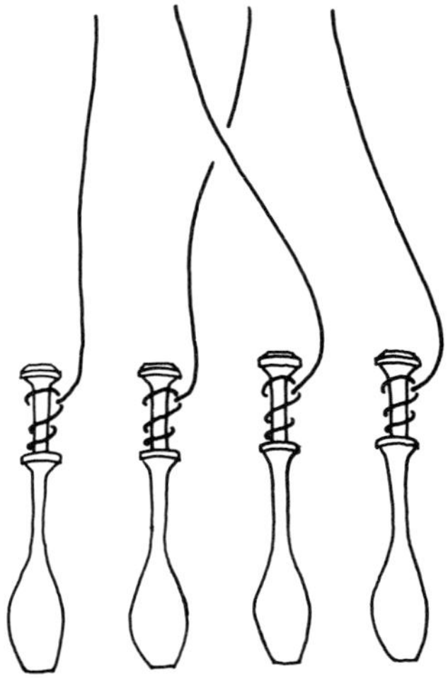

56. Kreuzen.

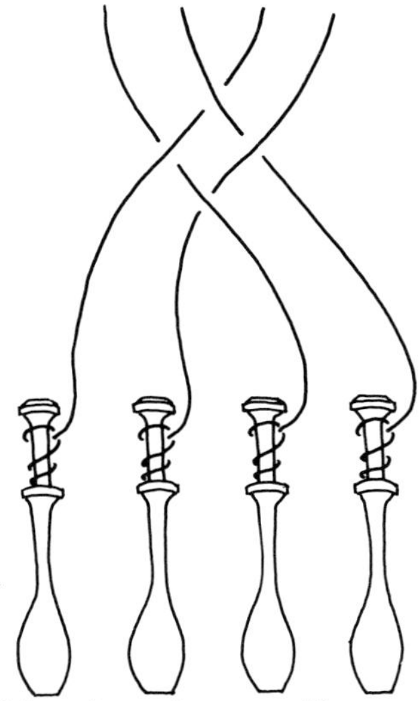

58. Kreuzen, Drehen und Kreuzen = Leinenschlag.

Beim Kreuzen werden die beiden mittleren Klöppel benutzt. Man kreuzt immer von links nach rechts, siehe Abb. 56.

Das Drehen wird immer von rechts nach links mit zwei Klöppeln ausgeführt, siehe Halbschlag.

Ein *Halbschlag* besteht aus Kreuzen und Drehen, siehe Abb. 57.

Ein *Leinenschlag* besteht aus Kreuzen, Drehen und Kreuzen, Abb. 58.

Ein *Ganzschlag* besteht aus Kreuzen, Drehen, Kreuzen und Drehen, Abb. 59.

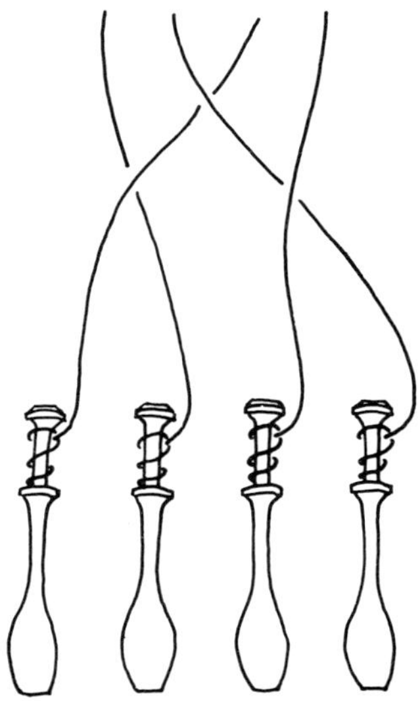

57. Kreuzen und Drehen = Halbschlag.

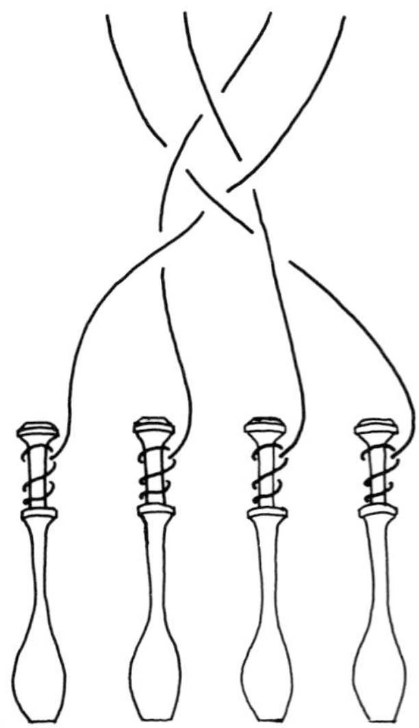

59. Kreuzen, Drehen, Kreuzen und Drehen = Ganzschlag.

Traditionelles Klöppeln

Beim traditionellen Vadstenaklöppeln wird ein fertiger Klöppelbrief mit vorgestochenen Löchern und aufgezeichneten Hilfslinien benutzt. Hat man keine fertiggeklöppelte Spitze als Vorlage, muß man nach einer Zeichnung klöppeln. Diese Zeichnung muß so deutlich und genau sein, daß man ohne Schwierigkeit sehen kann, welche Schläge und Drehungen gemacht werden müssen, um das gewünschte Ergebnis zu erhalten. Man sollte nicht von der Zeichnung oder der angegebenen Garnstärke abweichen. Verstößt man gegen diese Angaben, erhält man ein schlechteres Ergebnis, da die Spitze dann an Qualität und Aussehen verliert.

Es ist daher wichtig, daß man lernt, eine Zeichnung richtig zu lesen und zu verstehen. Gleichzeitig mit dem Lesen des Textes sollte man die Zeichnung anschauen, um zu wissen, wie die verschiedenen Schläge aussehen. Mit der Zeit lernt man, eine Zeichnung so zu »lesen«, daß man praktisch ohne Text auskommen kann.

Gute Ratschläge

Nichts vom Klöppelbrief abschneiden, falls er zu lang ist. Vielleicht kauft man mal ein neues Klöppelkissen mit größerer Rolle.

Wenn die Klöppel auf dem Brief befestigt sind, sollte darauf geachtet werden, daß die Fäden nicht durcheinander hängen, bevor man mit dem Klöppeln anfängt.

Um die Klöppel gleichmäßig anziehen zu können, sollten die Fäden alle gleich lang sein. Während des Klöppelns muß die Länge der Fäden von Zeit zu Zeit reguliert werden.

Die Stellen, wo Nadeln gesteckt werden sollen, sind auf der Zeichnung mit Punkten markiert, sie entsprechen den Löchern auf dem Klöppelbrief.

Es ist darauf zu achten, daß die Nadeln gerade in den Brief gesteckt werden. Wenn die Löcher auf dem Brief zu groß sind, wird die Spitze ungleichmäßig.

Alle Fäden gut anziehen, besonders nach Leinen- und Ganzschlag. Im Leinen- und Netzschlag ist es ratsam, die Fäden beim Nadelstecken anzuziehen.

Die Rolle mit dem Brief recht oft drehen; denn wenn die Spitze »sich hebt« kann sie schief und unregelmäßig werden.

Eine Spitze aus grobem Garn ist nicht einfacher zu klöppeln als eine mit feinerem Garn. Man muß die Fäden viel fester anziehen um eine gleichmäßige und schöne Spitze zu erhalten.

Spitzen

Randspitze

Breite 0,6 cm
Ein Musterrapport 0,5 cm
Material
Leinengarn 35/2
6 Paar Klöppel
Technik
Rand: »Innennadel«
Leinenschlag

Arbeitsbeschreibung
Den Brief auf der Rolle feststecken. Links und rechts je eine Nadel stecken. An jeder Nadel drei Paar Klöppel aufhängen.

Mit den beiden mittleren Paaren einen Leinenschlag klöppeln. Fäden anziehen. Das linke Paar einmal extra drehen und eine Nadel zwischen die beiden Paare stecken. Siehe Detail Abb. 61.

Mit den gleichen Paaren noch einen Leinenschlag arbeiten und das linke Paar einmal extra drehen. Der Pfeil bei der Zahl 1 auf der Zeichnung zeigt die Extradrehung.

Die drei linken Paare werden für den *Rand* gebraucht, der aus drei Ganzschlägen besteht. Erst zwei Ganzschläge klöppeln, einen bei A und einen bei B. Das linke Paar einmal extra drehen, siehe Pfeil Nr. 2. Eine Nadel so stecken, daß zwei Paare links von der Nadel liegen (Innennadel). Den dritten Ganzschlag bei C klöppeln. Nicht vergessen, die Fäden anzuziehen.

Die drei rechten Paare werden für den Zackenrand gebraucht, der aus Leinen*schlägen* besteht. Das Paar, das von der Nadel in der Mitte kommt und nach rechts zum Rand geht, nennt man Laufpaar. Es folgt der durchgezogenen Linie auf dem Brief. Das Laufpaar entspricht dem Schuß beim Weben.

Der Leinenschlag wird in einer Zeichnung mit durchgehenden, sich kreuzenden Linien gezeichnet – senkrecht und waagerecht –, ohne daß es besonders gekennzeichnet wird, welche Fäden oben und welche unten zu liegen kommen, siehe Detail Abb. 61.

Jetzt zwei Leinenschläge, D und E, klöppeln. Das Laufpaar zweimal drehen, siehe Pfeile bei 3 und 4, Abb. 61. Eine Nadel so stecken, daß nur das Laufpaar rechts von der Nadel liegt. Die Fäden anziehen.

Dann noch zwei Leinenschläge klöppeln, damit das Laufpaar wieder zur Mitte kommt.

Jetzt ist ein Rapport geklöppelt, und man fängt von vorne an.

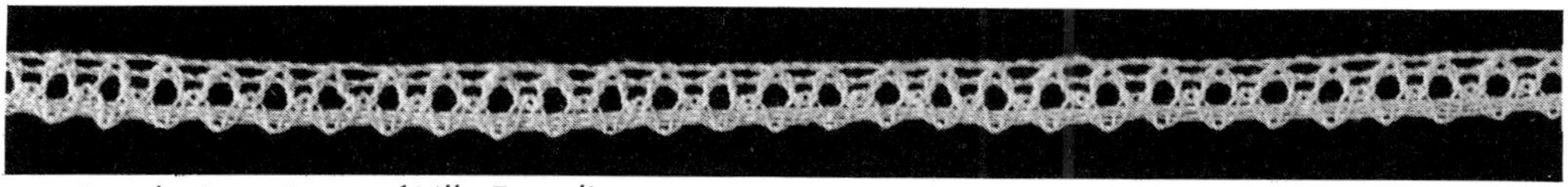

60. *Randspitze. Entwurf Ulla Fagerlin.*

61. *Zeichnung für Randspitze.*

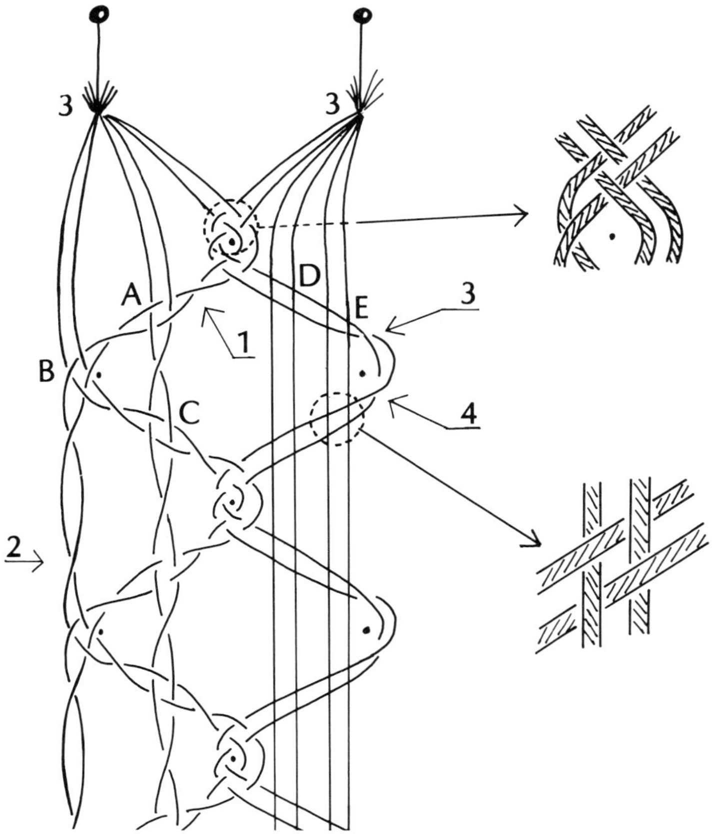

Teveronika

Breite 1,5 cm
Ein Musterrapport 1,5 cm
Material
Leinengarn 35/2
9 Paar Klöppel
Technik
Rand: »Innennadel«
Leinenschlag, Durchbrüche
Netzschlag
Löcherschlag mit doppelter Drehung

62. Teveronika auf Hemdkragen montiert. Die Spitze wird als Band geklöppelt und an den Ecken gefaltet.

Arbeitsbeschreibung
Die Paare an Nadeln aufhängen, wie die Zeichnung zeigt. Bei A mit einem Leinenschlag anfangen und das Laufpaar einmal drehen, siehe Pfeil. Das Laufpaar muß immer eine Drehung zwischen den beiden letzten Rißpaaren haben. Diese Drehungen ergeben den *Durchbruch,* und er ist auch mit einer Linie auf dem Brief gekennzeichnet. Einen Leinenschlag arbeiten, das Laufpaar zweimal drehen und Nadel stecken.

Das Laufpaar geht in die *Leinenschlagfigur* hinein. Der Markierung auf dem Brief folgen, das Laufpaar drehen und bei B ein weiteres Paar hineinnehmen. Wenn eine Figur zunimmt und breiter wird, müssen hierfür entsprechend mehr Paare hineingenommen werden, wenn sie schmaler wird, müssen Paare herausgelassen werden.

Das Laufpaar hat nur eine Drehung beim Nadelstecken in der Innenkante, siehe B. Weiterklöppeln und bei C das Laufpaar drehen.

Mit Halbschlag bei D weiterarbeiten. Am linken *Rand* wird mit Innennadel gearbeitet. Ganzschlag, Ganzschlag, Nadel und Ganzschlag. Hier braucht man keine zusätzliche Drehung.

Wenn man den dritten Ganzschlag gemacht hat, geht das dritte Paar von links in die *Netzschlagfigur* hinein, die mit Halbschlag geklöppelt wird. Erst einen Halbschlag machen, dann ein Paar bei E mit Halbschlag hereinnehmen, Nadel stecken und nach links mit zwei Halbschlägen arbeiten. Links den Rand klöppeln und zurück in die Netzschlagfigur gehen und zwei Halbschläge arbeiten.

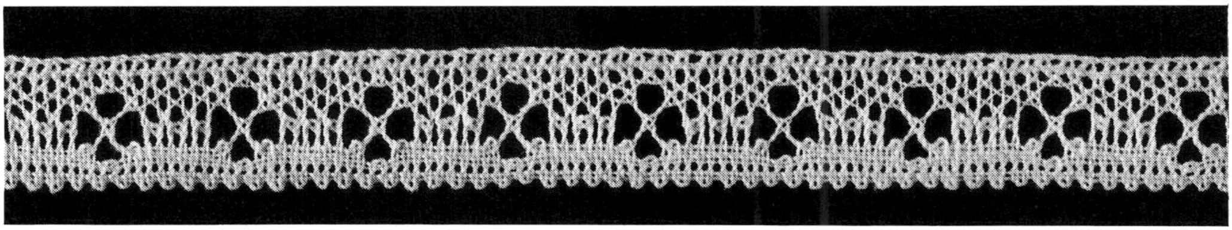

63. Teveronika. Entwurf Ulla Fagerlin.

64. Zeichnung für Teveronika.

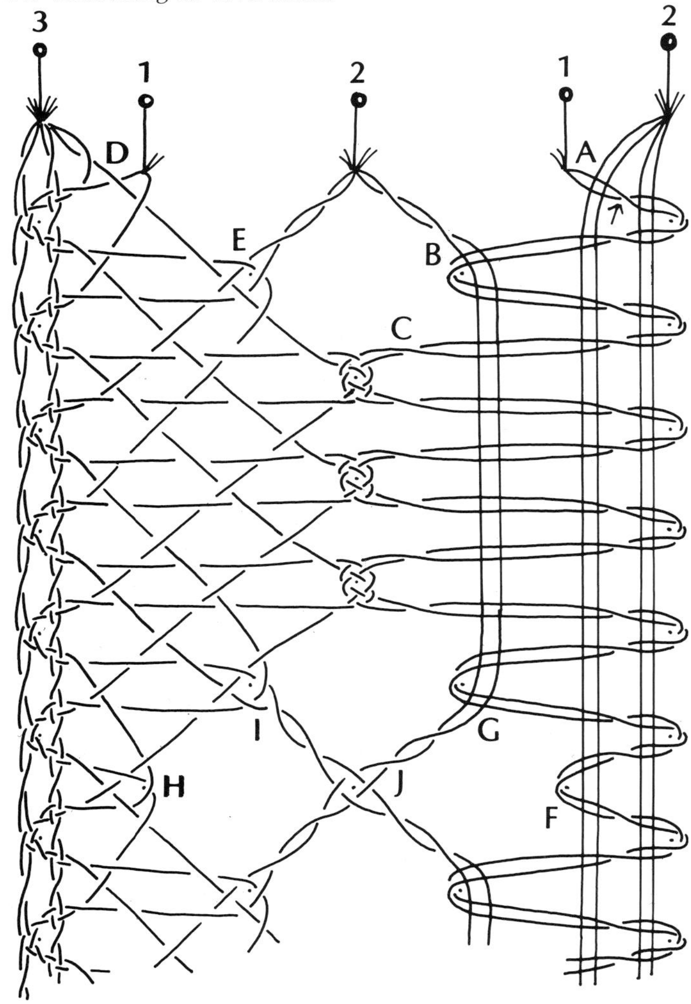

Die Netzschlagfigur ist auf dem Brief mit Linien markiert, denen man folgt.

In der Mitte treffen sich das Paar aus der Netzschlagfigur und das Laufpaar aus der Leinenschlagfigur. Mit diesen beiden Paaren klöppelt man einen Ganzschlag, steckt eine Nadel, zieht alle Fäden sorgfältig an und macht noch einen Ganzschlag. Das linke Paar geht in die Netzschlagfigur und das rechte Paar in die Leinenschlagfigur zurück.

Den Netzschlag nach links und dann wieder zurück, den Leinenschlag nach rechts und ebenfalls zurückklöppeln. In der Mitte, wo die Paare zusammenkommen, Ganzschlag arbeiten wie oben beschrieben. Nochmal wiederholen.

Die Leinenschlagfigur bis F klöppeln. Bei G geht ein Paar hinaus und wird zweimal gedreht.

Die Netzschlagfigur bis H klöppeln. Bei I geht ein Paar hinaus und wird einmal extra gedreht.

Mit den Paaren von G und I Halbschlag arbeiten, Nadel stecken, Halbschlag arbeiten und beide Paare einmal zusätzlich drehen, siehe J. Dies nennt man *Löcherschlag mit doppelter Drehung*.

Nun von vorne wiederholen.

Wegrand

Breite 2,1 cm
Ein Musterrapport 0,5 cm

Material
Leinengarn 35/2
14 Paar Klöppel

Technik
Ganzschlag
Leinenschlag
Löcherschlag
Netzschlag

65. Zeichnung für Wegrand.

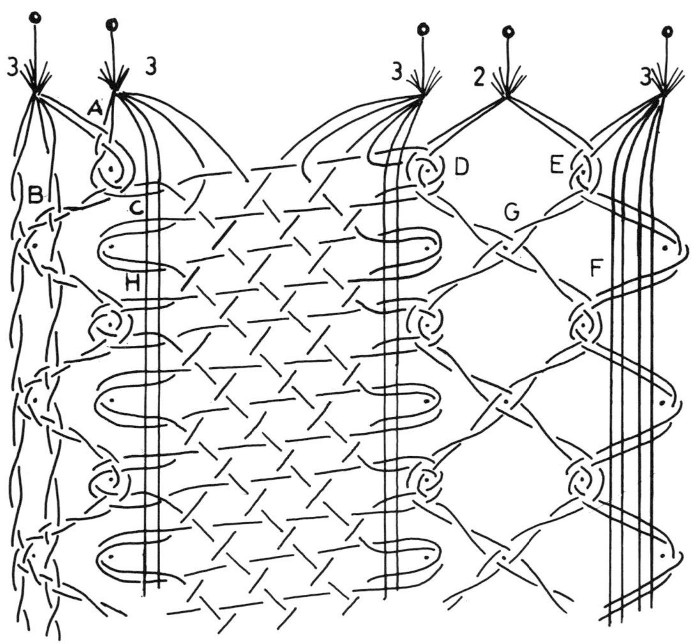

Arbeitsbeschreibung
Paare an die Nadel hängen, siehe Zeichnung. Die Zahlen geben an, wie viele Paare an jeder Nadel aufgehängt werden. Siehe Abb. 65.

Bei A mit einem Leinenschlag anfangen. Das linke Paar einmal drehen, eine Nadel zwischen die Paare stecken, Leinenschlag arbeiten und das linke Paar drehen. Gut anziehen.

Dann wird der *Rand* geklöppelt, siehe B. Zwei Ganzschläge arbeiten, das linke Paar drehen, eine Nadel stecken mit zwei Paaren links von der Nadel (Innennadel) und dann einen Ganzschlag arbeiten.

Bei C weiterarbeiten. Erst einen *Leinenschlag* klöppeln, dann das rechte Paar drehen, das in die *Netzschlagfigur* hineingeht. Drei Halbschläge und zwei Leinenschläge von links nach rechts klöppeln, das rechte Paar drehen, Nadel stekken, Leinenschlag arbeiten und das rechte Paar drehen, D.

Der rechte Rand stimmt mit dem rechten Teil der Spitze »Randspitze« überein. Erst die Punkte E bis F klöppeln. Bei Punkt G wird *Löchergrund* gearbeitet, das heißt Halbschlag, Nadel und Halbschlag.

Nun bei Punkt D mit einem *Leinenschlag* weiterklöppeln. Das Paar, das in die *Netzschlagfigur* hineingeht, drehen und dann mit drei Halbschlägen nach links arbeiten. Einen Leinenschlag klöppeln, das linke Paar drehen, eine Nadel stecken, einen Leinenschlag arbeiten, das rechte Paar drehen und weiterarbeiten auf die gleiche Art und Weise hin und zurück bis Punkt H.

Von A wiederholen.

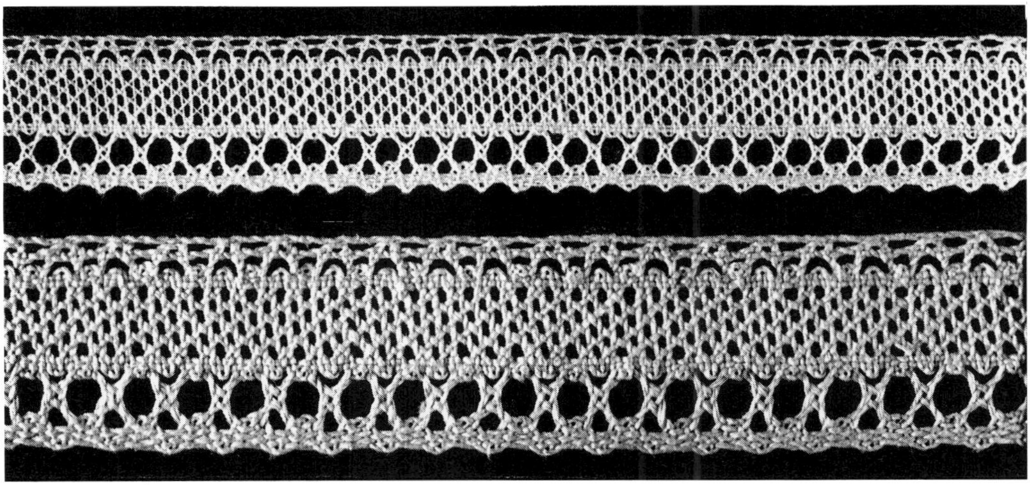

66. *Wegrand. Entwurf Ulla Fagerlin.*

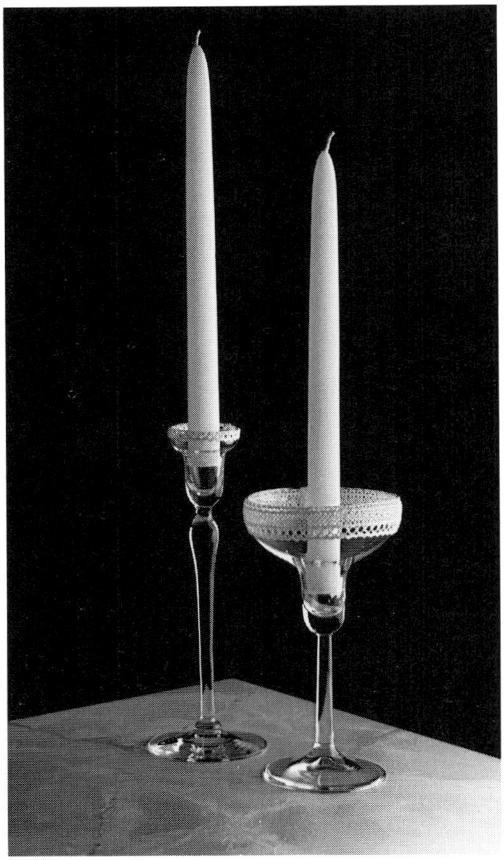

Wegrand

Breite 3 cm
Ein Musterrapport 0,7 cm
Material
Leinengarn 28/4 oder 16/2
14 Paar Klöppel

Diese Variation wird wie die vorherige geklöppelt, außer im Zackenrand, wo nur eine Drehung vorkommt, siehe Abb. 67.

Die Fäden gut anziehen, um eine gleichmäßige und schöne Spitze zu bekommen.

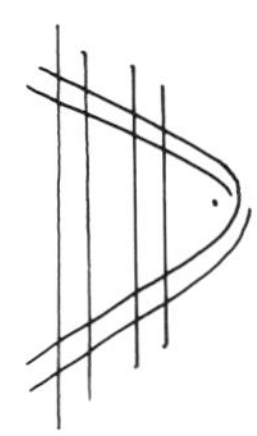

▷
67. *Der Zackenrand hat nur eine Drehung, wenn die Spitze in 28/4 oder 16/2 geklöppelt wird.*

◁
68. *Leuchter mit »Randspitze« und »Wegrand«.*

Eiszapfen

Breite 2,7 cm
Ein Musterrapport 1,8 cm
Material
Leinengarn 35/2
12 Paar Klöppel
Technik
Leinenschlag, Durchbrüche
Löcherschlag mit doppelter Drehung
Rand: »Innennadel«

Arbeitsbeschreibung
Die Paare aufhängen, wie die Zeichnung zeigt.

Das erste Paar links drehen. Die nächsten beiden Paare mit Leinenschlag verbinden.

69. Zeichnung für Eiszapfen, geklöppelt mit 35/2.

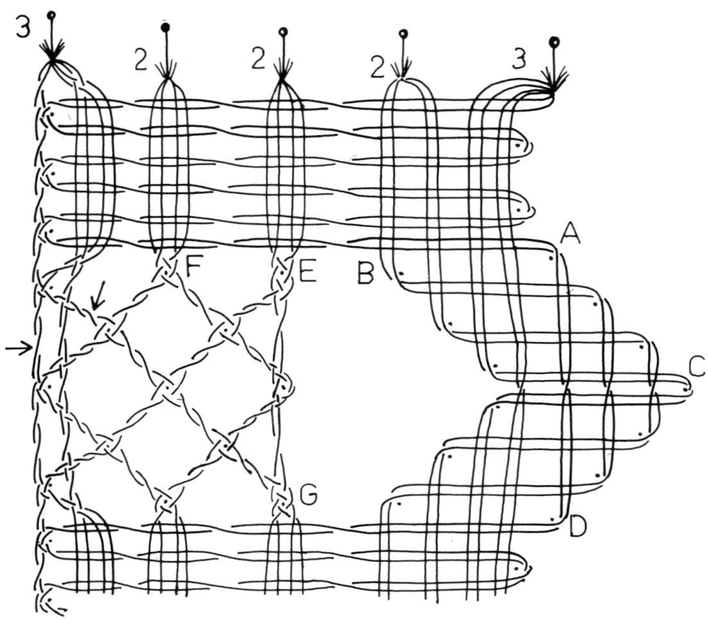

Danach ganz rechts mit der *Leinenschlagfigur* anfangen. Das Paar ganz rechts ist das Laufpaar. Mit Leinenschlag nach links arbeiten und das *Laufpaar drehen*, wie auf dem Brief eingezeichnet, siehe auch die Zeichnung. Das Laufpaar folgt der durchgezogenen Linie auf dem Brief bis vor das letzte Paar.

Das Laufpaar einmal drehen und mit dem letzten Paar mit Ganzschlag verbinden. Nadel rechts von den beiden Paaren stecken (Innennadel). Alle Fäden anziehen.

Das linke Paar bleibt liegen. Das rechte Paar wird Laufpaar. Leinenschläge und Drehungen gemäß Muster nach rechts hin arbeiten.

Das Laufpaar zweimal drehen und links davon eine Nadel stecken. Alle Fäden anziehen.

Mit Leinenschlägen, Drehungen und Rand bis A arbeiten. Dort wird das Laufpaar gedreht und eine Nadel gesteckt. Dieses Paar geht jetzt als Rißpaar (Längspaar) in die Leinenschlagfigur rein.

Das Paar bei B wird jetzt Laufpaar. Es wird gedreht, eine Nadel gesteckt, so daß das Laufpaar links von der Nadel liegt. Daraufhin mit Leinenschlägen von B nach rechts zur Außenkante klöppeln.

Die gleichen Schläge wie bei A und B noch zweimal wiederholen.

Bei C das Laufpaar zweimal drehen und eine Nadel stecken. Jedes Rißpaar der Leinenschlagfigur wird einmal gedreht.

Die Leinenschlagfigur beenden. Jetzt aber werden die Paare zu Laufpaaren, die von den Nadeln in der rechten Seite ausgehen.

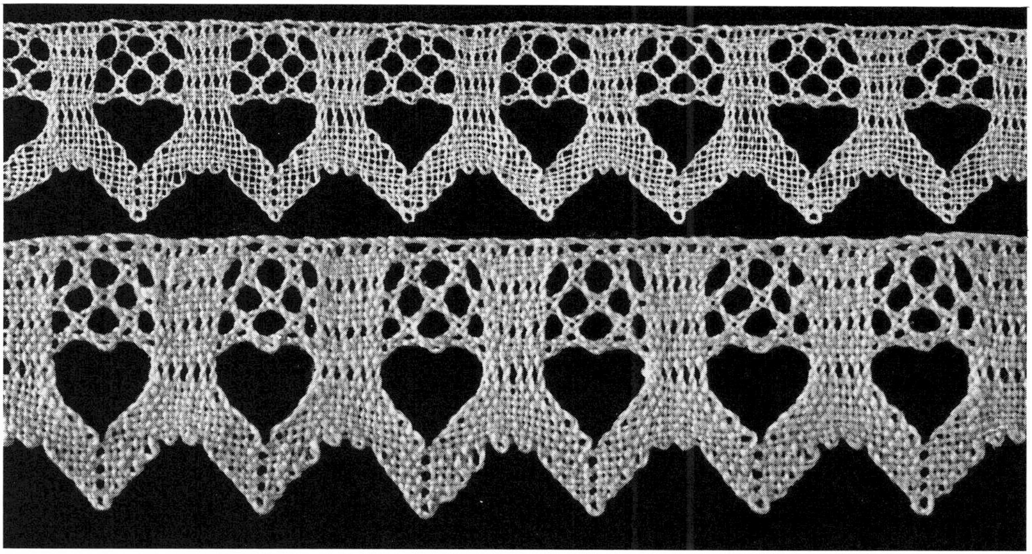

70. Eiszapfen. Entwurf Ulla Fagerlin.

Bei D das Rißpaar drehen und Nadel stecken. Um die Leinenschlagfigur weiter arbeiten zu können, muß man erst den Löchergrund klöppeln.

Bei E wird jedes Paar einmal gedreht, dann folgen Halbschlag, Nadel und Ganzschlag. Das linke Paar einmal zusätzlich drehen.

Bei F dreht man beide Paare einmal und klöppelt dann *Löcherschlag mit doppelter Drehung*: Halbschlag, Nadel, Halbschlag und beide Paare drehen.

Löcherschlag mit doppelter Drehung bei der nächsten Nadel schräg nach unten rechts arbeiten.

Bei der nächsten Nadel schräg von links nach rechts unten arbeitet man eine Zackenkante: Ganzschlag, das rechte Paar drehen, Nadel, Ganzschlag und das linke Paar drehen.

Nun links oben den *Rand* klöppeln: Paar 2 und 3 Ganzschlag, Paar 1 und 2 Ganzschlag, das linke Paar extra drehen, siehe Pfeil, Nadel rechts von den Paaren stecken, Paar 2 und 3 Ganzschlag und das rechte Paar zusätzlich drehen, siehe Pfeil.

Löcherschlag mit doppelter Drehung diagonal rechts nach unten arbeiten.

Bei G arbeitet man Ganzschlag, Nadel und Halbschlag.

Jetzt oben links den Rand klöppeln und weiter diagonal nach rechts unten mit Löcherschlag mit doppelter Drehung arbeiten. Bei Erreichen der letzten Nadellochreihe vor der Leinenschlagfigur, wird nach dem letzten Halbschlag keine Extradrehung gemacht.

In der linken Kante ist nur ein Nadelloch übrig, und dort klöppelt man: Ganzschlag, Ganzschlag, Nadel und einen Leinenschlag.

Jetzt ist ein Rapport fertig, man beginnt von vorne.

Eiszapfen

Breite 3,8 cm
Ein Musterrapport 2,1 cm
Material
Leinengarn 16/2
12 Paar Klöppel
Technik
Leinenschlag, Durchbrüche
Löcherschlag
Rand: »Innennadel«

Arbeitsbeschreibung
Diese Spitze wird nach der gleichen Beschreibung wie die vorherige gearbeitet, bis auf den Löchergrund, siehe Abb. 72.

Bei A die Paare einmal drehen, Nadel stecken und einen Ganzschlag machen.

Bei B die Paare einmal drehen, Nadel stecken und Halbschlag arbeiten.

Der Rand hat keine extra Drehung.

Der Löchergrund: Halbschlag, Nadel und Halbschlag.

Bei C einen Ganzschlag arbeiten und eine Nadel stecken.

Bei D einen Halbschlag klöppeln und eine Nadel stecken.

71. Kurzer Vorhang mit Eiszapfen in Garn Nr. 16/2.

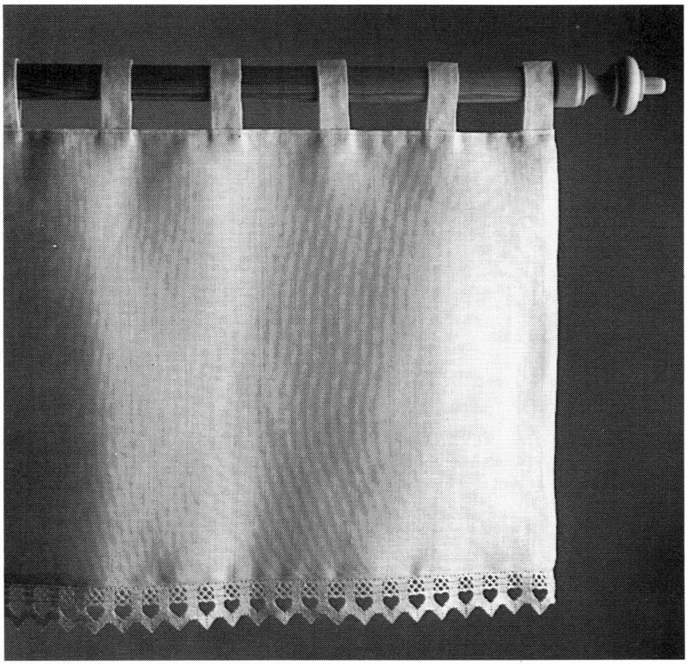

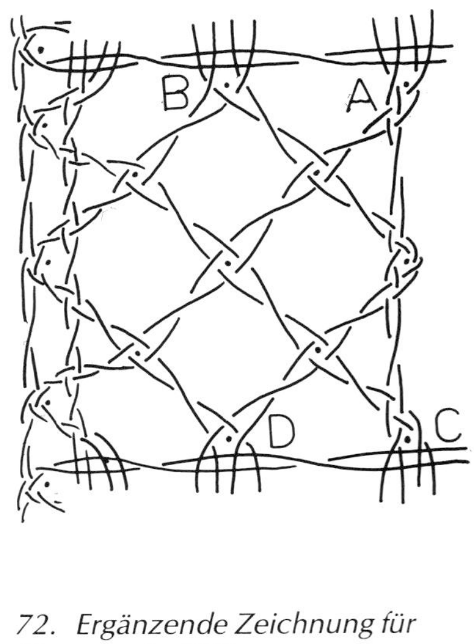

72. Ergänzende Zeichnung für Eiszapfen in 16/2.

Kornblume

Breite 3,8 cm
Höhe 5 cm
Material
Leinengarn 60/2
24 Paar Klöppel
Konturfaden 18/5
1 Paar Klöppel
Technik
Ganzschlag
Löcherschlag mit doppelter Drehung
Leinenschlag, Durchbrüche
Netzschlag
Einlegen eines Konturfadens
Zackenrand: »Außennadel«

73. Kornblume. Entwurf Ulla Fagerlin.

Arbeitsbeschreibung
Das Konturfadenpaar muß zusammengespult sein. Die Länge insgesamt berechnen. Die gesamte Länge auf einen Klöppel spulen und dann die Hälfte auf den zweiten Klöppel zurückspulen, damit die Klöppel zusammenhängen. Drei Paare werden als Laufpaare in den Leinenschlagfiguren gebraucht, deshalb muß man mehr Garn auf diese drei Paare spulen. Diese an A aufhängen, siehe Abb. 74. Die übrigen Paare wie das Bild zeigt, aufhängen: zwei Paare an jeder Nadel.

Der Grund, Löcherschlag mit doppelter Drehung, das heißt Halbschlag, Nadel, Halbschlag und beide Paare zusätzlich drehen.

Die Zackenkanten (Außennadel) mit *Ganzschlag* klöppeln, das rechte Paar *einmal drehen* und Nadel stecken, dann einen *Ganzschlag* klöppeln. Das Paar, das in den Grund hineingeht, einmal *extra drehen*. Jetzt weiterarbeiten, inklusiv der jeweils letzten Nadelreihe vor den Leinenschlagfiguren.

Bei B Leinenschlag arbeiten und das rechte Paar drehen. Dies ist das Paar, das Laufpaar wird. Eine Nadel stecken und weiter mit Leinenschlägen arbeiten. Das Laufpaar folgt immer der durchgezogenen Linie auf dem Brief und wird immer beim Nadelstecken einmal gedreht. Wenn eine Leinenschlagfigur sich erweitert und größer wird, müssen neue Paare hineingenommen werden, siehe Beispiel bei C. Wird die Figur kleiner, läßt man aus der Leinenschlagfigur Paare hinaus, siehe Beispiel bei D. Leinenschläge bis E klöppeln. Bei F weiter mit Leinenschlägen bis G arbeiten. Alle Fäden anziehen.

74. Zeichnung für Kornblume.

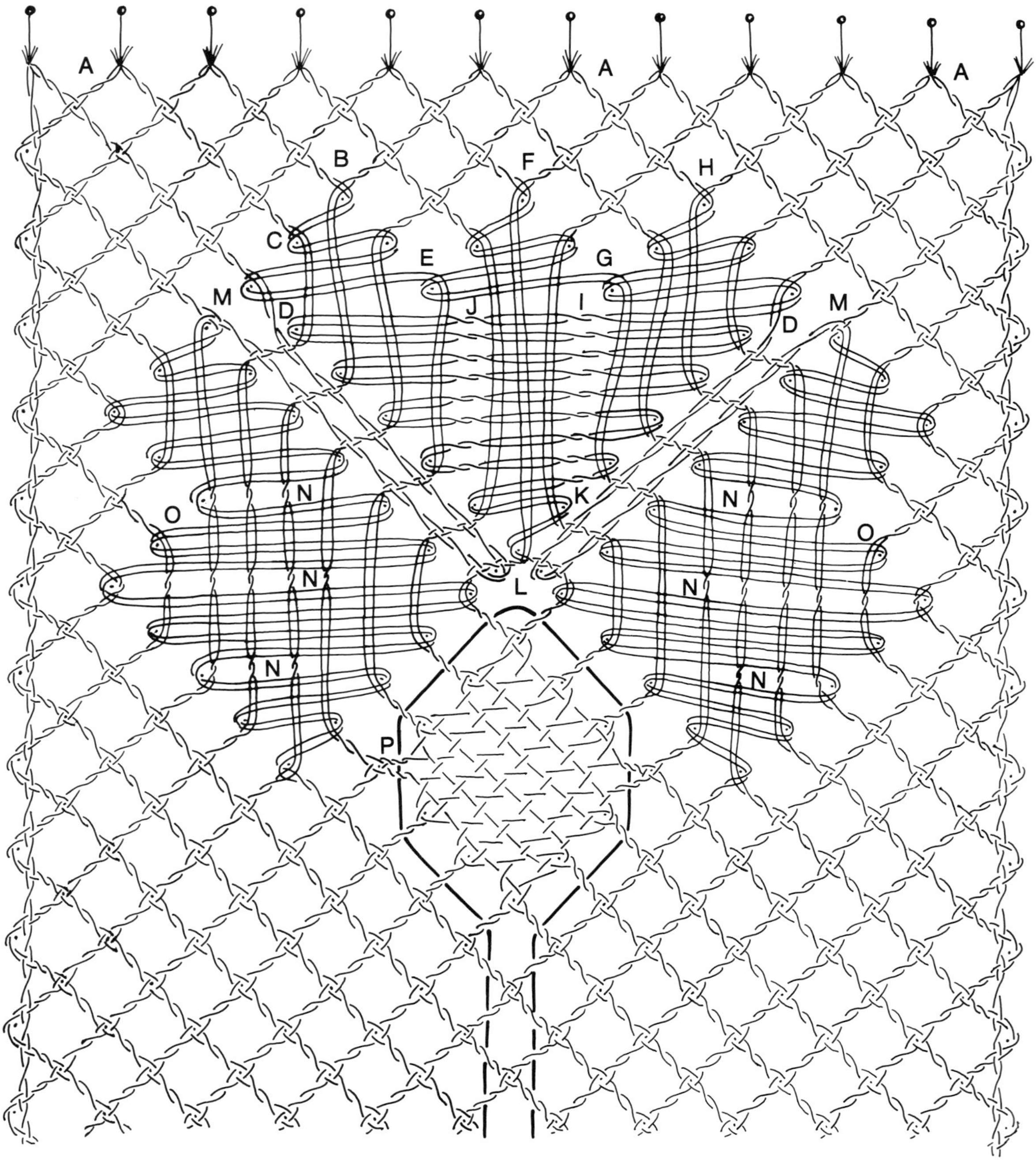

Das Laufpaar festhalten und alle Rißpaare anziehen. Darauf achten, daß sie gut verteilt in der Leinenschlagfigur liegen.

Das dritte Blütenblatt klöppeln. Bei H anfangen. Das Laufpaar in dieser kleinen Figur wird Laufpaar in dem unteren Teil dieses großen Blütenblattes. *Durchbrüche* bei I und J machen. Sie sind mit einer Wellenlinie auf dem Brief gezeichnet. Durchbrüche entstehen dadurch, daß man das Laufpaar zweimal dreht. Dies wird jedesmal wiederholt, wenn das Laufpaar diese Stellen passiert. Ganz unten in der Spitze des Blütenblattes sind keine Durchbrüche vorhanden. Den letzten Durchbruch bei K arbeiten.

Die Figur hört mit einem Leinenschlag auf, nachdem die letzte Nadel nach ganz unten gesteckt worden ist.

Alle Paare, die die Leinenschlagfigur verlassen haben, werden einmal gedreht, insgesamt sind es 14 Paare. Die beiden Paare, die die Figur bei D (ein Paar ganz links und ein Paar ganz rechts) verlassen, mit *Ganzschlägen* hinunter bis L klöppeln, siehe Abb. 75. Von L mit Ganzschlägen nach M klöppeln. Alle Ganzschläge anziehen.

Bei M fängt auf jeder Seite eine Leinenschlagfigur an. Hier muß man überlegen,

75. Detail für L in der Zeichnung.

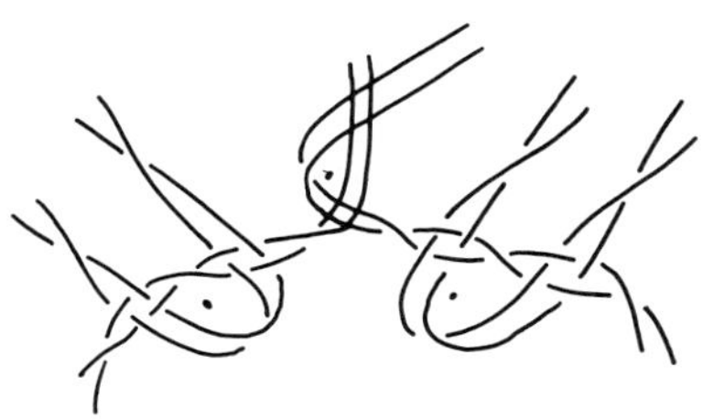

welches Paar Laufpaar wird, damit das richtige Paar gedreht wird. Diese Figuren haben ebenfalls Durchbrüche, aber in anderer Richtung, das heißt: die Drehungen werden mit den Rißpaaren ausgeführt, siehe N. Nicht alle Paare werden gedreht.

Leinenschlag bis O klöppeln. Hier wird die Figur größer. Ein neues Paar kommt hinzu. Das bedeutet, daß ein Teil des Löchergrundes geklöppelt werden muß. Die Paare, die die Figur verlassen, zweimal drehen. Löcherschlag mit doppelter Drehung und Zackenkante arbeiten, damit man die Leinenschlagfigur bei O weiterklöppeln kann. Die Figur zu Ende klöppeln. Alle Paare, die die Figur verlassen, zweimal drehen.

Der *Konturfaden* kann jetzt eingelegt werden. Ihn braucht man, um eine bestimmte Wirkung zu erzielen, siehe die Wellen im »Fischschwarm«, Abb. 93.
In der Regel bekommen die Paare, durch die der Konturfaden geht, eine Drehung vorher und eine nachher.

Eine Nadel in das oberste Loch der Netzschlagfigur stecken und daran das Laufpaar hängen.
Um die Netzschlagfigur klöppeln zu können, muß der Konturfaden erst durch sechs Paare durchgeführt werden: drei Paare kommen von der rechten, drei Paare von der linken Leinenschlagfigur. Den linken Klöppel eines Paares heben (wenn das Paar zwei Drehungen hat. Hat das Paar eine Drehung, hebt man den rechten Klöppel), siehe A.
Ungeachtet aus welcher Richtung der Konturfaden kommt, muß er zwischen die Fäden gelegt werden. Den hochgeho-

benen Klöppel *links* neben den zweiten Klöppel des Paares legen, siehe B, und das Paar drehen, siehe C, Abb. 76 und 77. Den Konturfaden durch alle Paare hindurchführen.

Die *Netzschlagfigur* klöppeln. Einen Halbschlag arbeiten, die Nadel, auf die man den Konturfaden gehängt hat, herausziehen und wieder zwischen die Halbschlagpaare an der gleichen Stelle

76. Der Konturfaden kommt von links.

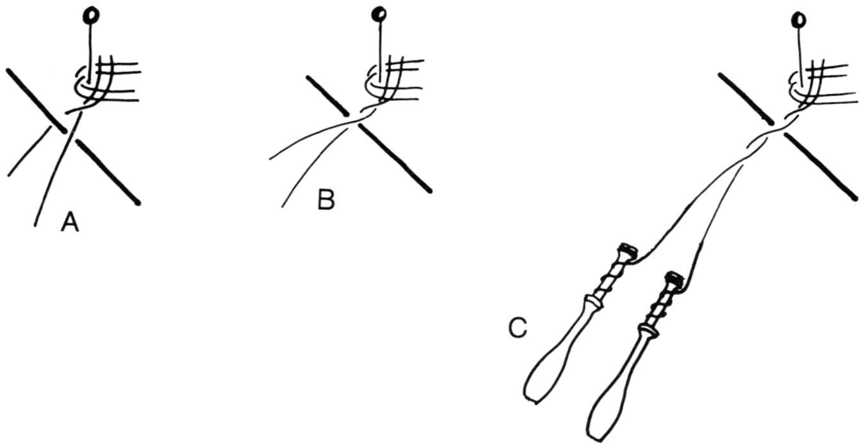

77. Der Konturfaden kommt von rechts.

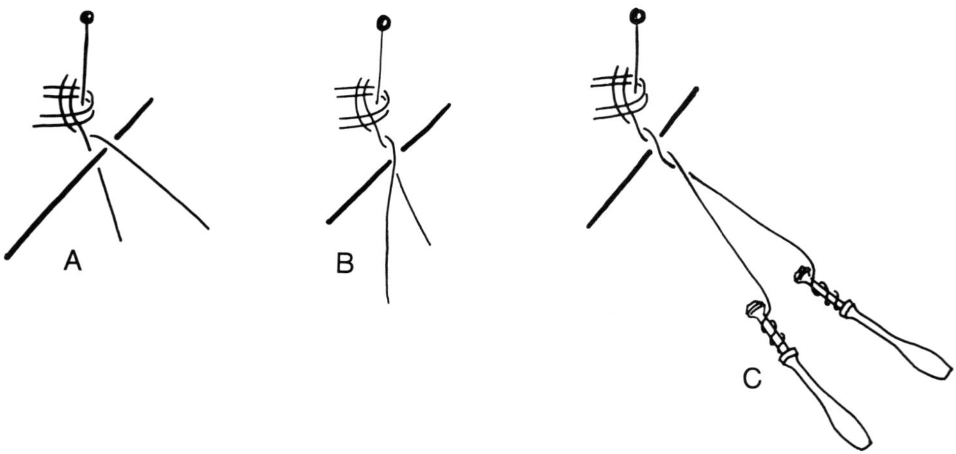

hineinstecken. Den Markierungen auf dem Brief folgen und Halbschlag nach links arbeiten. Genau wie bei der Leinenschlagfigur nimmt man auch hier ein Paar hinzu, wenn die Figur größer wird. Man macht hier keine extra Drehung beim Nadelsetzen.
Bei P geht der Konturfaden durch ein Paar. Es ist darauf zu achten, daß der Netzschlag nur eine Drehung hat. Löcherschlag mit doppelter Drehung arbei-

78. Detail für P in der Zeichnung.

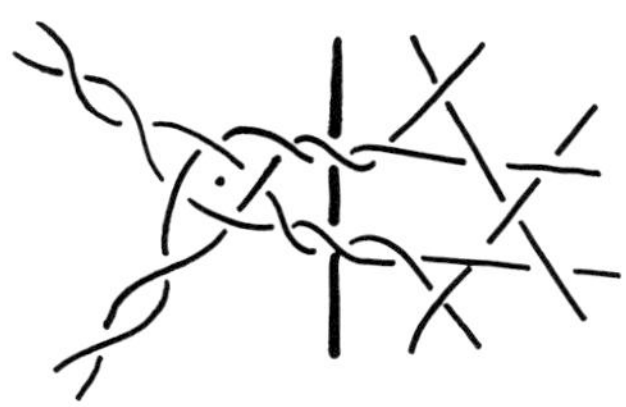

ten, ein Paar geht zurück in die Netzschlagfigur, siehe Abb. 78. Der Konturfaden folgt der Markierung auf dem Brief. Netzschlag nach rechts klöppeln. Die rechte Seite wird wie die linke Seite geklöppelt. Die Netzschlagfigur beenden. Auch hier führt man Paare hinaus, wenn die Figur kleiner wird.

Den Konturfaden durch die sechs Paare der Netzschlagfigur führen. Diese Paare haben eine Drehung, und das bedeutet, daß man den rechten (unteren) Klöppel des Paares heben muß, ehe der Konturfaden zwischen die Fäden gelegt wird. Den Löchergrund zu Ende klöppeln. Auch hier hat das Paar, durch das der Konturfaden geht, vorher und nachher eine Drehung.

Abschluß: Rippenknoten um drei Fäden machen. Fäden abschneiden. »Kornblume« ist als Gratulationskarte gedacht. Man schneidet ein Viereck aus der Karte und legt ein farbiges Papier dahinter.

Übungsspitze

Breite 3 cm
Länge 17,2 cm
Material
Leinengarn 35/2
14 Paar Klöppel + 2 Paar extra
Konturfaden 18/5
1 Paar Klöppel
Technik
Leinenschlag, Durchbrüche
Löcherschlag mit doppelter Drehung
Einlegen eines Konturfadens
Netzschlag
Rohrstuhlgrund mit extra Drehung
Rohrstuhlgrund ohne extra Drehung
Rosengrund
Formschläge
Spinne
Abschluß
Flechten

Arbeitsbeschreibung
Die Klöppel paarweise wickeln, auch die Klöppel mit dem Konturfaden. An jede Nadel zwei Paare hängen, nur nicht an die beiden Nadeln ganz rechts. Hier hängt man ein Paar auf jede Nadel. Die Paare so hängen, wie Abb. 88 zeigt. Die Klöppel, die rechts von der Nadel hängen, zweimal drehen.

1. Man fängt mit Leinenschlag an. Das Paar ganz links ist das Laufpaar. Bei der Nadel an der rechten Seite arbeitet man wie folgt: erst einen Leinenschlag, die Nadel herausziehen und sie zwischen die letzten beiden Paare ins gleiche Loch zurückstecken. Das Laufpaar zweimal drehen und Leinenschlag klöppeln.

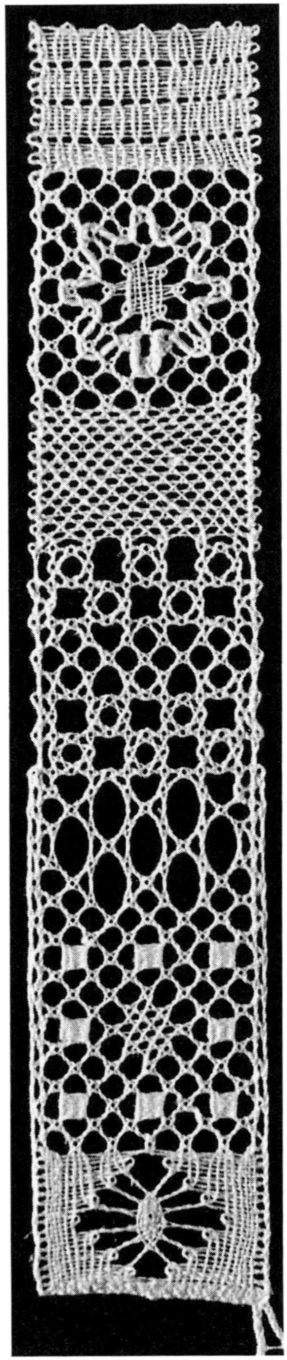

1. Leinenschlag, Durchbrüche
2. Löcherschlag mit doppelter Drehung, Einlegen des Konturfadens, Leinenschlag
3. Netzschlag
4. Rohrstuhlgrund mit zusätzlicher Drehung
5. Löcherschlag mit doppelter Drehung
6. Rohrstuhlgrund ohne zusätzliche Drehung
7. Zwei Paare einhängen
8. Rosengrund
9. Löcherschlag mit doppelter Drehung, viereckiger Formschlag, Netzschlag
10. Leinenschlag, Spinne
11. Abschluß, Flechten

79. Übungsspitze. Entwurf Ulla Fagerlin.

80. *Zeichnung für die Übungsspitze.*

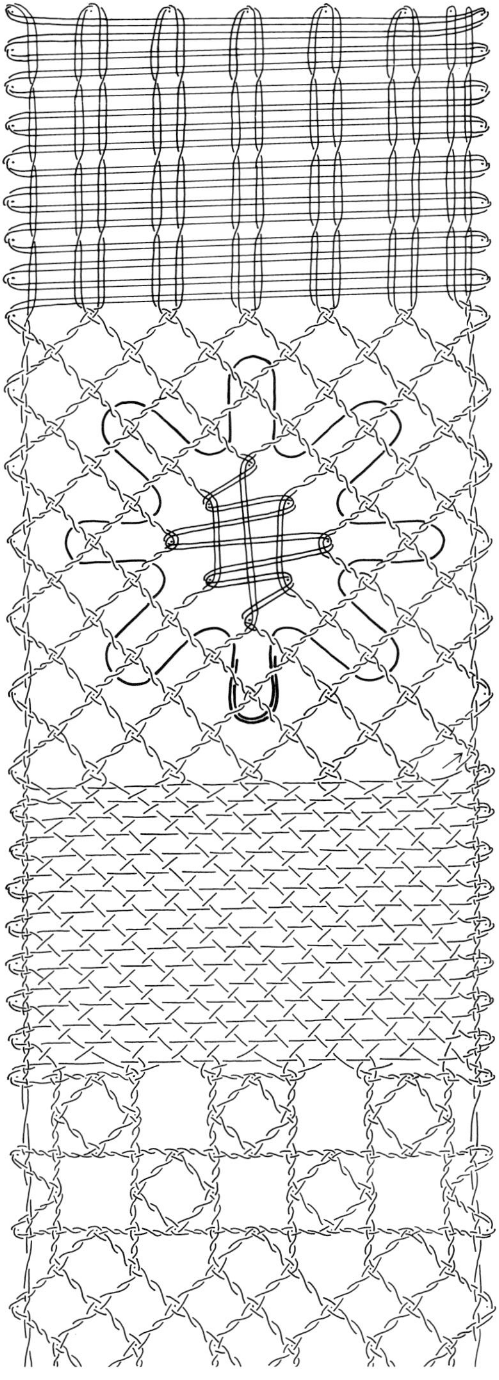

Nicht vergessen, daß das Laufpaar beim Nadelstecken in den Außenkanten immer zweimal gedreht wird.

Durchbrüche kommen dreimal vor. An den auf dem Brief gekennzeichneten Stellen dreht man die Rißpaare einmal. Siehe auch die Zeichnung. Am Ende der Leinenschlagfigur dreht man alle Rißpaare einmal.

2. Im nächsten Abschnitt wird *Löcherschlag mit doppelter Drehung* geklöppelt. Die Zackenkanten mit Ganzschlägen arbeiten. Das Paar, das außerhalb der Nadel liegt, und das Paar, das nach dem zweiten Ganzschlag in den Löchergrund zurückgeht, werden einmal zusätzlich gedreht. Eine Nadel oben in die mittlere »Zacke« der Figur stecken und den *Konturfaden* daran hängen. Er folgt der markierten Linie auf dem Brief. Die Paare, durch die der Konturfaden hindurchgeht, bekommen eine Drehung vorher und eine nachher, siehe Abb. 76 und 77.

Man fängt dort an zu klöppeln, wo das Konturfadenpaar hängt. Einen Halbschlag arbeiten, die Nadel herausziehen und sie wieder zwischen die Paare zurückstecken. Der Halbschlag liegt dann oberhalb der Nadel. Darauf einen Halbschlag klöppeln.

Den Löchergrund weiterarbeiten. Es ist zu bedenken, durch welche Paare der Konturfaden geht. Die übrigen Paare müssen zwei Drehungen aufweisen.

Innerhalb der Figur wird *Leinenschlag* geklöppelt. Man fängt in der Mitte mit einem Leinenschlag an. Das rechte Paar wird Laufpaar und daher einmal gedreht. Nach dem Nadelstecken Leinenschlag nach Zeichnung auf dem Brief klöppeln. *Das Laufpaar wird immer einmal gedreht beim Nadelstecken.*

Wenn die Figur größer wird, nimmt man bei jeder Nadel ein Paar hinzu, und wenn sie kleiner wird, läßt man bei jeder Nadel ein Paar liegen. Die Figur nach der letzten Nadel mit einem Leinenschlag schließen. Alle Paare, die die Figur verlassen, zweimal drehen.

Den Löchergrund weiterklöppeln und den Konturfaden gemäß Zeichnung führen. Am Ende der Figur werden die Konturfäden doppelt gelegt, siehe Abb. 80.

Den Löchergrund zu Ende arbeiten, aber die Paare nach dem letzten Halbschlag nicht zusätzlich drehen. Einen sogenannten *Luftschlag* klöppeln (Luftschlag ist eine Verbindung, ohne daß eine Nadel gesteckt wird. Hier ist der Luftschlag ein Ganzschlag, der mit den Paaren ganz rechts gearbeitet wird). Siehe Pfeil in der Zeichnung.

3. Die *Netzschlagfigur* beginnt an der linken Seite. Den Markierungen auf dem Brief folgen. Die Zackenkanten genau wie im Löchergrund arbeiten, mit dem Unterschied, daß das Paar, das in die Netzschlagfigur hineingeht, nicht zusätzlich gedreht wird. Die Figur schließt links mit einer Zackenkante. Auch rechts wird noch eine Zacke geklöppelt. Alle Paare müssen eine Drehung haben.

4. Im folgenden Abschnitt wird *Rohrstuhlgrund mit extra Drehung* wie folgt geklöppelt: Halbschlag, Nadel, Halbschlag und extra Drehung. Die Schläge nach festgelegter Reihenfolge klöppeln, siehe A und B Abb. 81. Die Zackenkanten wie im Löchergrund arbeiten.

5. *Löcherschlag mit doppelter Drehung* bis zum nächsten Rohrstuhlgrund klöppeln. Der Löchergrund hört eine Reihe oberhalb der Markierung für Rohrstuhlgrund auf. Alle Paare haben zwei Drehungen, mit Ausnahme der Paare ganz außen.

81. Rohrstuhlgrund. B mit zusätzlicher Drehung, C ohne zusätzliche Drehung. Die Schläge in der Reihenfolge der Zahlen klöppeln.

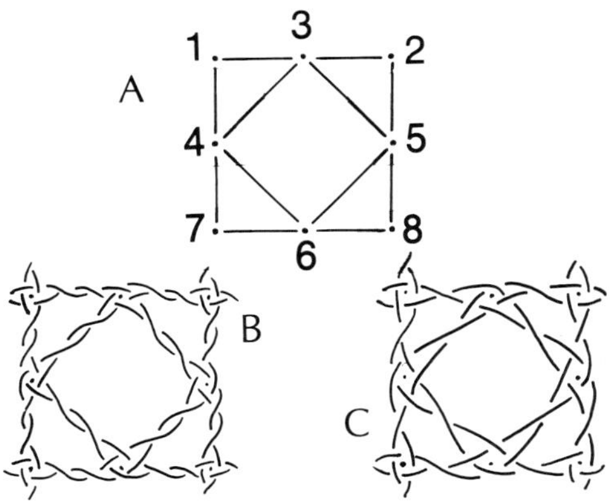

6. Jetzt *Rohrstuhlgrund ohne extra Drehung* klöppeln: Halbschlag, Nadel und Halbschlag, siehe A und C, Abb. 81. Die Zackenkanten wie im Löchergrund klöppeln. Wenn der Rohrstuhlgrund fertig gearbeitet ist, dreht man alle Paare, bis auf die beiden äußeren, einmal zusätzlich.
7. Links und rechts auf dem Brief ist ein Kreuz markiert. Hier nimmt man ein *Extrapaar* hinzu. Die Klöppel hängen paarweise zusammen.
Eine Nadel ins äußerste Loch stecken. An diese das Extrapaar hängen. Einen Ganzschlag mit den zweit- und drittletzten Paaren klöppeln. Dann einen Ganzschlag mit den beiden äußeren Paaren arbeiten. Achtung! Ehe man das nächstäußere Paar beim Ganzschlag dreht, zieht man die Nadel heraus, schiebt den Schlag nach oben und steckt die Nadel wieder in das gleiche Loch, und zwar zwischen die Fäden des Extrapaares, siehe Abb. 82. Das äußerste Paar drehen, einen Ganzschlag mit den zweit- und drittletzten Paaren arbeiten, und das Paar, das in den Rosengrund hineingeht, einmal zusätzlich drehen.
8. *Rosengrund:* Halbschlag, Nadel, Halbschlag und extra Drehung. Die Schläge werden in festgelegter Reihenfolge ausgeführt, siehe Abb. 83. Der Rand wird mit »Innennadel« geklöppelt,

82. Das Einhängen eines zusätzlichen Paares an der linken Seite.

siehe Randspitze. Das Paar, das in den Rosengrund hineingeht, soll eine zusätzliche Drehung erhalten.
9. Der Rosengrund geht in Löchergrund über *(Löcherschlag mit doppelter Drehung)*, in dem auch *Formschläge* und eine *Netzschlagfigur* vorhanden sind. Der Formschlag wird mit zwei Paaren ge-

83. Rosengrund. Die Schläge in der Reihenfolge der Zahlen klöppeln.

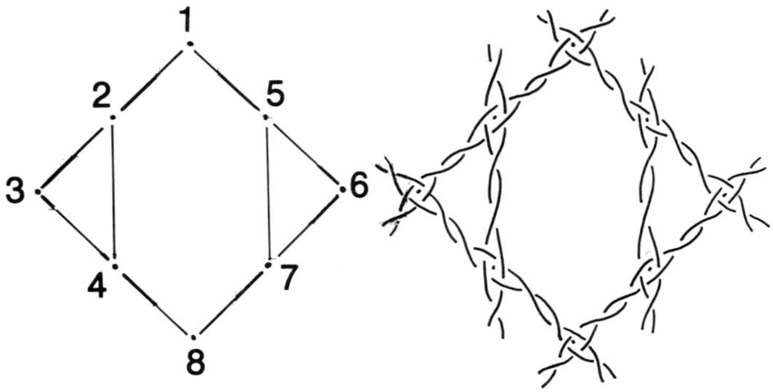

84. Viereckiger Formschlag.

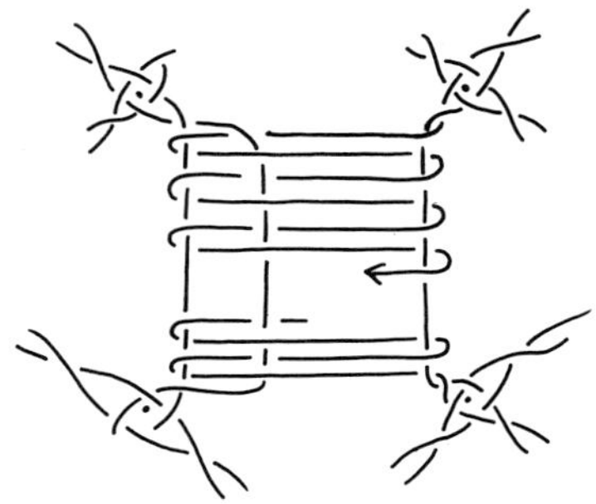

arbeitet. Diese beiden Paare sollen nur eine Drehung haben. Der rechte Faden wird Lauffaden und verläuft wechselweise über und unter den drei anderen Fäden. Die Rißfäden muß man stramm halten, besonders die äußeren. Siehe Abb. 84. Um den Formschlag schön und gleichmäßig zu bekommen, kann man den Laufklöppel, nachdem er ein paarmal hin und her geführt wurde, vorsichtig zurechtziehen. Mit den Rißfäden reguliert man die Breite des Formschlages. Dies so oft wie notwendig wiederholen. Der Formschlag soll dicht und fest sein.

Ist der Formschlag fertig geklöppelt, dreht man jedes Paar einmal. Im Löchergrund, wo die Paare vom Formschlag dazukommen, muß man achtsam sein, daß der Laufklöppel nicht den Formschlag zusammenzieht. Man kann vorübergehend den Laufklöppel auf einer Hilfsnadel an der rechten Unterkante befestigen, damit der Formschlag viereckig bleibt.

Die *Netzschlagfigur* oben in der Mitte mit einem Halbschlag anfangen, dann eine Nadel stecken und weiter Halbschläge klöppeln, wie die Markierungen auf dem Brief zeigen. Keine extra Drehung beim Nadelstecken. Ein neues Paar hinzunehmen, wenn die Figur größer wird und Paare weglassen, wenn die Figur kleiner wird. Nach der letzten Nadel einen Halbschlag klöppeln und dann alle Paare, die die Figur verlassen, einmal zusätzlich drehen.

Der Löchergrund hört in der Löcherreihe oberhalb der Leinenschlagfigur auf. Alle Paare sollen nur eine Drehung haben. Die zweit- und drittletzten Paare beider Seiten sowie die beiden mittleren Paare sollen keine Drehung haben. Letztere werden mit Ganzschlag, Nadel und Leinenschlag geklöppelt.

10. Im letzten Abschnitt wird eine *Leinenschlagfigur mit Spinne* geklöppelt. Die beiden Paare in der Mitte werden Laufpaare, jedes auf seiner Seite. *Den Rand mit »Innennadel« arbeiten.*

Wenn das Laufpaar an den Rand kommt, einmal drehen und dann mit dem letzten

Paar einen Ganzschlag klöppeln. Beim Nadelstecken liegen beide Paare an der Außenseite der Nadel. Man beachte, daß diese beiden Paare ihren Platz gewechselt haben und man ein neues Paar als Laufpaar bekommen hat. Leinenschlag weiterklöppeln. An beide Seiten die erste Hälfte der Figur arbeiten.

Die *Spinne* wird mit sechs Paaren gearbeitet, drei aus jeder Leinenschlagfigur. Diese Paare dreimal drehen und Leinenschläge klöppeln, wie Abb. 85 zeigt.
Eine Nadel in die Mitte stecken und alle Paare gut anziehen. Leinenschläge wie vorher arbeiten und alle Paare gut anziehen. Jedes Paar dreimal drehen.
Die Leinenschlagfigur auf beiden Seiten beenden. Die beiden Laufpaare in der Mitte mit einem Leinenschlag verbinden und eine Nadel stecken. Nur die äußeren Paare sollten eine Drehung haben.

85. Spinne. Die Leinenschläge in der Reihenfolge der Zahlen klöppeln.

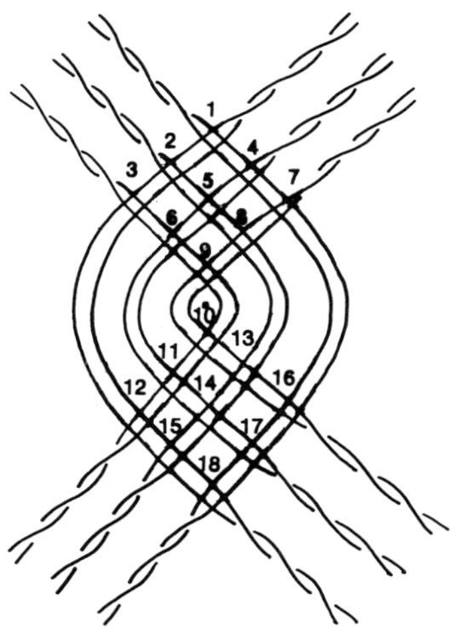

11. Am Ende der Spitze wird *abgeklöppelt*: Man beginnt an der linken Seite mit einer Drehung des äußersten Paares und klöppelt mit diesem durch vier Paare mit Leinenschlag. Die Fäden anziehen und das Laufpaar über die Spitze weglegen. Mit dem nächsten Paar links weiterklöppeln. Erst das Paar einmal drehen und dann durch vier Paare mit Leinenschlag arbeiten. Die Paare anziehen und das Laufpaar weglegen.
Auf diese Weise arbeiten, bis nur vier Paare übrig sind. Mit diesen Paaren klöppelt man zwei *Flechten*.
Mit den beiden linken Paaren erst wie oben arbeiten – das linke Paar drehen und Leinenschlag klöppeln, aber nur durch drei Paare. Das nächste Paar, das auf der linken Seite ist, drehen und mit Leinenschlag durch zwei Paare arbeiten. Das darauf folgende Paar auf der linken Seite drehen und mit Leinenschlag durch ein Paar klöppeln.
Die *Flechten* klöppelt man wie folgt: mit einem Leinenschlag anfangen. Die Fäden anziehen und dann Drehen, Kreuzen, weiterarbeiten, bis die gewünschte Länge erreicht ist. Nach jedem Kreuzen werden die Fäden angezogen.
Zwei Rippenknoten um die anderen Fäden machen. Die Fäden abschneiden.
Wenn die Spitze vom Brief gelöst ist, werden die abgeklöppelten Fäden mit einer scharfen Schere weggeschnitten.
Den Konturfaden mit einer Nähnadel durch zwei Paare fädeln, siehe Zeichnung.

Mandelrose, Lesezeichen

Breite 3,6 cm
Länge 13 cm inkl. Fransen

86–87. Mandelrose. Entwurf Ulla Fagerlin.

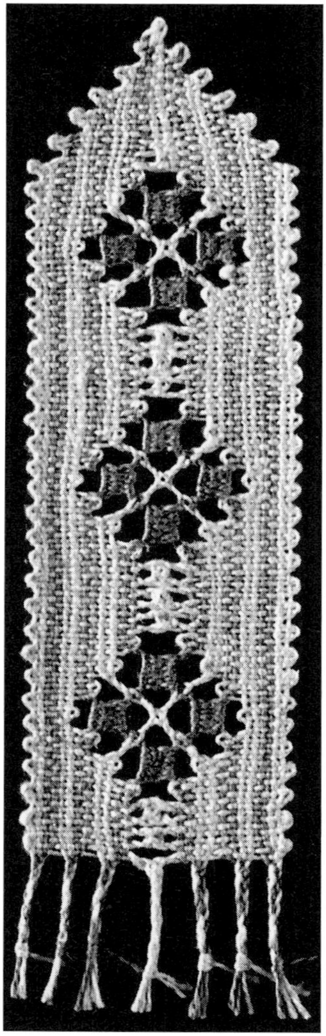

Material
Leinengarn 16/2
8 Paar Klöppel, halbgebleicht
6 Paar Klöppel, ungebleicht oder farbig
Technik
Ganzschlag
Leinenschlag
Formschläge
Löcherschlag mit doppelter Drehung
Flechten

Arbeitsbeschreibung
Die Klöppel müssen paarweise zusammenhängen. Die beiden Paare, die oben an der Spitze aufgehängt werden, brauchen recht viel Garn, da diese beiden Paare Laufpaare werden, ca. 1,5 m auf jedem Klöppel. (Auch die Klöppel, die Laufklöppel in den Formschlägen sind, brauchen mehr Garn als die übrigen.)

Die Arbeit mit diesen beiden Paaren anfangen. Sie müssen so aufgehängt werden, wie Abb. 88 zeigt. Das Paar rechts

88. Das Aufhängen der beiden Paare oben an der Spitze.

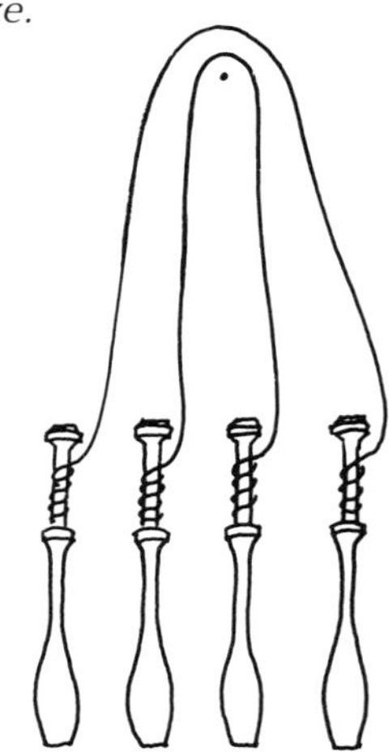

89. Zeichnung für Mandelrose, Lesezeichen.

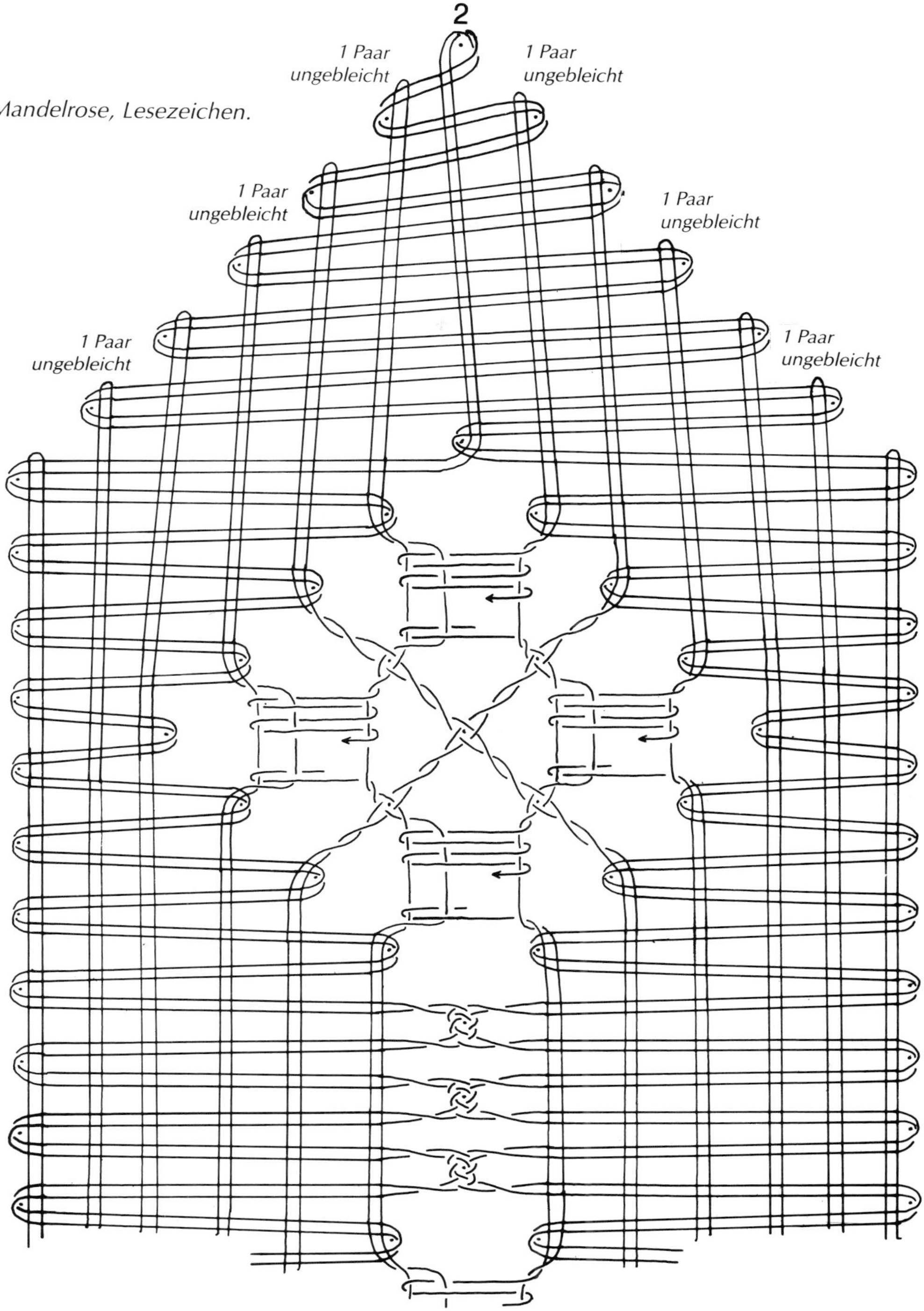

der Nadel zweimal drehen und mit Leinenschlag verbinden. Leinenschlag nach links klöppeln, die Nadel rausziehen, den Leinenschlag nach oben schieben, die Nadel zwischen die Paare in das gleiche Loch zurückstecken. Das Laufpaar einmal drehen. Leinenschlag weiterarbeiten und die Paare, wie oben beschrieben, an den Rändern dazunehmen. Die Laufpaare in der Leinenschlagfigur müssen beim Nadelstecken sowohl am Außenrand als auch am Innenrand eine Drehung bekommen.

Die *Formschläge* beginnen und enden mit einer Drehung, siehe Abb. 84.

Bei den untereinanderliegenden Löchern in der Mitte, wo die Laufpaare zusammenkommen, dreht man erst die Laufpaare einmal und fährt dann fort: Ganzschlag, Nadel, Ganzschlag.

Die Arbeit mit Flechten und Rippenknoten beenden, siehe Abb. 80 und 90.

Mandelrose

Breite 3,6 cm
Ein Musterrapport 3 cm

Material
Leinengarn 16/2
8 Paar Klöppel, ungebleicht oder farbig
4 Paar Klöppel, halbgebleicht

Technik
Ganzschlag
Leinenschlag, Durchbrüche
Formschläge
Löcherschlag mit doppelter Drehung

Arbeitsbeschreibung

Will man diesen Brief als Vorlage zur Herstellung eines Gürtels benutzen, muß man selbst die vier fehlenden Löcher auf dem Brief ergänzen, um mit einer spitzen Form beginnen zu können. Die Pfeile auf der Zeichnung weisen auf diese zusätzlichen Löcher hin. Die in der Leinenschlagfigur gezeichneten Löcher befinden sich von Anfang an auf dem Brief und werden zu Beginn der Arbeit nicht benutzt.

Im übrigen klöppelt man wie im vorherigen Muster, außer an den Rändern, wo zwei Paare weggelassen und statt dessen Durchbrüche gemacht werden.

90. Abschluß.

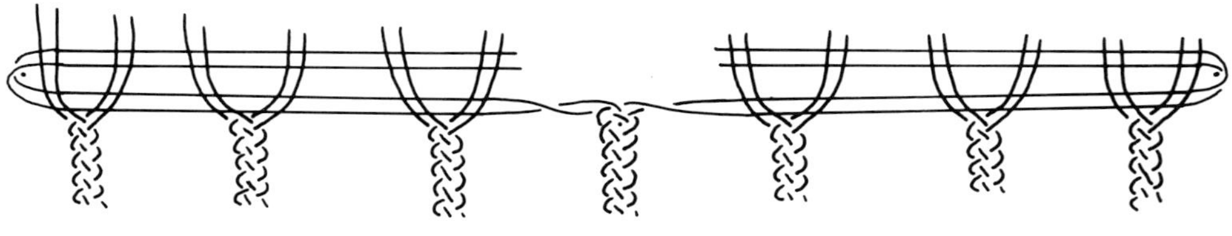

91. Zeichnung für Mandelrose.

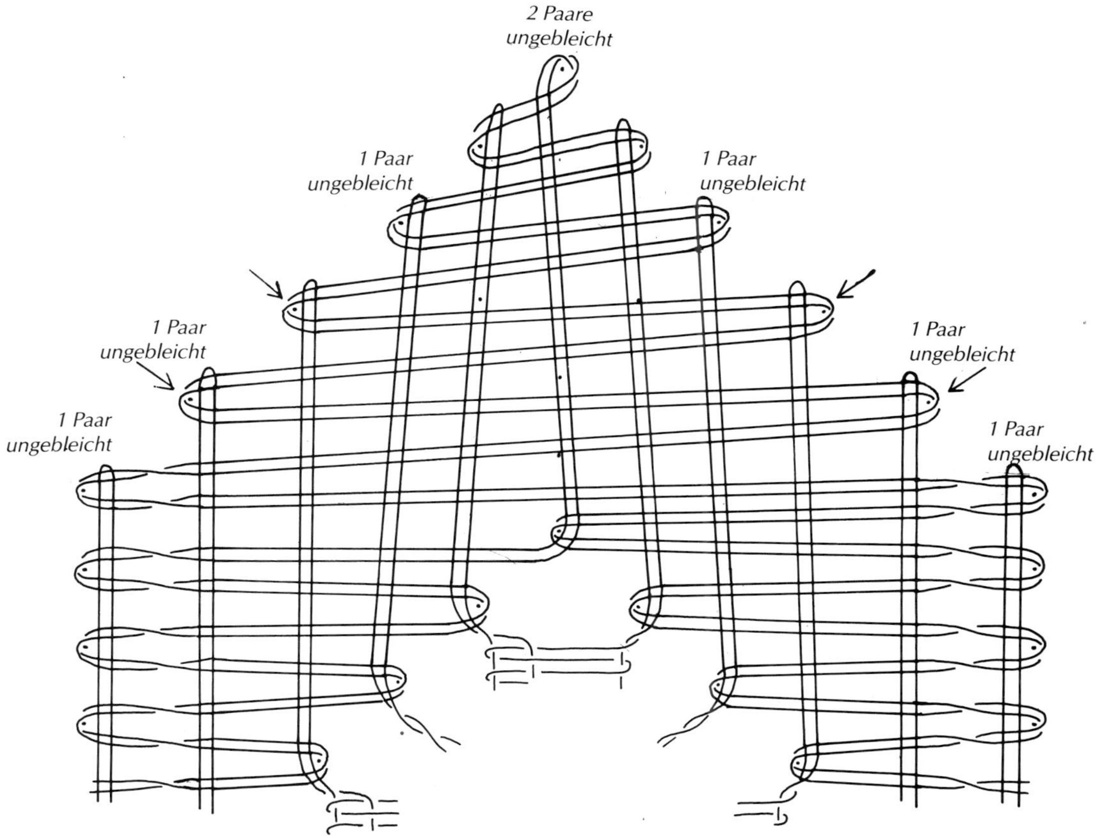

Fischschwarm

Breite 3,5 cm
Ein Musterrapport 7 cm
Viereck 18 × 18 cm Außenmaß
Das Muster gibt es als Brief für Meterware, Eckstück und Viereck

Material
Leinengarn 50/3
16 Paar Klöppel
Konturfaden 18/5
1 Paar Klöppel

Technik
Rand: »Innennadel«
Löcherschlag mit doppelter Drehung
Leinenschlag
Netzschlag
Formschläge
Einlegen eines Konturfadens

92. Zeichnung zum Fischschwarm.

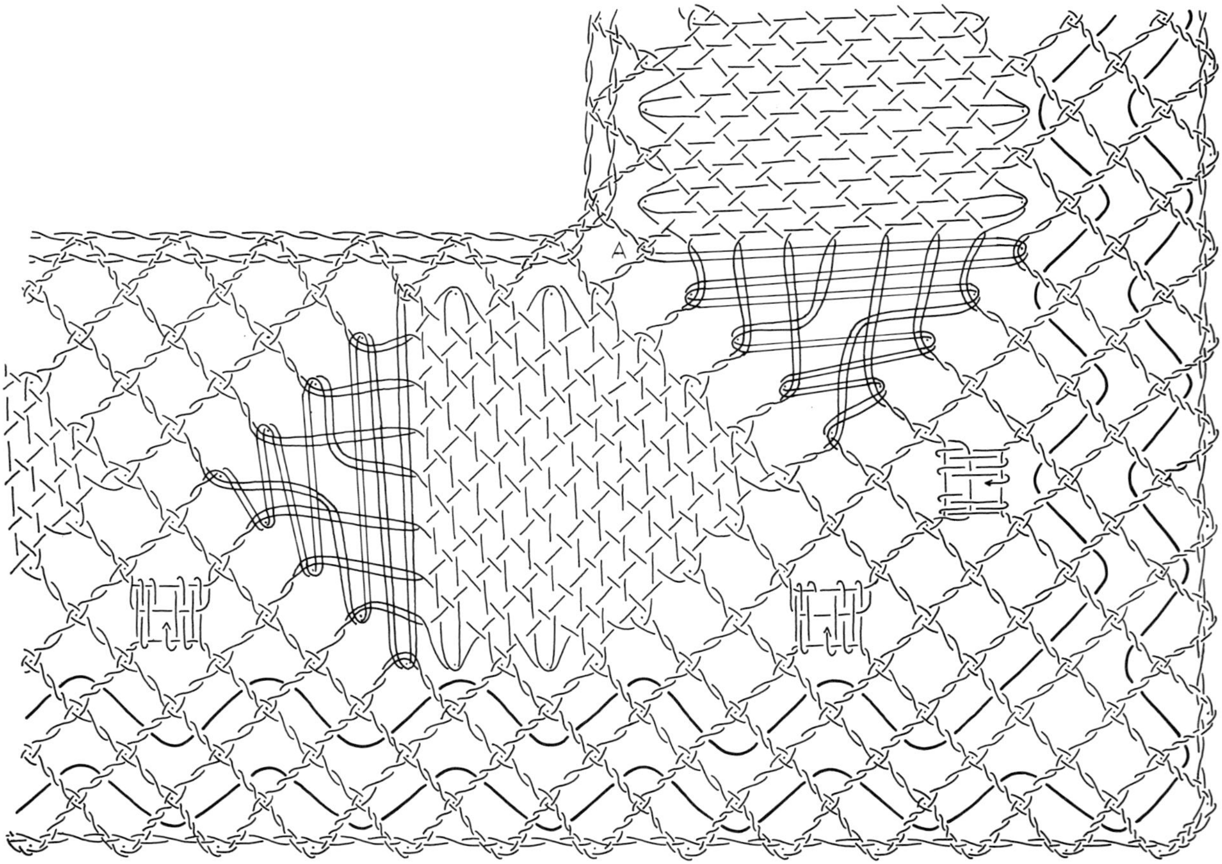

93. Fischschwarm. Entwurf Ulla Fagerlin.

Arbeitsbeschreibung

Den *Rand* mit drei Ganzschlägen klöppeln. Das erste und dritte Paar erhalten eine zusätzliche Drehung.

Das Laufpaar in der *Leinenschlagfigur* beim Nadelstecken drehen. Die Paare, die die Figur verlassen, zweimal drehen.

Beim Auge in der Leinenschlagfigur wird das Rißpaar in der Mitte Laufpaar und nach links geklöppelt. Das Paar, das vorher Laufpaar war, wird jetzt Rißpaar.

Vor und nach den *Formschlägen* nur einmal drehen, siehe Abb. 84.

Die *Netzschlagfigur* hat keine extra Drehung beim Nadelstecken. Alle Paare, die die Netzschlagfigur verlassen, müssen eine zusätzliche Drehung erhalten, außer den Paaren, die in die Leinenschlagfigur hineingehen.

Beim Übergang von der Netzschlagfigur in die Leinenschlagfigur, siehe A in der Zeichnung und Abb. 94, klöppelt man: Halbschlag, Nadel und Leinenschlag.

94. Übergang vom Netzschlag zum Leinenschlag, siehe A in der Zeichnung.

Die Paare, durch die der *Konturfaden* läuft, haben eine Drehung vorher und eine nachher, siehe Abb. 76 und 77.

Die Zackenkante hat zwei Drehungen.

Das Klöppeln eines Vierecks, siehe nächste Seite.

Das Klöppeln eines Vierecks
Bei einem Viereck fängt man in einer Ecke an, siehe Abb. 95. Die Zahlen geben an, wie viele Paare an jeder Nadel aufgehängt werden. Der Konturfaden wird an einer Nadel etwas weiter zurück auf dem Brief befestigt und in das Muster entsprechend der Markierung gelegt.

95. Anfang in einer Ecke, Fischschwarm.

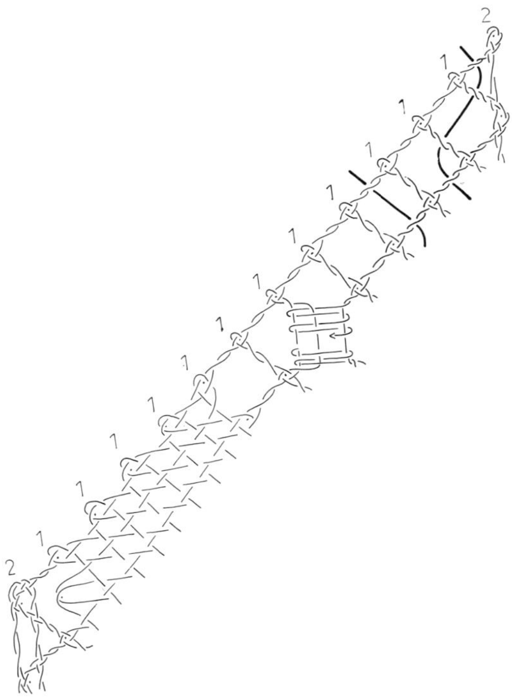

Die Arbeit ganz oben rechts anfangen. Jeweils einen Klöppel eines jeden Paares links und rechts der Nadel legen. Das rechte Paar zweimal drehen und danach einen Ganzschlag klöppeln. Den Konturfaden einlegen und schräg nach links unten arbeiten. Einen Halbschlag machen, Nadel rausziehen und in das gleiche Loch zwischen die Paare zurückstecken, danach einen Halbschlag klöppeln und beide Paare zusätzlich drehen. Auf diese Weise bis zur Netzschlagfigur arbeiten.

Die rechte Ecke der Spitze bis zur Netzschlagfigur beenden.

Jetzt die Netzschlagfigur nach der Markierung auf dem Brief klöppeln. Bei den Löchern am linken Rand arbeitet man wie oben, das heißt: Halbschlag, Nadel rausziehen und zwischen die Paare zurückstecken und Halbschlag klöppeln.

Die beiden Paare an der letzten Nadel müssen so aufgehängt werden wie Abb. 88 zeigt. Jetzt klöppelt man wie folgt: Ganzschlag, Ganzschlag, das Außenpaar einmal drehen, die Nadel rausziehen und zwischen Paar zwei und drei zurückstecken. Danach mit diesen beiden Paaren einen Ganzschlag klöppeln. Das rechte Paar wird einmal zusätzlich gedreht.

Ecke

Die letzte diagonale Reihe bis zur Ecke klöppeln. Alle Nadeln rausziehen, mit Ausnahme der letzten vier Reihen und der Nadeln um den Fisch. Die Klöppel weit nach oben auf das Klöppelkissen schieben, damit sie während des Drehens des Briefes nicht wegrutschen. Jetzt löst man die Nadeln und den Klöppelbrief von der Rolle und gibt allem eine viertel Umdrehung. Danach werden die Nadeln wieder gesteckt, wobei darauf zu achten ist, daß sie rechtwinklig zum Brief gesteckt werden. Eine Flechte am äußeren Eckrand klöppeln, am inneren Eckrand macht man mit den beiden Außenpaaren einen Ganzschlag. Das äußerste dieser beiden Paare hat weder vor noch nach dem Ganzschlag eine zusätzliche Drehung. Auf diese Weise erhält man leichter eine schöne Montage in der Ecke.

Abschluß

Das Viereck hört in der gleichen Nadelreihe auf, in der es angefangen wurde, siehe Abb. 96. Die Fäden zwei und zwei mit einem Kreuzknoten verbinden. Die Fäden so abschneiden, daß 5–7 cm übrig bleiben. Siehe unter Abschnitt »Montage«, wie die Spitze zusammengenäht wird.

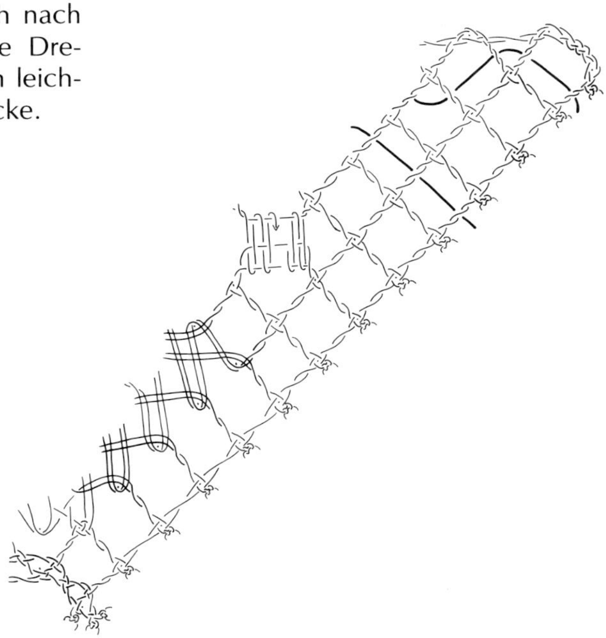

96. Abschluß in der gleichen Nadelreihe, in der man angefangen hat. Fischschwarm.

Regenbogen

Breite 1,7 cm
Ein Musterrapport 2,5 cm
Das Muster gibt es als Brief für Meterware und Eckstück, mit Bogen sowohl nach außen als auch nach innen

Material
Leinengarn 40/2
10 Paar Klöppel

Technik
Ganzschlag
Leinenschlag, Durchbrüche
Flechten

Arbeitsbeschreibung
Wo die Flechten zusammenkommen, klöppelt man: Kreuzen, Drehen, Nadel stecken und Kreuzen, wobei jedes Paar als ein Klöppel betrachtet wird.

Wo die Flechte vom Bogen mit einem Paar vom Rand zusammenkommt, siehe A, sind es nur die Paare der Flechte, die jeweils als ein Klöppel betrachtet werden, siehe Abb. 99. Man klöppelt: Ganzschlag, Nadel stecken und Leinenschlag. Das Paar, das zum Rand geht, wird einmal gedreht.

Im Bogen hat das Laufpaar, das die Durchbrüche entstehen läßt, das eine Mal zwei Drehungen und das andere Mal nur eine Drehung.

Beide Außenkanten haben je zwei Drehungen.

97. Zeichnung für Regenbogen.

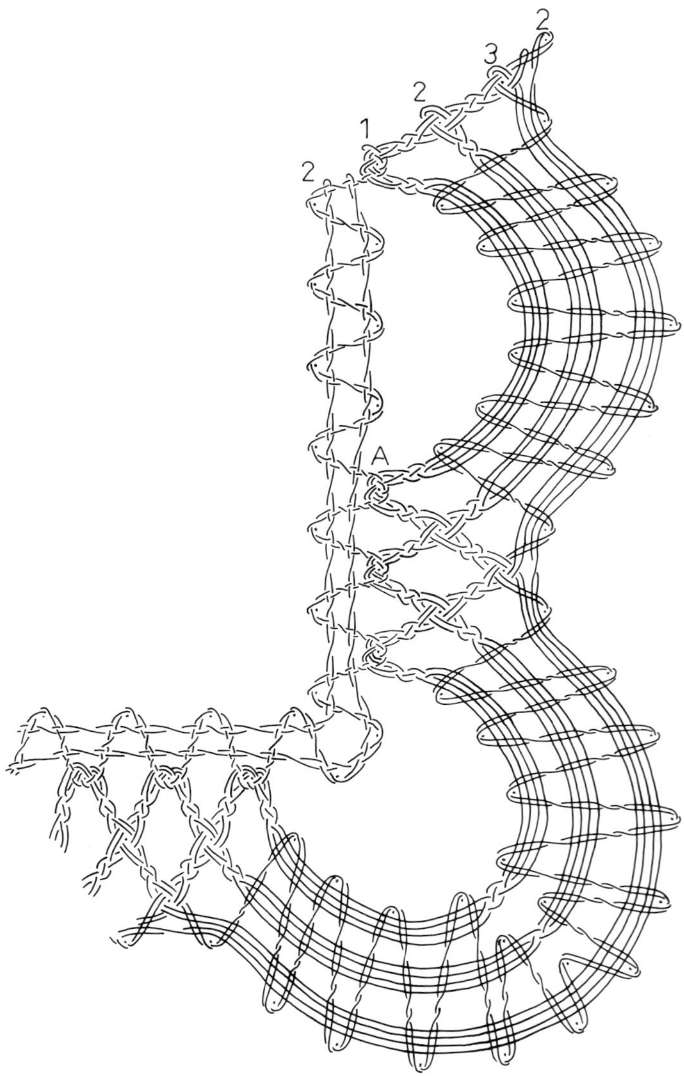

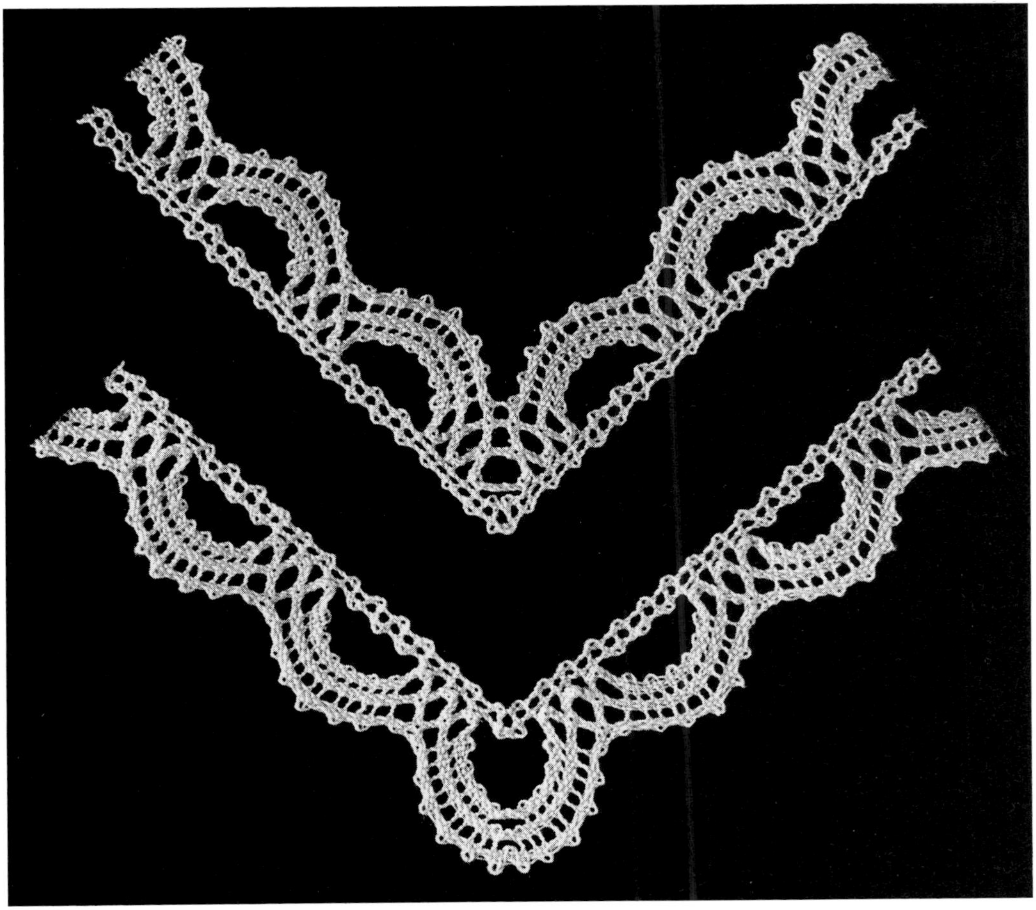

98. Regenbogen. Nach einer Spitze aus Maria Nordenfelts Sammlung, ausgeführt von U. Fagerlin.
Sie gehört jetzt der Universität Göteborg, Abt. Ausbildung zum Textillehrer.

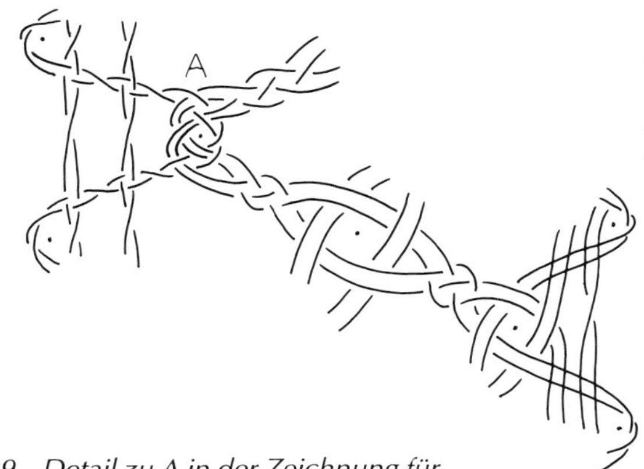

99. Detail zu A in der Zeichnung für »Regenbogen«.

Viereck
In einer Flechtreihe zwischen zwei Bögen anfangen und die Paare so aufhängen, wie die Zeichnung, Abb. 97, zeigt. In derselben Nadelreihe aufhören, in der begonnen wurde. Die Fäden zwei und zwei mit einem Kreuzknoten verbinden. Die Fäden abschneiden. Das Zusammennähen der Spitze siehe Kapitel »Montage«.

Ecke
So viele Nadeln wegnehmen, daß etwa 2 cm der Spitze noch festsitzt. Brief, Spitze und Nadeln vorsichtig heben und dann eine viertel Umdrehung geben. Alles wieder feststecken. Die Nadeln müssen senkrecht im Brief stecken.

100. Zeichnung *für Regenbogen.*

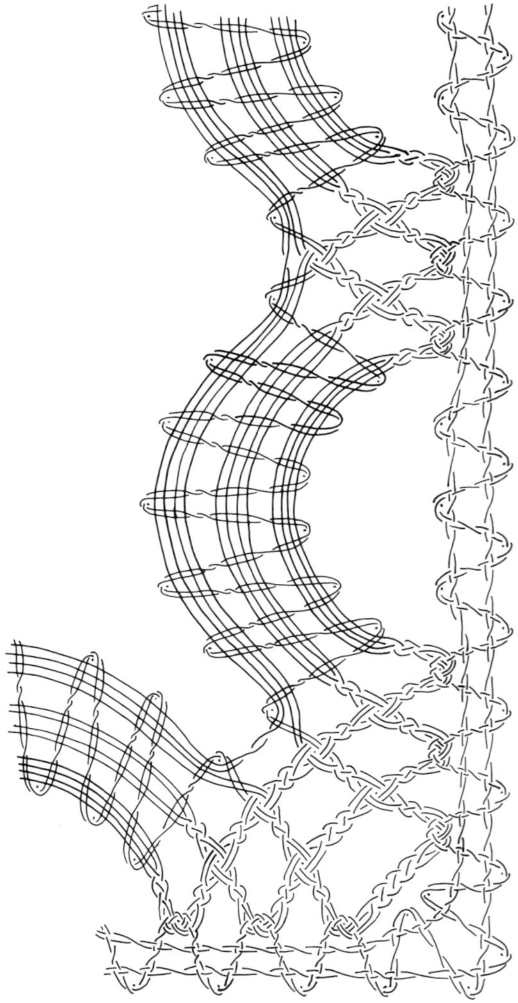

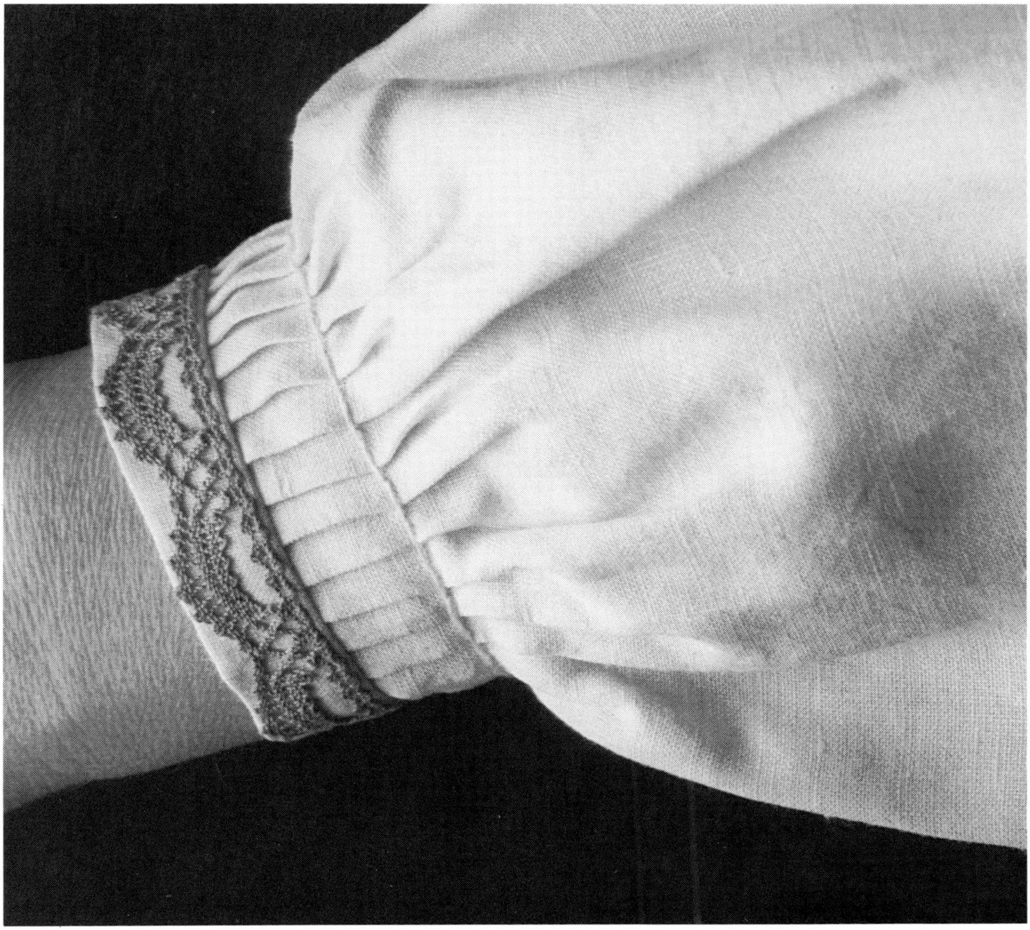

101. Regenbogen mit ungebleichtem Garn geklöppelt, auf ein Ärmelbündchen aufgenäht.

Bärlapp

Breite 2 cm
Durchmesser 16 cm
Material
Leinengarn 50/2, halbgebleicht
8 Paar Klöppel
Ungebleichtes oder farbiges Leinengarn 35/2
4 Paar Klöppel
Konturfaden 18/3
1 Klöppel
Technik
Leinenschlag
Löcherschlag mit doppelter Drehung
Einlegen des Konturfadens

Arbeitsbeschreibung

Man beachte, daß sich die halbgebleichten Rißpaare in der Leinenschlagfigur manchmal mit einem Leinenschlag kreuzen.

Beide Außenkanten haben zwei Drehungen.

Die Paare, durch die der Konturfaden läuft, haben eine Drehung vorher und eine nachher.

Am Ende klöppelt man etwas übereinander, um die Verbindungsstelle schöner zu bekommen, siehe Abb. 103.

102. Zeichnung für Bärlapp.
Das ungebleichte oder farbige Garn ist grau markiert.

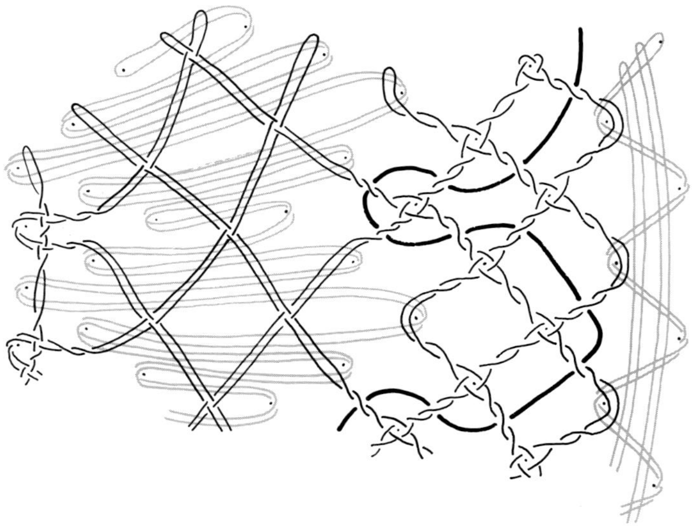

103. Der Abschluß von Bärlapp.

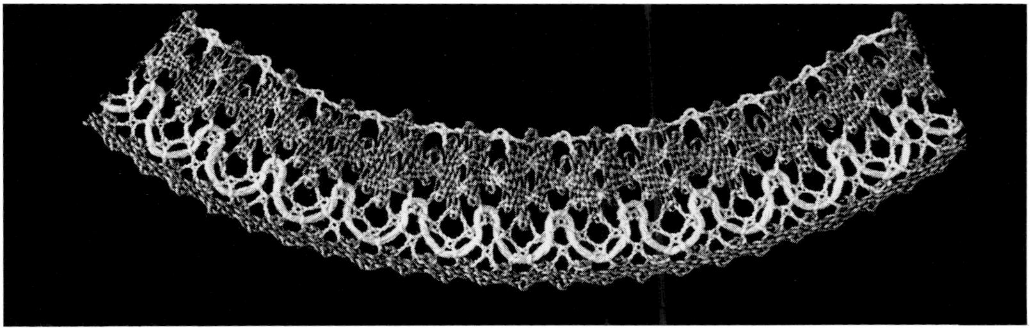

104–105. Bärlapp. Entwurf Ulla Fagerlin.

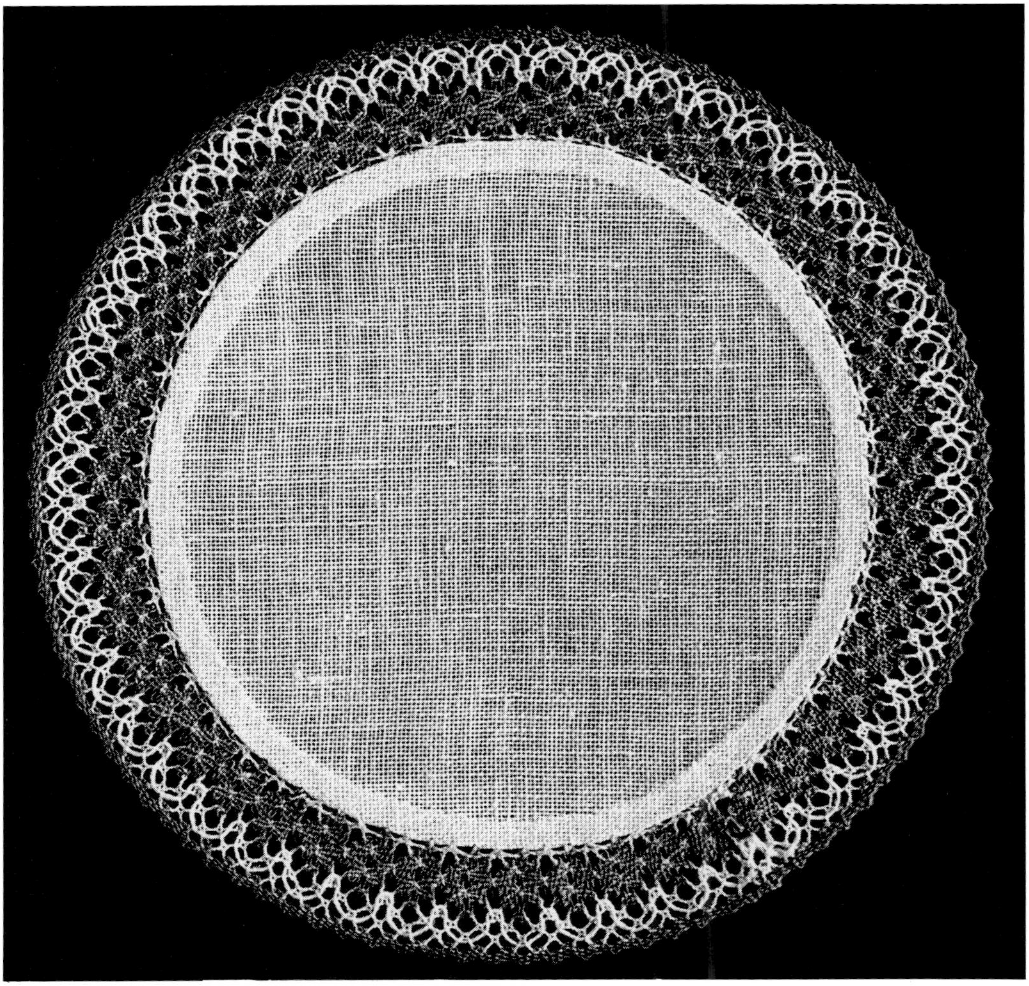

Pingpong

Breite 2 cm
Ein Musterrapport 1,7 cm
Viereck, Außenmaß 21 × 21 cm

Material
Leinengarn 120/2
18 Paar Klöppel
Schwedisches Leinengarn 35/3
1 Klöppel

Technik
Rand: »Innennadel«
Löcherschlag mit doppelter Drehung
Rosengrund
Leinenschlag
Netzschlag
Picot mit zwei Fäden
Einlegen eines Konturfadens

Arbeitsbeschreibung
In einer Ecke anfangen, wie Abb. 111.

Die Paare, durch die der Konturfaden läuft, haben eine Drehung vorher und eine nachher.

Beim Übergang von der Leinenschlagfigur in die Netzschlagfigur Ganzschlag, Nadel und Halbschlag klöppeln.

107. Übergang vom Leinenschlag zum Netzschlag beim Pingpong-Muster.

106. Pingpong. Entwurf Ulla Fagerlin.

108. Zeichnung für Pingpong-Spitze.

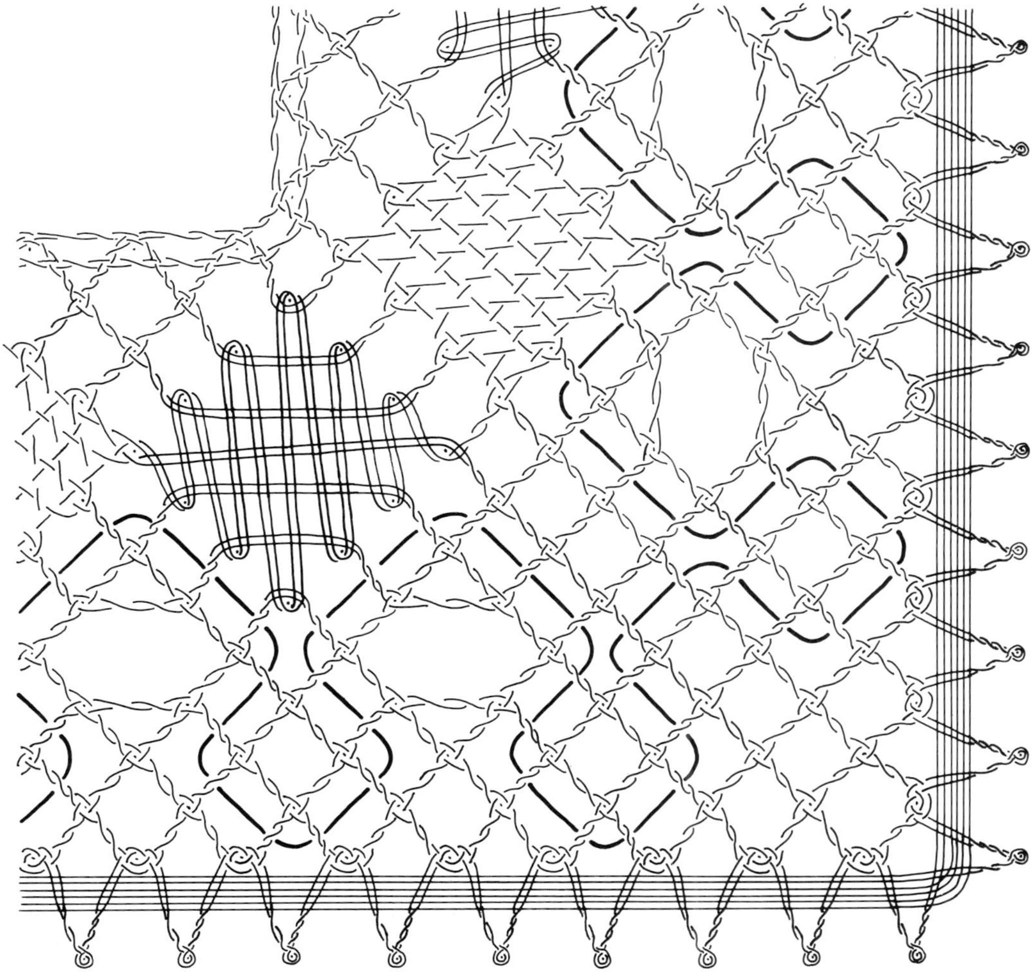

109. Übergang vom Netzschlag zum Leinenschlag beim Pingpong-Muster.

Beim Übergang von der Netzschlagfigur zur Leinenschlagfigur Halbschlag, Nadel und Leinenschlag klöppeln.

110. Picot mit zwei Fäden. Rechte Seite.

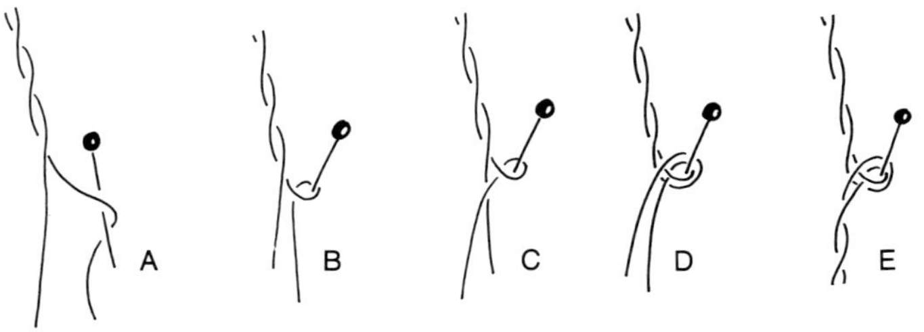

111. Anfang in einer Ecke beim Pingpong-Muster.

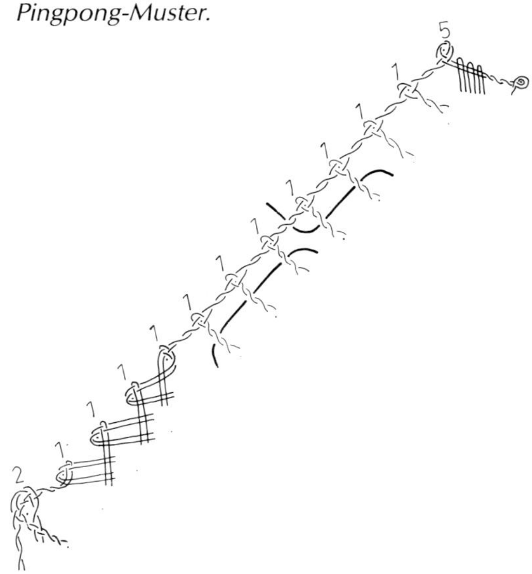

Picots arbeitet man wie folgt: Das Paar dreimal drehen, den unteren Faden um die Nadel führen, wie auf der Zeichnung 110 zu sehen. Die Nadel stecken und den Klöppel links über den anderen legen. Den anderen Klöppel nehmen und den Faden um die Nadel von außen nach innen führen. Er wird auf die linke Seite des anderen Klöppels gelegt. Das Paar zweimal drehen, siehe Abb. 110.

Beim Umstecken der Ecke nimmt man so viele Nadeln weg, daß nur ca. 1,5 cm von der Spitze am Brief sitzt. Den Brief heben und allem eine viertel Drehung geben. Die Nadeln wieder senkrecht zum Brief reinstecken. Um zu vermeiden, daß die Spitze an kritischen Stellen verzogen wird, kann man sie an diesen Stellen feststecken.

Zum Schluß wird die erste Reihe nochmal geklöppelt, wobei zu beachten ist, daß bei der Zackenkante etwas mehr übereinander geklöppelt wird, siehe Abb. 112.

112. Der Abschluß beim Pingpong.

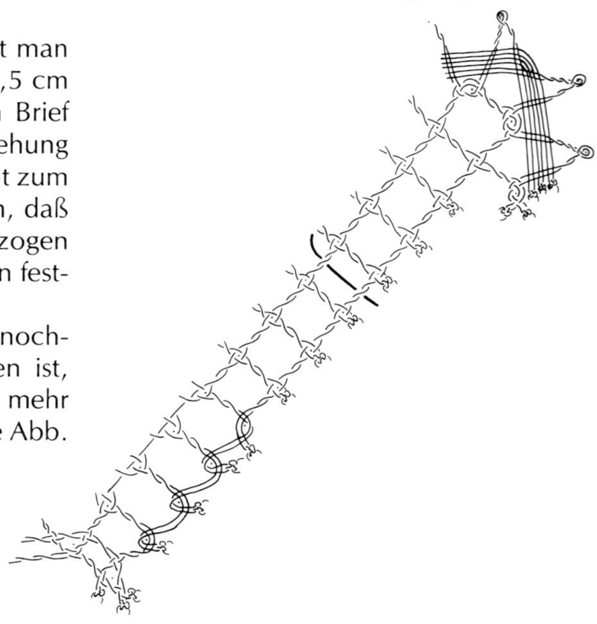

113. Taschentuch mit Pingpong-Spitze.

Montage eines Taschentuchs

Die Spitze zusammennähen, siehe Abschnitt Montage.

Man berechnet, wie groß der Leinenstoff sein muß und fügt noch 5 mm hinzu. Man muß daran denken, daß die Spitze beim Befestigen am Stoff etwas eingehalten wird.

Einen Faden 5 mm von der Stoffkante herausziehen und dann den Stoff in dieser Linie nach links falten.

Die Spitze auf den Stoff links auf links legen, den Spitzenrand entlang der gefalteten Stoffkante.

Die Spitze verteilen, mit Nadeln befestigen und mit dichten Stichen heften.

Die Spitze wird mit *dicht*liegenden Stichen von der rechten Seite angenäht. Zum Nähen ein leichtgezwirntes Garn verwenden.

Überflüssigen Stoff auf der Rückseite mit einer spitzen Schere wegschneiden.

Apfelblüte

Breite 8 cm
Länge 18 cm
Material
Leinengarn 50/3
36 Paar Klöppel
Konturfaden 18/5
1 Paar Klöppel
Technik
Löcherschlag mit doppelter Drehung
Leinenschlag
Netzschlag
Rosengrund
Viereckige Formschläge
Einlegen eines Konturfadens

114. Zeichnung für Apfelblüte.

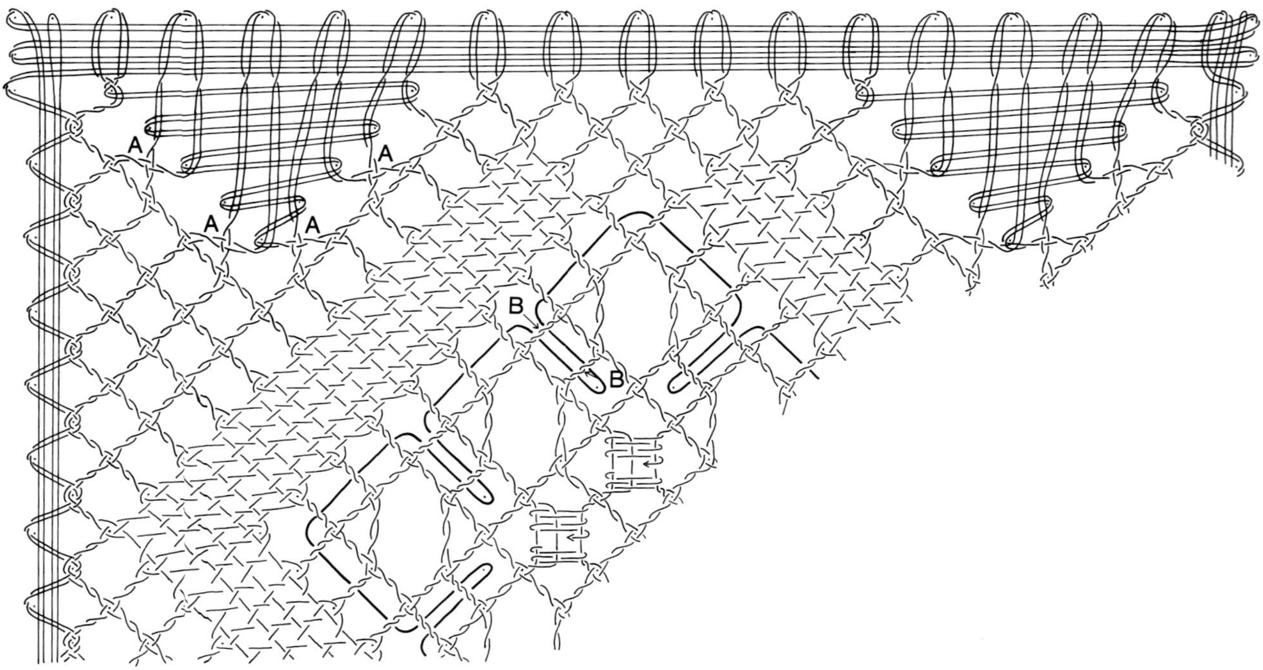

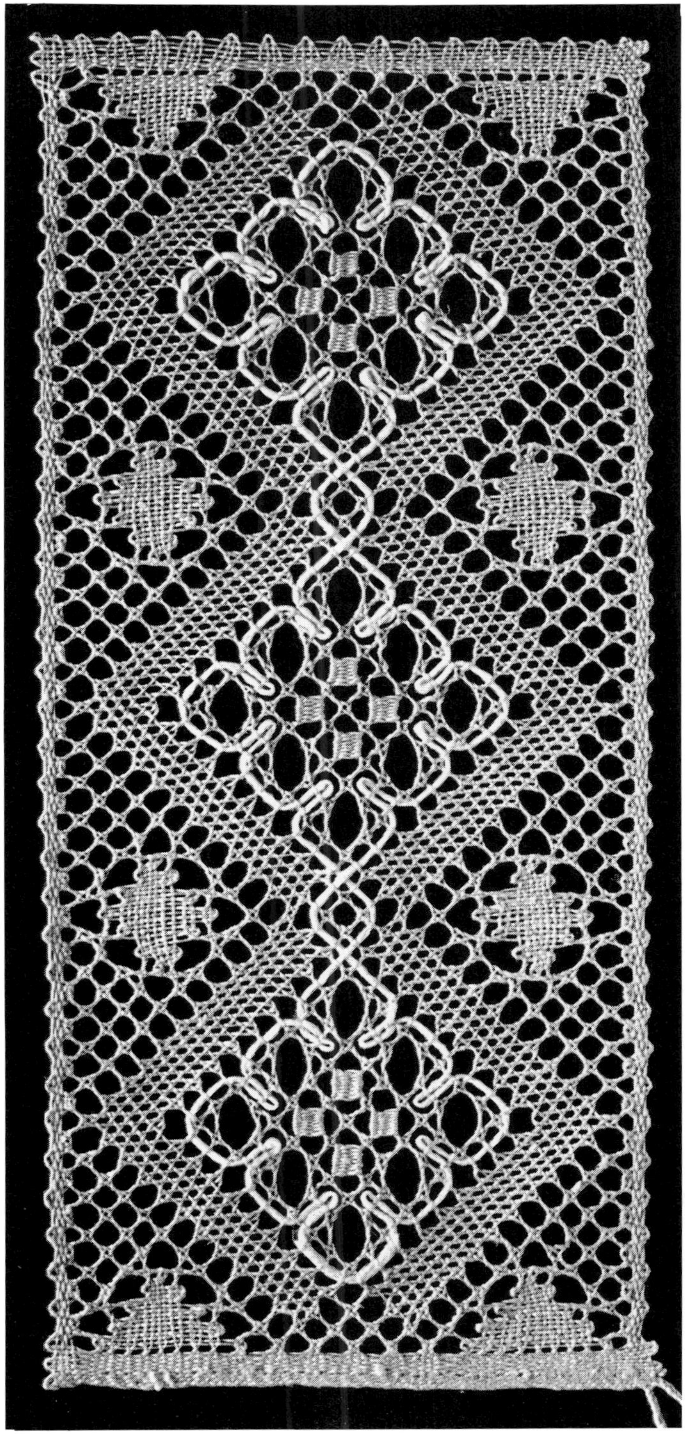

115. Apfelblüte. Entwurf Ulla Fagerlin.

Arbeitsbeschreibung

Die Paare so aufhängen, wie aus der Zeichnung zu ersehen. Links mit Leinenschlag anfangen.

Die Zackenkanten haben zwei Drehungen.

Nach der Leinenschlagfigur werden vier Luftschläge, siehe A geklöppelt (Luftschlag = Verbindung ohne Nadelstekken). In diesem Fall werden Ganzschläge geklöppelt. Man beachte die Drehung vor dem Ganzschlag. Diese Luftschläge werden auch vor den Leinenschlagfiguren geklöppelt.

Die Formschläge sollen eine Drehung vorher und nachher haben.

Dort, wo der Konturfaden in den Rosengrund rein- und rausgeht, wird keine Drehung vorgenommen, sondern nur das Fach gewechselt, siehe B.

Die Übergänge zwischen den Netzschlagfiguren zeigt Abb. 116 im Detail.

Wie in der Übungsspitze wird zum Schluß abgeklöppelt und zwei Flechten gemacht, siehe Abb. 80.

116. Übergang zwischen den Netzschlagfiguren in Apfelblüte.

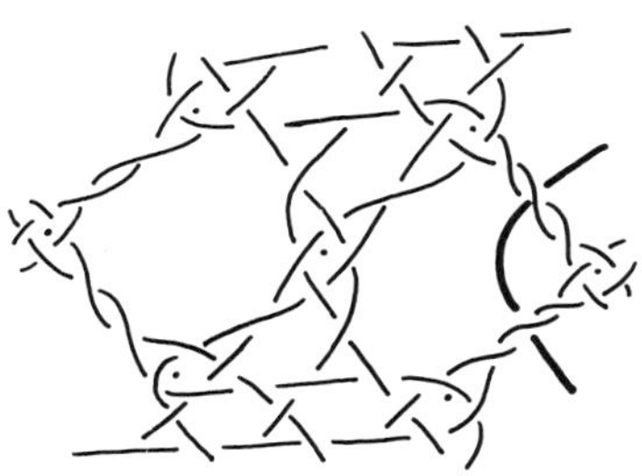

Lampe mit »Apfelblüte«

Material
Sechseckiges Schirmgestell mit Kugelfüßen. Jede Seite ist 8 × 17,5 cm.
Sechs geklöppelte Muster der »Apfelblüte«
Futterstoff: Baumwollbatist oder ähnliches Material 40 × 50 cm, Schrägband oder Lampenschirmband ca. 2 m

Montage
Das Gestell oben und unten mit Band umwickeln. Man muß stramm wickeln, um eine feste Unterlage fürs Nähen zu bekommen. Das Futter zu einem Zylinder von ca. 48 cm Umfang zusammennähen. Es wird in der Mitte gefaltet und dem Gestell so übergezogen, daß die eine Hälfte auf die Innenseite, die andere Hälfte auf die Außenseite kommt.

Die obere Kante mit Nadeln befestigen. Die Innenseite des Futters an die untere Kante des Gestelles nähen und danach die Außenseite ebenfalls. Überflüssigen Stoff wegschneiden.

Die sechs Muster mit feinen Stichen zusammennähen. Der dann entstandene Zylinder wird über das gefütterte Gestell gezogen und oben und unten festgenäht.

Als zusätzliche Verzierung kann man die »Randspitze« (50 cm) über den oberen Ring nähen, um den Futterstoff zu verdecken.
Für eine Wandleuchte benötigt man drei geklöppelte Seiten.

117. Sechseckige Lampe mit der Spitze Apfelblüte.

Tulpe

Viereck 18 × 18 cm
Material
Leinengarn 35/2
37 Paar Klöppel
Technik
Netzschlag
Rand: »Außennadel«
Löcherschlag mit doppelter Drehung
Leinenschlag
Formschläge
Rosengrund

Arbeitsbeschreibung
Die Spitze in einer Ecke anfangen. M kennzeichnet die Mitte des Vierecks.

Die Zackenkante hat zwei Drehungen. Ebenso hat das Rißpaar zwischen den Zacken zwei Drehungen.

An einigen Stellen muß man Luftschläge (Verbindung ohne Nadelstecken) klöppeln. Vor und nach der Leinenschlagfigur klöppelt man einen Leinenschlag, siehe Abb. 121 und 118.

118. Luftschlag im Anschluß an Leinenschlagfigur.

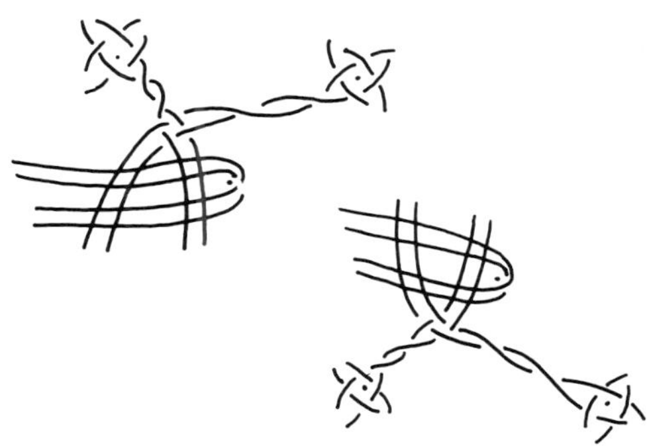

119. Luftschlag im Anschluß an Netzschlagfigur.

Vor und nach einer Netzschlagfigur wird Halbschlag gearbeitet, siehe B, Abb. 121 und 119.

Bei den drei Löchern in der Mitte der Tulpen klöppelt man: Halbschlag, Nadel und Kreuzen.

Zwischen den beiden Blättern im Netzschlag klöppelt man einen Ganzschlag an drei Stellen, siehe C Abb. 121.

120. Wendepunkt in der Ecke.

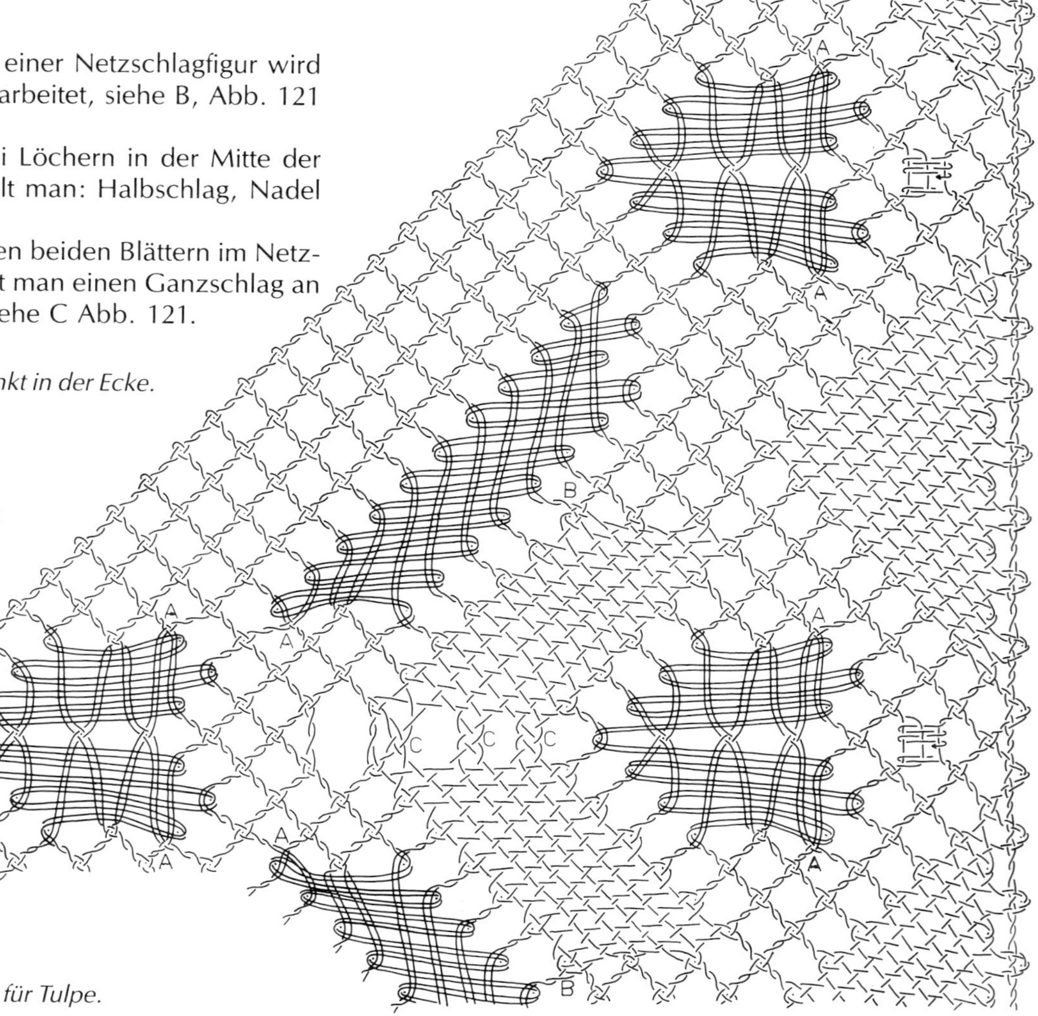

121. Zeichnung für Tulpe.

122. Tulpe. Entwurf Hildur Kratz.

An der äußersten Nadel der Ecken klöppelt man einen Ganzschlag, siehe Abb. 120. Die Arbeit in der Anfangsreihe abschließen. Die Fäden zwei und zwei mit einem Kreuzknoten verbinden. Fäden abschneiden.

Die Spitze zusammennähen wie im Abschnitt Montage beschrieben wird.

Gitter

Breite 5 cm
Ein Musterrapport 2,2 cm
Material
Leinengarn 28/4
12 Paar Klöppel
Technik
Ganzschlag
Leinenschlag
Flechten

Arbeitsbeschreibung
Die Zackenkante hat zwei Drehungen. Es ist die Drehung der Rißpaare in den Außenkanten zu beachten, siehe Pfeile in der Zeichnung.

Vor und nach den Flechten bekommen die Paare eine Drehung, außer vor dem Leinenschlagrand.

Die Fäden müssen gut angezogen werden. Es ist wichtig, daß die Klöppel in gleicher Höhe hängen, damit alle Fäden gleichmäßig gezogen werden können.

Set mit Gitter-Spitze

Maß ca. 45 × 35 cm
Material
Cypernleinen 47 × 37 cm
Gitter-Spitze ca. 35 cm lang

Montage
Fäden herausziehen. Den Saum nach rechts falten und schräge Ecken nähen, wie im Abschnitt Montage Viereck beschrieben wird (S. 169).

Einen Hohlsaum um drei Fäden nähen, siehe Abb. 228. Es ist zu beachten, daß man dort, wo die Spitze in den Saum gelegt wird, den Hohlsaum nur in den Stoff näht.

Die Spitze mit Stecknadeln auf dem Stoff befestigen. Die Enden der Spitze in den Saum schieben. Die Spitze heften, mit feinen Stichen festnähen.

Auch dort den Saum, wo man ihn für die Spitze offengelassen hat, mit feinen Stichen zunähen.

123. Zeichnung für Gitter-Spitze.

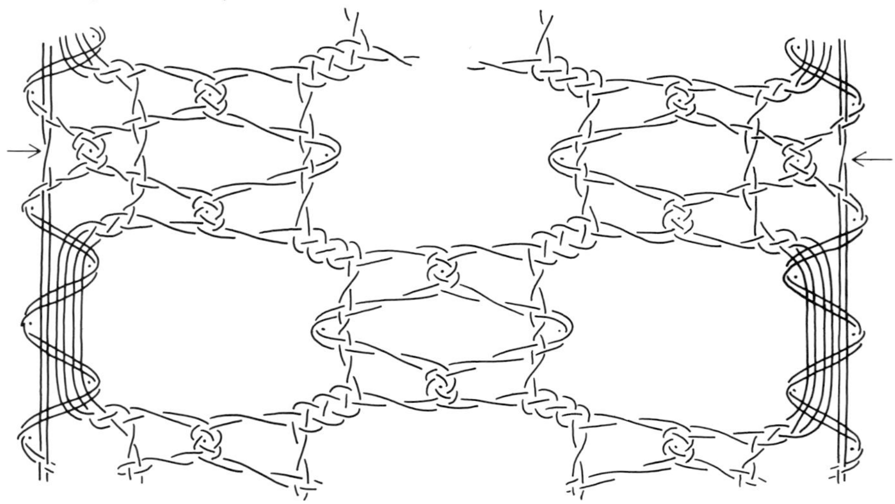

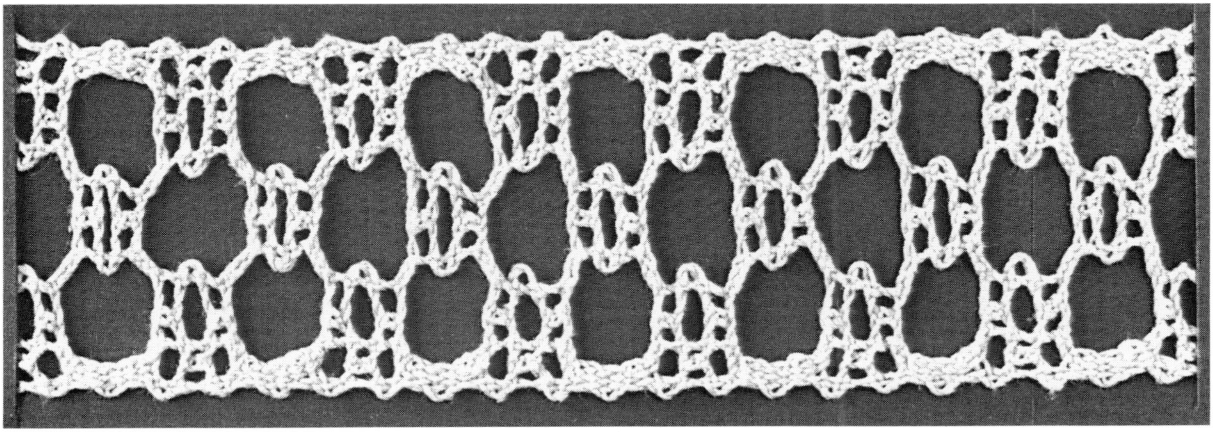

△ 124. *Gitter-Spitze. Entwurf Ulla Fagerlin.*

▽ 125. *Set mit Gitter-Spitze auf Cypernleinen montiert.*

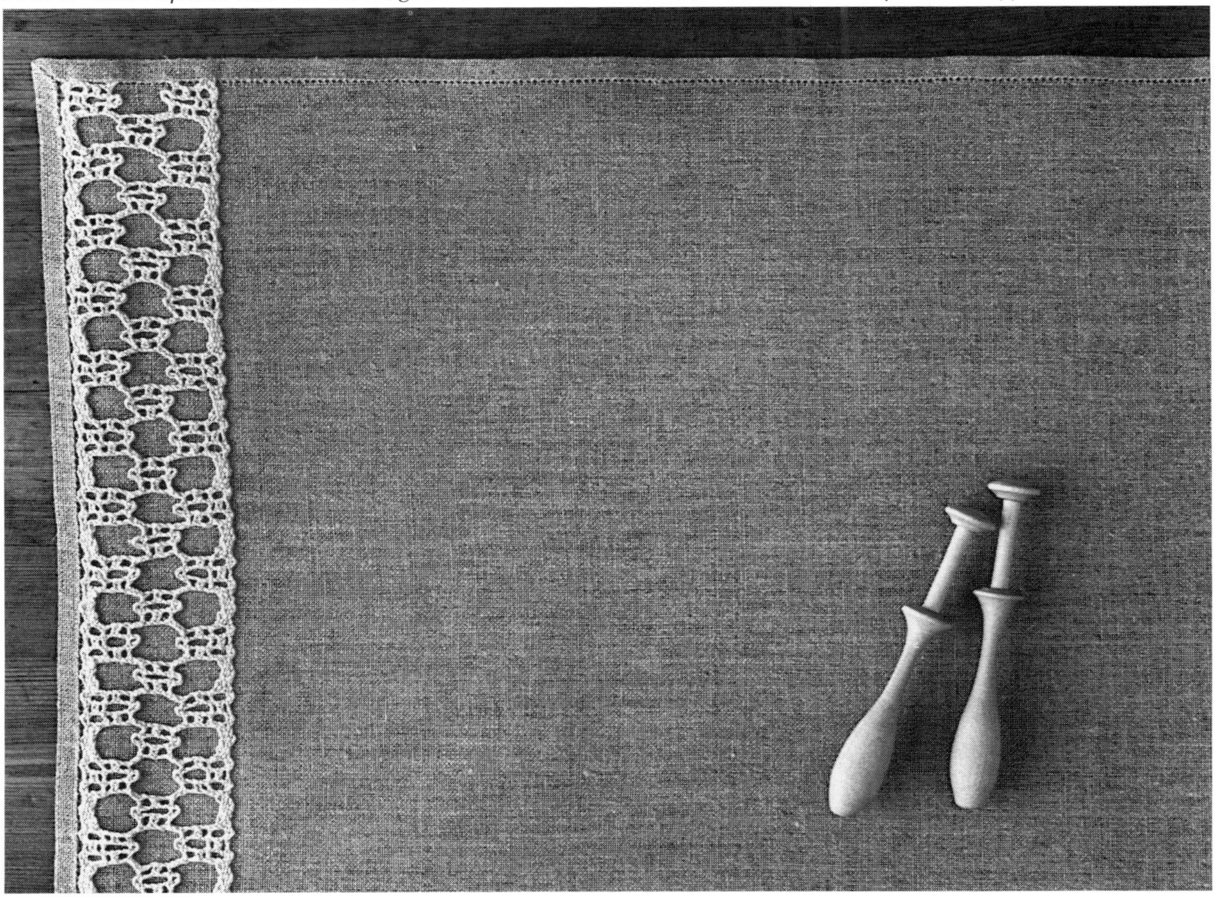

Anna-Stina

Breite 2 cm
Ein Musterrapport 1,6 cm
Viereck 14 × 14 cm

Material
Leinengarn 60/2
18 Paar Klöppel
Konturfaden 18/5
1 Paar Klöppel

Technik
Ganzschlag
Leinenschlag
Einlegen eines Konturfadens ohne Drehung

126. Die Spitze Anna-Stina. Ausgeführt von U. Fagerlin nach altem Vorbild.

Arbeitsbeschreibung
Man fängt mit der Spitze irgendwo auf der Geraden an und nicht in einer Ecke. Die Paare laut Zeichnung aufhängen, Abb. 128. In der Mitte mit einem Ganzschlag anfangen, darauf nach einer Seite arbeiten und mit dem nächsten Paar einen Leinenschlag klöppeln.

Den Konturfaden ohne Drehung des Rißpaares hinzunehmen, siehe Abb. 129 und 130. Man hebt den rechten Klöppel des Paares, siehe A, führt den Konturfaden durch und legt den angehobenen Klöppel so, daß er jetzt links zu liegen kommt, siehe B.

Mit dem nächsten Paar einen Leinenschlag und dem darauf folgenden Paar einen Ganzschlag klöppeln, die Nadel

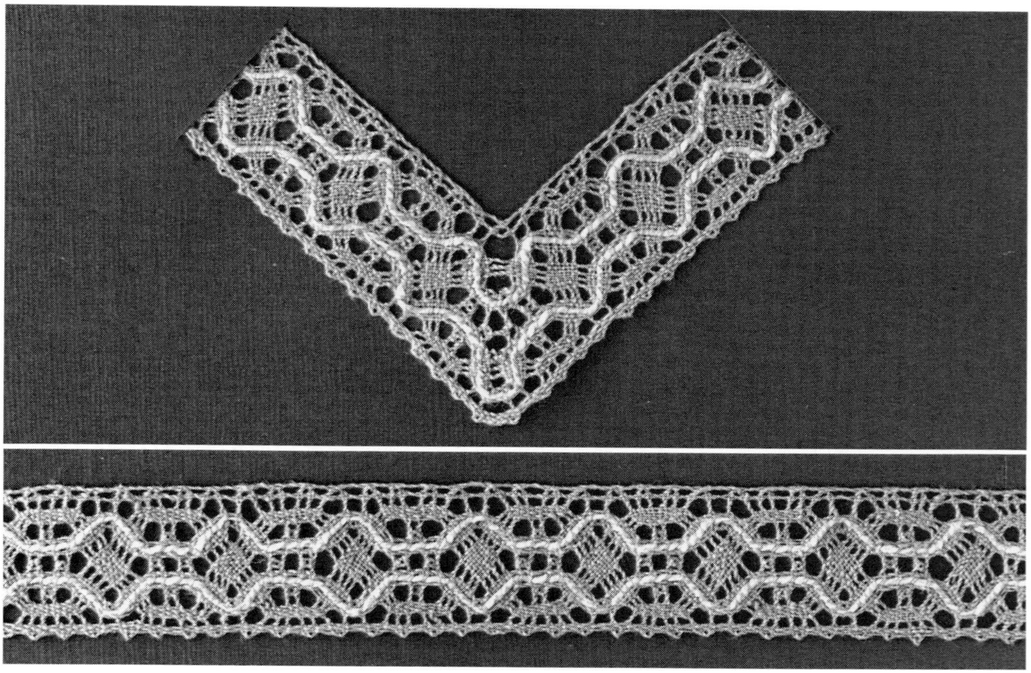

127. Zeichnung für die Spitze Anna-Stina.

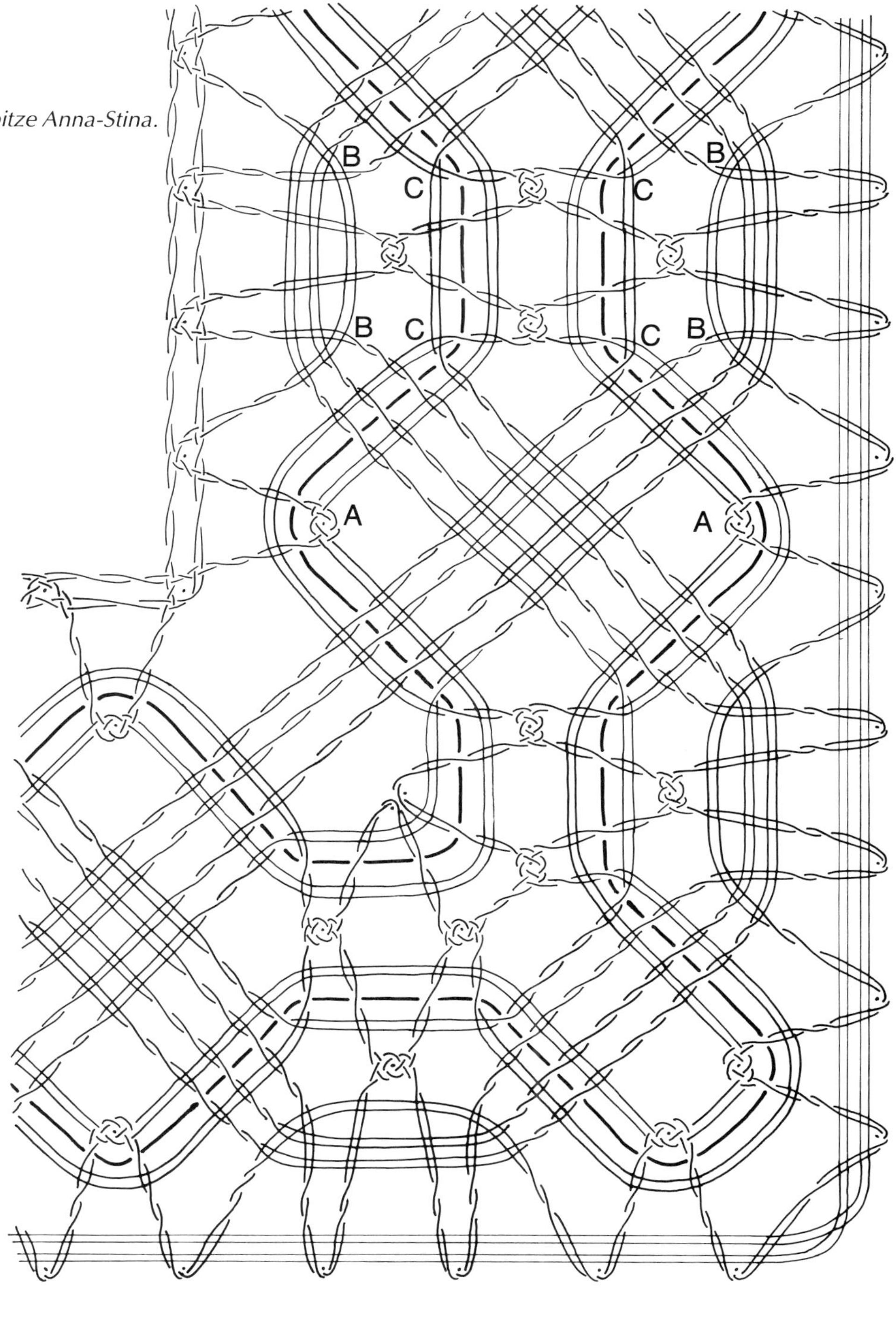

128. Anfang der Spitze Anna-Stina.

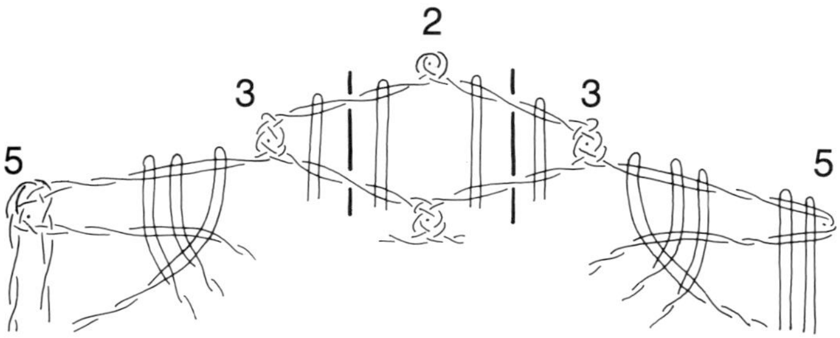

129. Einlegen eines Konturfadens von links, ohne Drehung vorher und nachher.

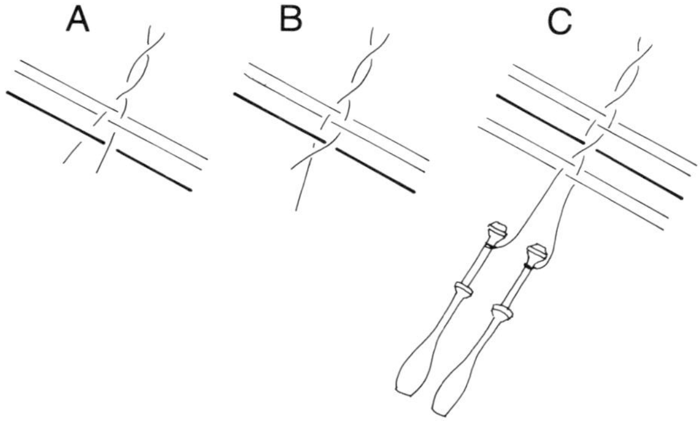

130. Einlegen eines Konturfadens von rechts, ohne Drehung vorher und nachher.

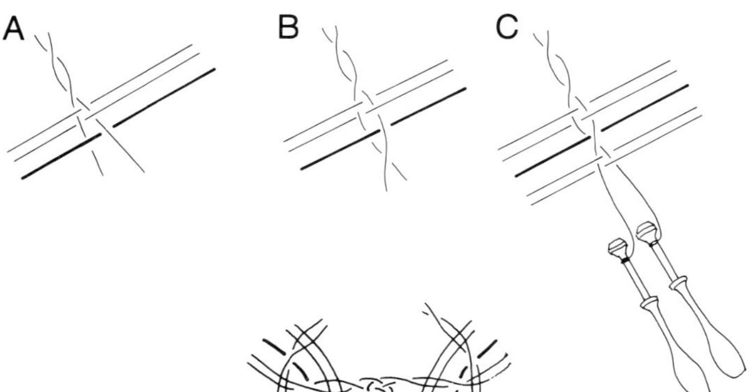

rausziehen, die Schläge nach oben schieben und die Nadel zurückstecken. Einen Ganzschlag klöppeln.

Bei den Löchern in den Außenkanten kann man alle fünf Paare klöppeln, ehe man die Nadel herauszieht. Die ersten drei Paare einzeln aufhängen.

Die Fäden gut anziehen, da nur wenige Nadellöcher vorhanden sind, die der Spitze Halt geben können.

Um die Fäden in der schrägen, rautenförmigen Leinenschlagfigur in der Mitte anziehen zu können, ist es leichter, zuerst so zu klöppeln, daß man Nadeln bei A gesteckt hat, siehe Zeichnung. Dann so weit arbeiten, daß die Nadel in die unterste Spitze des Vierecks gesteckt werden kann.

Man muß darauf achten, daß bei B ein Laufpaarwechsel stattfindet, und daß bei C zwei Paare den Platz tauschen.

Die Spitze in der gleichen Nadelreihe beenden, in der man angefangen hat, siehe Abb. 131.

Das Muster gibt es auch als Brief für Meterware und kann als Einsatz geklöppelt werden. Die Anzahl der Paare ist gleich, und man klöppelt den Rand mit drei Paaren auf jeder Seite.

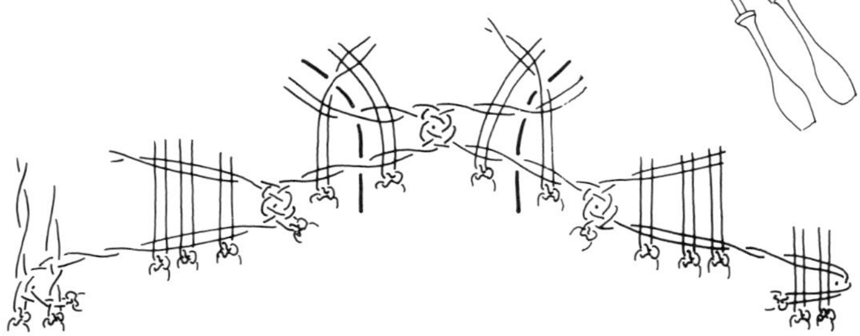

131. Abschluß in der gleichen Nadelreihe, in der man angefangen hat. Die Spitze Anna-Stina.

132. Decke mit der Spitze Anna-Stina.

Volkstümliche Spitzen

Zu diesen Spitzen gibt es keine Klöppelbriefe zu kaufen. Man muß selber ein Muster kopieren und stecken, gemäß der Zeichnungen, die es zu jeder Spitze gibt. Siehe Herstellung eines Klöppelbriefes, Seite 49.

Delsbospitze

Breite 5,7 cm
Ein Musterrapport 5,7 cm

Material

Leinengarn 16/2
15 Paar Klöppel, ungebleicht
4 Paar Klöppel, blau, Farbe Nr. 608 von Klippan
3 Paar Klöppel, rosa, Farbe Nr. 621 von Klippan

Technik

Ganzschlag	Löcherschlag mit doppelter Drehung
Leinenschlag	Formschläge
Netzschlag	Flechten

Arbeitsbeschreibung

Die Außenkanten haben zwei Drehungen. Die Leinenschlagfigur beginnt man mit einem Leinenschlag mit den ungebleichten Fäden. Das Paar mit dem rosa Garn als Laufpaar in die Figur hineinnehmen. In der Mitte der Figur geht das Lauf-

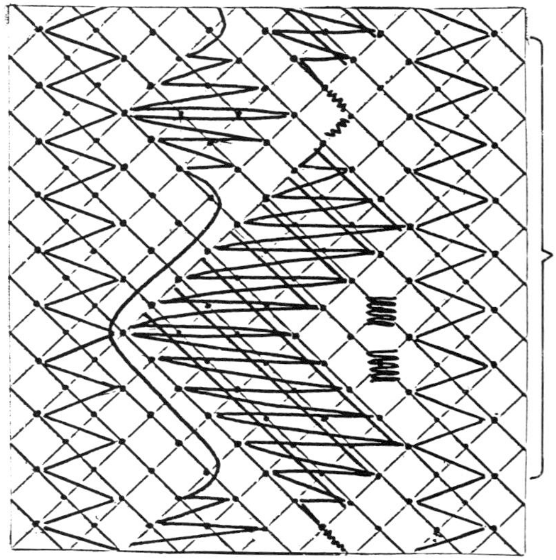

133. Musterzeichnung für Delsbospitze in natürlicher Größe. 5 mm Karopapier.

▽ 134. Spitze aus Delsbo, überarbeitet von Ulla Fagerlin nach einer Spitze aus Karin Nordenfelts Sammlung. (S. Buchrückseite)

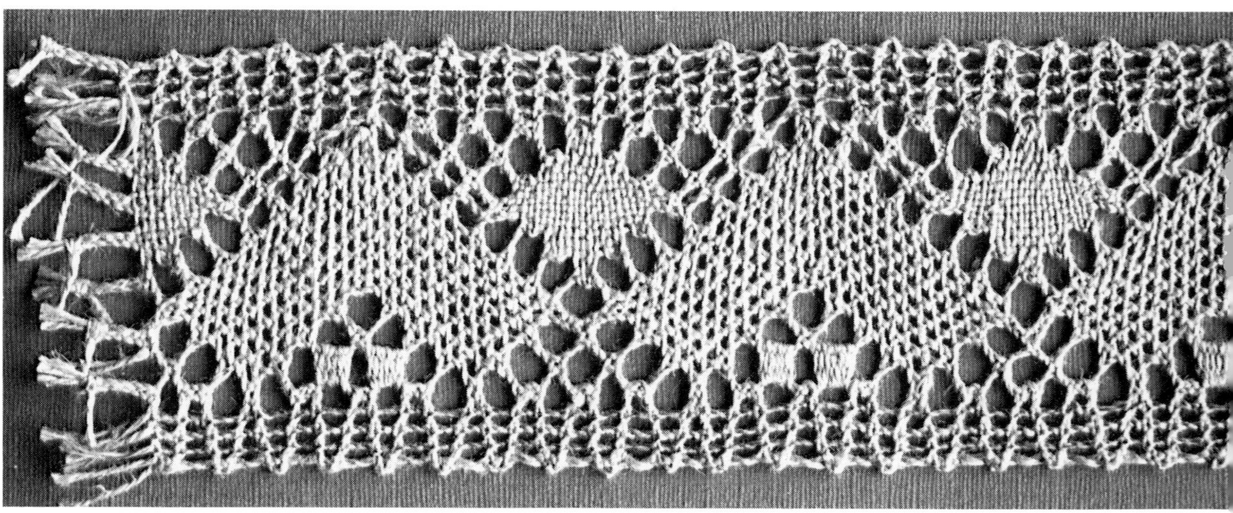

135. Zeichnung für Delsbospitze.

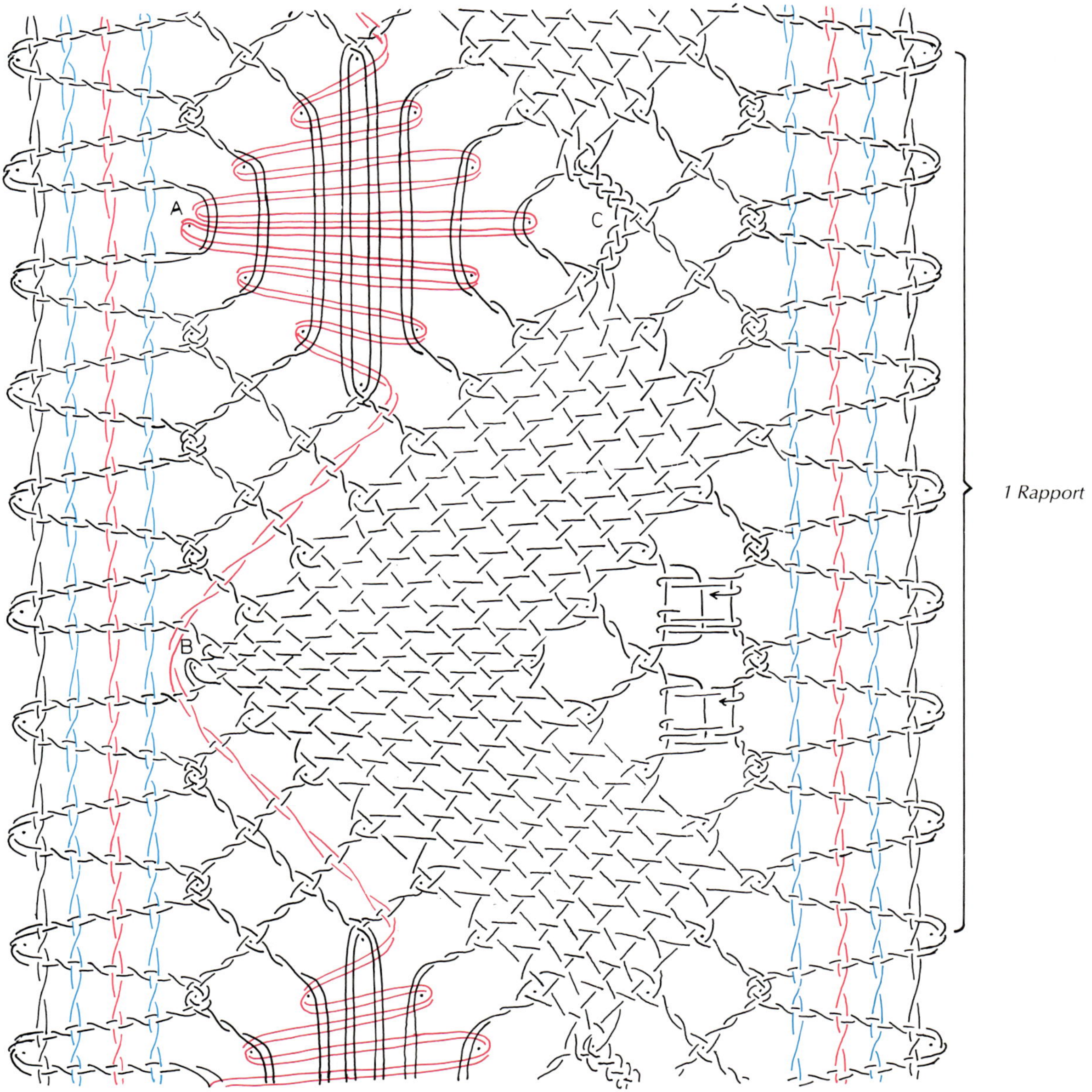

136. Leinenschlagfigur der Delsbospitze, in der das Laufpaar zweimal um dieselbe Nadel geht, siehe A der Zeichnung.

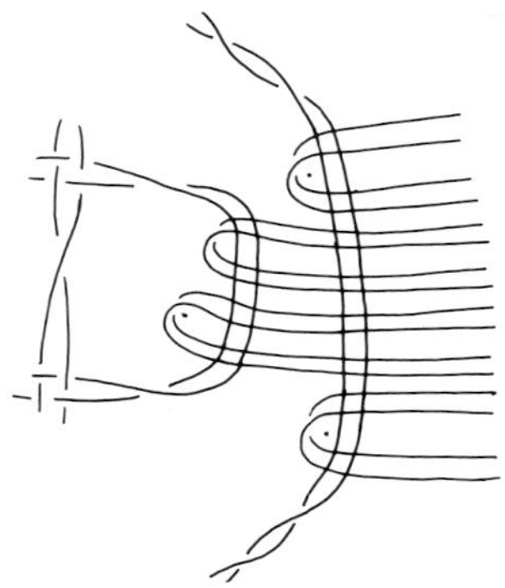

137. Netzschlagfigur der Delsbospitze, in der das Laufpaar zweimal um dieselbe Nadel geht, siehe B der Zeichnung.

138. Übergang zwischen den Netzschlagfiguren der Delsbospitze, siehe C der Zeichnung.

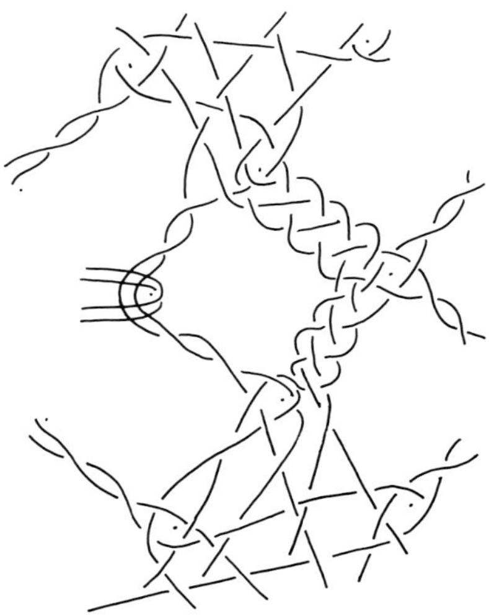

paar zweimal zum gleichen Nadelloch, siehe A. Dort muß man bei der zweiten Drehung die Nadel heben, die vorherige Drehung nach oben schieben und die Nadel wieder zurückstecken, s. Abb. 136.

Am Ende der Leinenschlagfigur steckt man die letzte Nadel zwischen die beiden ungebleichten Rißpaare, dreht das rosa Laufpaar einmal und klöppelt mit ihm und dem einen ungebleichten Paar einen Ganzschlag. Das Laufpaar mit Ganzschlägen durch den Löchergrund zur nächsten Leinenschlagfigur führen.

Am Anfang der Netzschlagfigur einen Halbschlag mit einem Paar aus der Flechte und einem aus der Leinenschlagfigur klöppeln, Nadel stecken und zwei Halbschläge nach links klöppeln. Nach rechts mit Halbschlägen klöppeln und sowohl das Paar von der Flechte als auch das vom Löchergrund hinzunehmen.

In der Spitze des Herzens wendet man zweimal um die gleiche Nadel, siehe B der Zeichnung. Wie in der Leinenschlagfigur vorgehen. Die erste Drehung oberhalb der Nadel schieben und die Nadel in das gleiche Loch stecken, s. Abb. 137.

Den Übergang zwischen den Netzschlagfiguren zeigt die Abb. 138. Nach der letzten Nadel am Ende der Netzschlagfigur zwei Halbschläge arbeiten. Mit den beiden rechten Paaren macht man eine Flechte, das linke geht zur Leinenschlagfigur. Wo sich die Flechte mit dem Paar aus dem Löchergrund trifft, klöppelt man mit dem rechten Paar der Flechte und dem Paar vom Löchergrund Halbschlag, Nadel und Kreuzen, s. C. Die Flechte mit den beiden linken Paaren weiterarbeiten und mit Drehen aufhören.

Spitze aus Ångermanland

Breite 2,7 cm
Musterrapport 2,5 cm
Material
Leinengarn 40/3
13 Paar Klöppel

Technik
Rand: Innennadel
Löcherschlag mit doppelter Drehung
Leinenschlag

139. Zeichnung für Spitze aus Ångermanland.

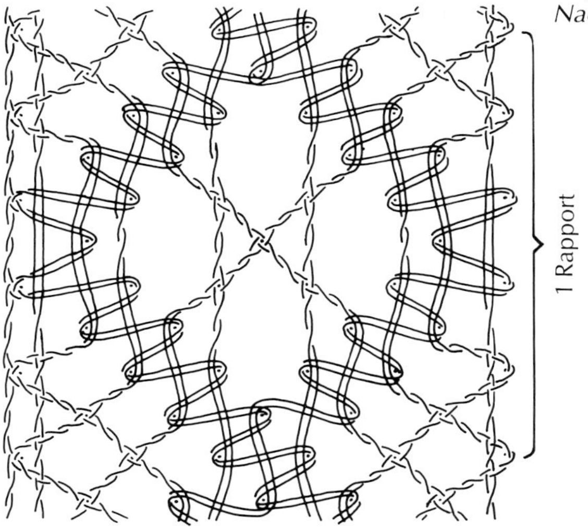

140. Musterzeichnung für Spitze aus Ångermanland in natürlicher Größe zum Nachzeichnen. 2,5 mm Karopapier.

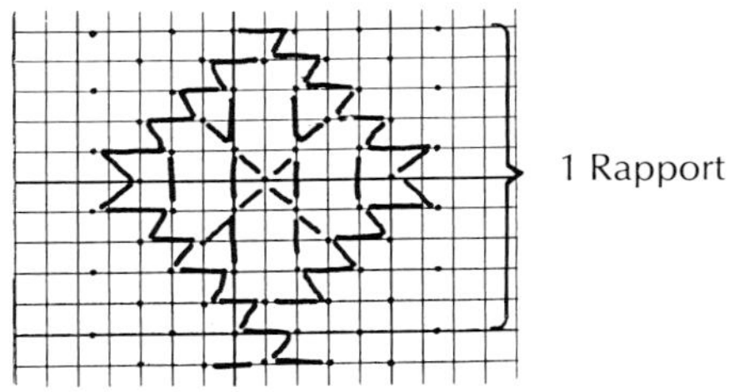

141. Spitze aus Ångermanland. Überarbeitet von U. Fagerlin nach einer Spitze aus Karin Nordenfelts Sammlung.

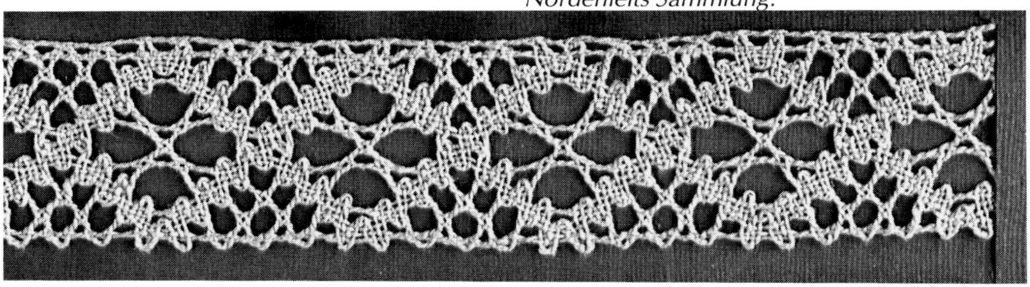

Spitze vom Hof Bröna, Ovanåker

Breite 3,3 cm
Ein Musterrapport 1,5 cm
Material
Schwedisches Leinengarn 35/3 oder 40/3
12 Paar Klöppel
Technik
Ganzschlag

Alle Paare, die um die Nadel geführt werden, haben zwei Drehungen.

Das Nadelstecken bei A beachten! Beide Paare sollen rechts von der Nadel liegen.

142. Musterzeichnung für Spitze aus Ovanåker in natürlicher Größe zum Nachzeichnen. 2,5 mm Karopapier.

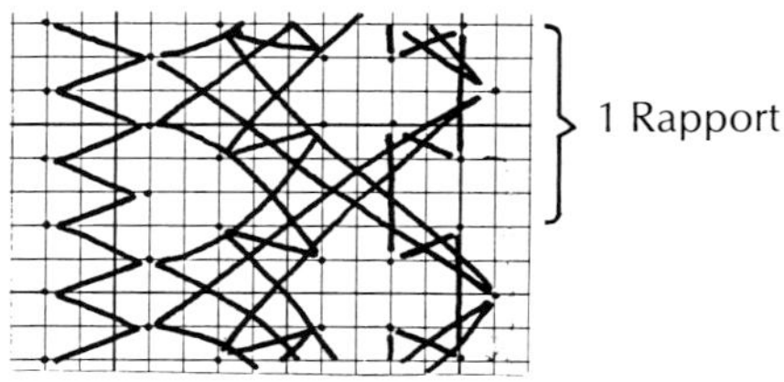

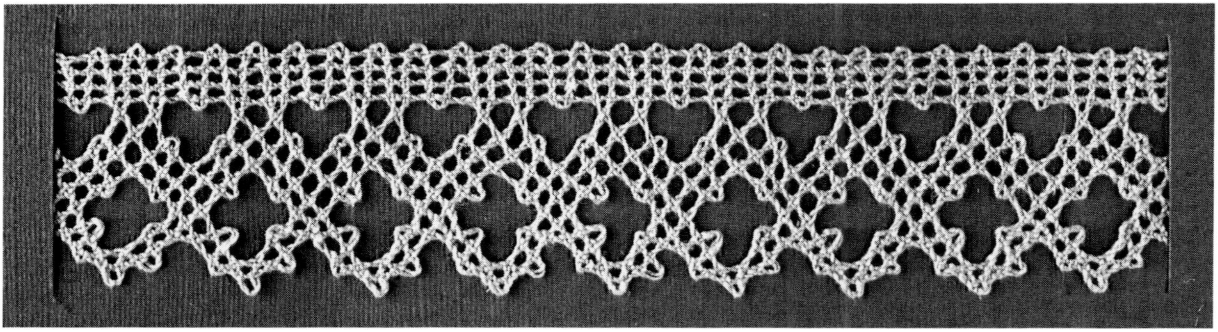

143. *Spitze vom Hof Bröna, Ovanåker. Überarbeitet von U. Fagerlin. Auf diese Spitze trifft man in vielen Sammlungen.*

144. *Technische Zeichnung der Spitze aus Ovanåker.*

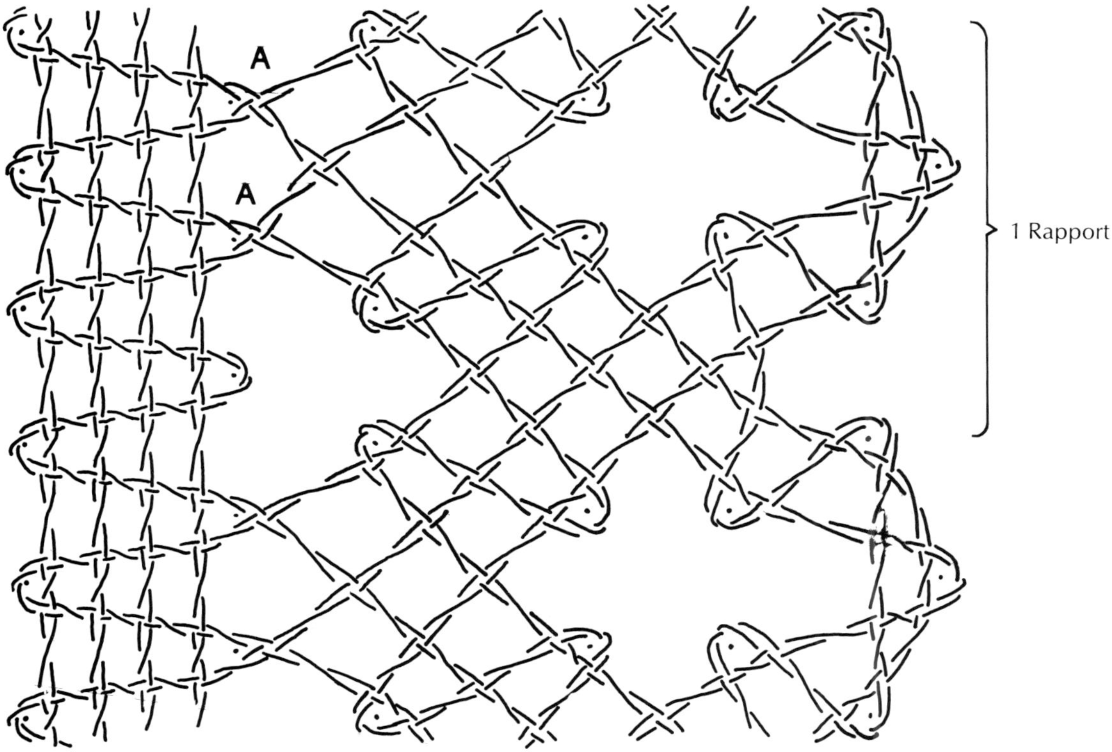

Spitze aus Blekinge

Breite 2 cm
Musterrapport 3,6 cm
Material
Schwedisches Leinengarn 40/2
12 Paar Klöppel
Rosa Leinengarn 40/2 oder 35/2
2 Paar Klöppel
Technik
Ganzschlag
Leinenschlag
Flechten

Arbeitsbeschreibung
Die Spitze hat zwei Drehungen in den Außenkanten.

Die beiden Paare, aus der die Flechte gemacht wird, erhalten vorher und nachher eine Drehung.

Bei dem Ganzschlag zwischen den Flechten muß die Nadel seitlich des Schlages gesteckt werden.

145. Musterzeichnung für Spitze aus Blekinge in natürlicher Größe zum Nachzeichnen. 1 mm Karopapier.

146. Spitze aus Blekinge. Überarbeitet von U. Fagerlin nach einer Spitze aus Karin Nordenfelts Sammlung. (Farbbild auf der Rückseite des Buches.)

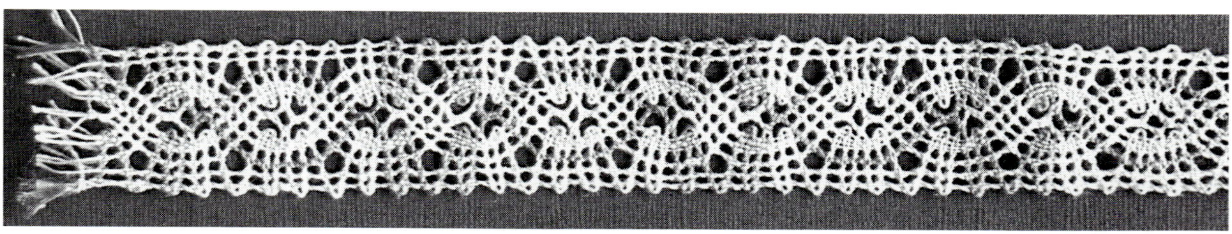

147. Technische Zeichnung für Blekingespitze.

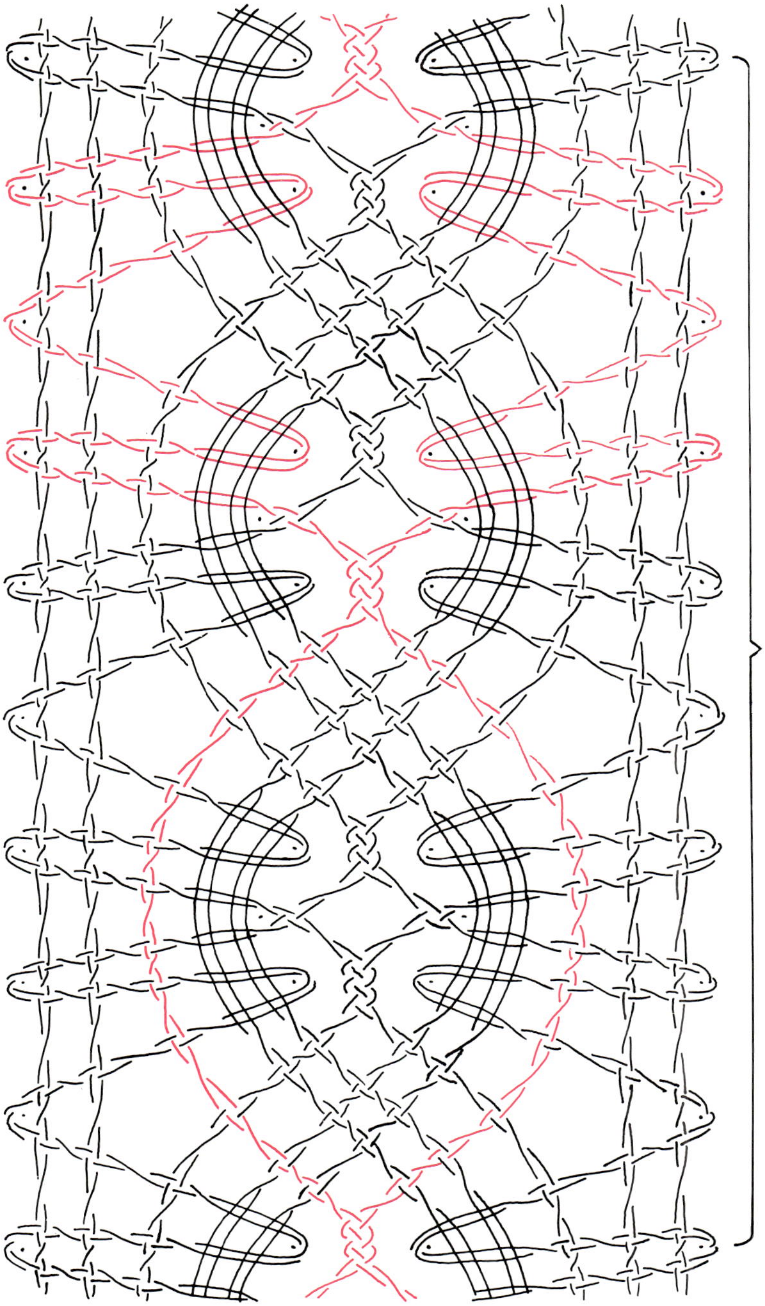

1 Rapport

Lampe mit Spitze aus Ovanåker

Material
Schirmgestell 18 cm hoch und 44 cm Umfang
Band 1 m
Pergament ca. 46 × 20 cm
Bjälboleinenstoff 47 × 23 cm
Ovanåkerspitze ca. 50 cm

Montage
Das Lampenschirmband doppelt um das Gestell oben und unten falten und mit dichten Stichen zusammennähen.

Das Pergament oben und unten an das Band nähen. Die Verbindungsstelle des Pergamentes muß auf einem der Stäbe liegen.

Den Leinenstoff stramm auf dem Pergament mit Nadeln feststecken. Oben und unten muß der Stoff 1 cm Nahtzugabe haben und einen halben cm an der Seite. Markieren, wo der Stoff zusammengenäht werden soll.

Den Stoff abnehmen, die Nahtzugaben säubern und mit Überwendlingsstich nähen.

Die Spitze 1 cm von der Oberkante erst feststecken und dann heften. Der Musterrapport der Spitze muß bei der Naht stimmen.

Die Spitze oben und unten den Zacken folgend mit feinen Stichen festnähen.

Den Stoff rechts auf rechts falten und die Seitennaht fadengerade mit Steppstichen zusammennähen.

Einen halben cm oben und unten fadengerade nach innen falten.

Die rechte Seite des Stoffes nach außen wenden und über das Pergament ziehen. Die Naht muß auf der Verbindungsstelle des Pergamentes liegen.

Man muß beachten, daß die Oberkante der Spitze auf der Oberkante des Gestells liegt. Den Stoff an der Oberkante feststecken.

Den Einschlag nach innen kippen und säumen.

Den Stoff spannen und an der Unterkante mit Nadeln feststecken. Auch hier den Einschlag kippen und säumen.

148. Die Spitze Ovanåker montiert auf Bjälboleinenstoff.

Geklöppelte Bilder mit Briefen

Bilder zu klöppeln mit einem vorhandenen Brief und einer Fotokopie der Klöppelarbeit ist ein Schritt in Richtung auf freie und selbständige Arbeit nach eigenen Entwürfen. Demnach arbeitet man also nicht nach einer technischen Zeichnung wie beim traditionellen Klöppeln. Das bedeutet, daß man selbst herausfinden muß, welche Gründe verwendet werden sollen. Dies setzt allerdings voraus, daß man die Technik des Klöppelns von Grund auf beherrscht.

Zu allen geklöppelten Bildern in diesem Abschnitt gibt es Detailzeichnungen, die die Fotos ergänzen. Für die Taube gibt es eine vollständige technische Zeichnung. Sie ist mit recht dünnem Garn geklöppelt und daher schwierig zu erkennen. Auf den Briefen ist eingezeichnet, wo zusätzliche Paare benötigt werden und wo farbige/ungebleichte Fäden laufen.

149. Taube. Entwurf Ulla Fagerlin. Die Taube ist als Gratulationskarte gedacht. Man schneidet ein Rechteck aus der Karte und legt farbiges Papier dahinter.

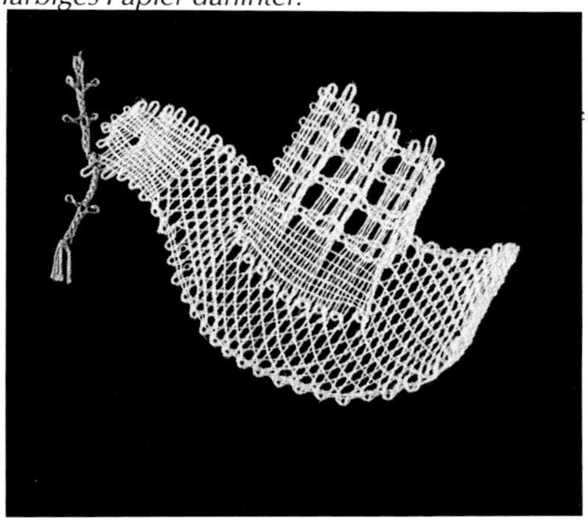

Taube

Größe 5 × 3,5 cm

Material
Schwedisches Leinengarn 90/2
18 Paar Klöppel
Grünes Nähgarn
2 Paar Klöppel

Technik
Leinenschlag
Netzschlag
Flechten
Picot

Arbeitsbeschreibung

Die Flechte mit Picot bis zum Schnabel klöppeln.

Der Picot, siehe Abb. 151, soll eine Drehung vorher und eine nachher bekommen.

Den Kopf klöppeln und beim Schnabel die Flechte mit Leinenschlag verbinden.

Die Flechte beenden und dann mit der Arbeit am Kopf fortfahren.

Beim Auge findet ein Laufpaarwechsel statt.

Die vier zusätzlich eingesetzten Paare im Netzschlag an der Brust des Vogels beachten! Diese Paare hängt man direkt hinter das äußerste Paar und klöppelt sie mit Halbschlag.

Bei der Nadel, wo der Flügel anfängt, arbeitet man: Halbschlag, Nadel, Leinenschlag und Drehen des linken Paares, das in die Netzschlagfigur hineingeht. Das rechte Paar wird Laufpaar in der Leinenschlagfigur. Leinenschläge bis zum Rand und zurück klöppeln. Ein Paar von der Netzschlagfigur mit Leinenschlag hinzunehmen. Danach wie folgt fortsetzen: Ganzschlag, Nadel, Leinenschlag und Drehen des linken Paares. Auf gleiche Weise bei den übrigen Löchern arbeiten, wo Flügel und Körper zusammentreffen.

150. *Zeichnung für Taube.*

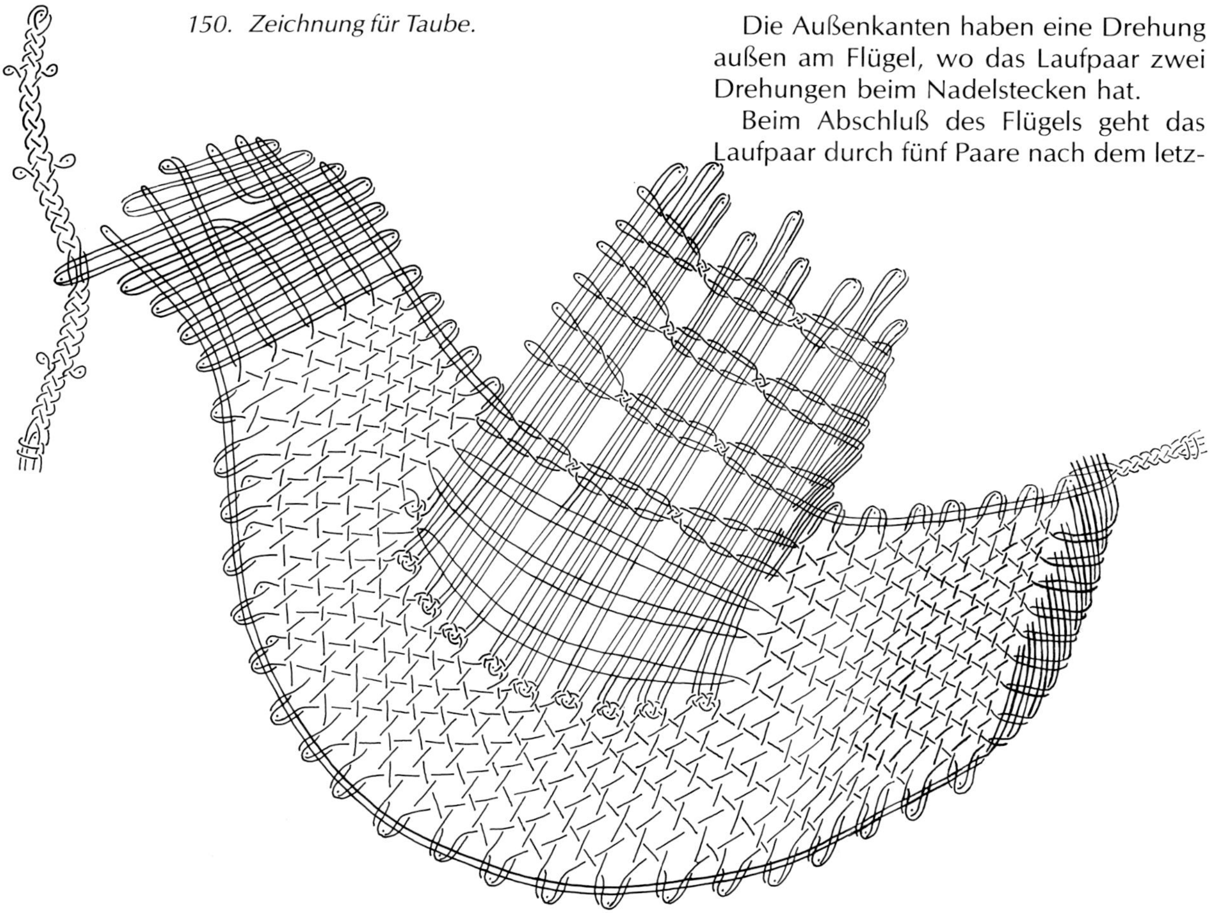

Die Außenkanten haben eine Drehung außen am Flügel, wo das Laufpaar zwei Drehungen beim Nadelstecken hat.

Beim Abschluß des Flügels geht das Laufpaar durch fünf Paare nach dem letzten Nadelstecken beim Flügel-Körper. Das Paar nach hinten weglegen.

Danach beginnt man an der rechten Kante die fünf äußersten Rißpaare eins nach dem anderen durch drei Paare zu klöppeln. Diese fünf Paare ebenfalls nach hinten weglegen.

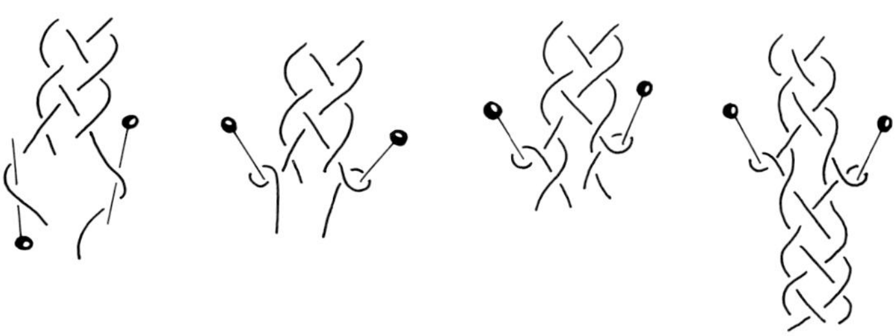

151. *Flechte und Picot mit einem Faden.*

Man beachte, daß vor den letzten beiden Löchern an der linken Kante beim Schwanz das äußerste Rißpaar hinausgeht. Es soll demnach also nicht mit in den Netzschlag hineingehen.

Die Netzschlagfigur an der rechten Seite beenden, danach an der linken Seite mit dem Abschluß beginnen. Durch vier Paare klöppeln. Mit den beiden Paaren an der rechten Seite macht man eine Flechte, die man dann nach hinten wegknickt.

Tuff-tuff

Größe 20 × 45 cm
Material
Leinengarn 35/2 gebleicht
Für die Lok: 23 Paar Klöppel
Ungebleichtes oder farbiges Klöppelgarn 35/2 oder 40/2
2 Paar Klöppel
Technik
Leinenschlag
Spinnen
Flechten mit Picot
Picot mit zwei Fäden
Netzschlag
Löcherschlag mit doppelter Drehung

Picot mit zwei Fäden auf der rechten Seite, siehe Abb. 110.
Flechte mit Picot, siehe Abb. 151.

Arbeitsbeschreibung
Von den Paaren, die man beim Abschluß der Lok herausnimmt, werden sechs Paare beim ersten Waggon wieder eingesetzt.

Von den Paaren, die beim Abschluß des Waggons herausgenommen werden, nimmt man vier Paare für den Güterwagen.

Man beendet die Spitze, indem man abklöppelt und Flechten macht, die hinter die Spitze gefaltet werden.

152. Tuff-tuff. Entwurf Ulla Fagerlin.

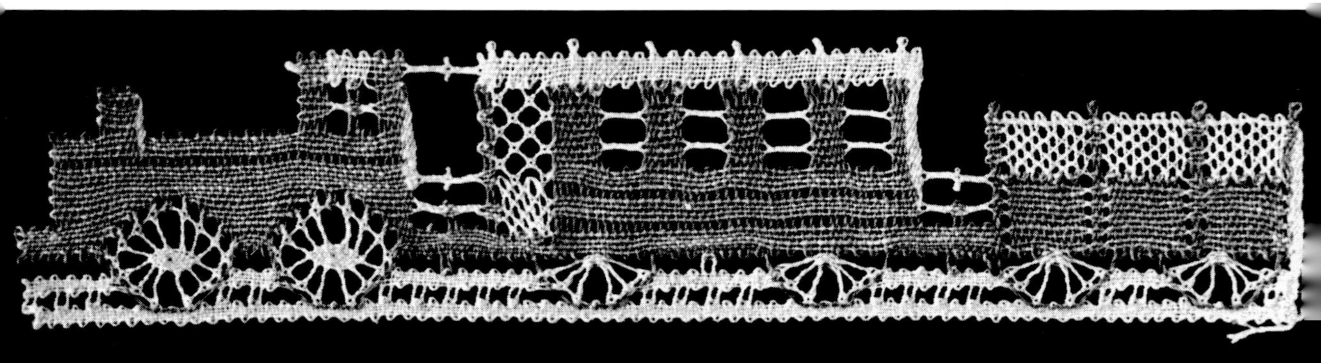

153. Anfang der Lok.

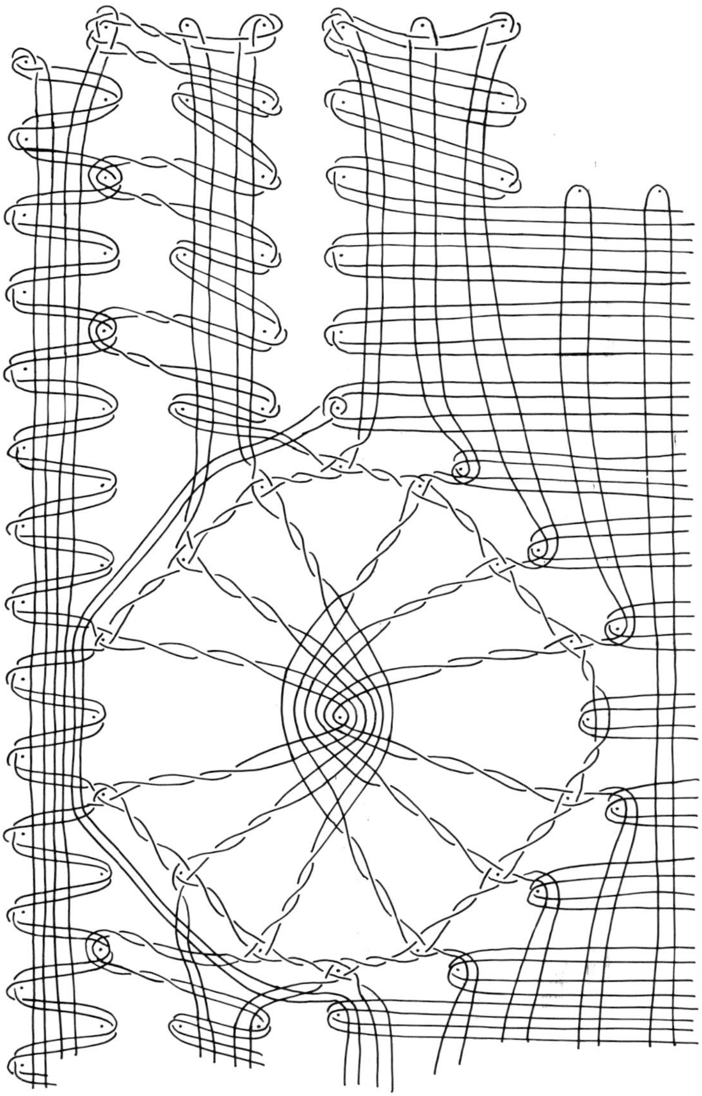

154. Räder des ersten Waggons.

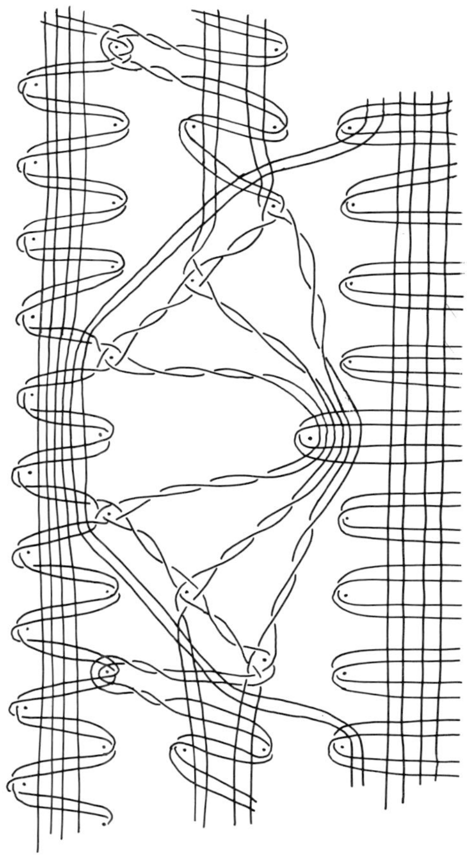

Pförtnerhäuschen

Größe 14 × 4,5 cm

Material

Leinengarn 35/2

Für das erste Haus: 22 Paar Klöppel

Technik

Ganzschlag

Leinenschlag

Leinenschlag, Durchbrüche

Netzschlag

Rohrstuhlgrund ohne zusätzliche Drehung

Löcherschlag mit doppelter Drehung

Flechten

Formschläge

Picot

155. Anfang des Pförtnerhäuschens. Weiterklöppeln siehe Abb. 220.

156. Pförtnerhäuschen. Entwurf Ulla Fagerlin.

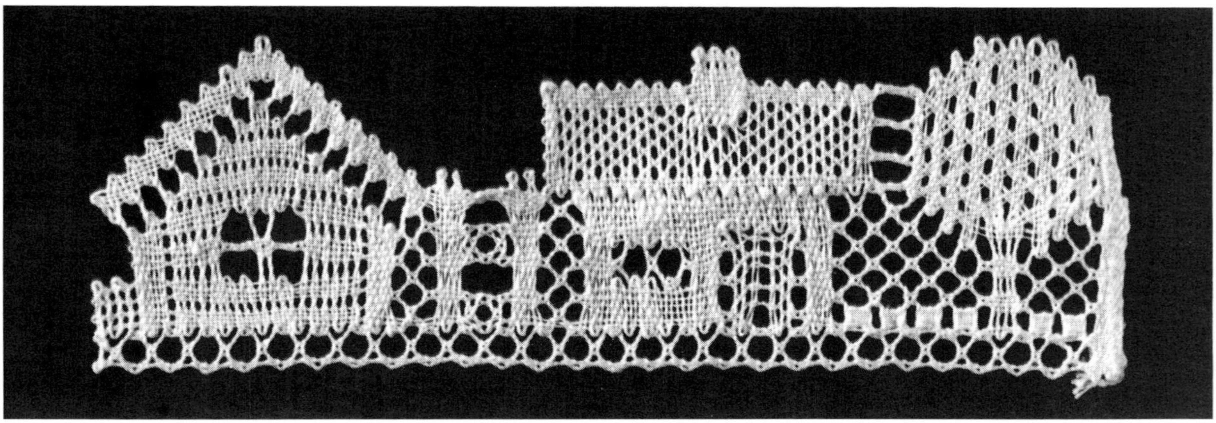

157. Das Tor zwischen den Häusern. Zwischen den Pfählen wird eine Flechte mit drei Paaren geklöppelt, siehe Abb. 222. Picot mit zwei Fäden, siehe Abb. 110.

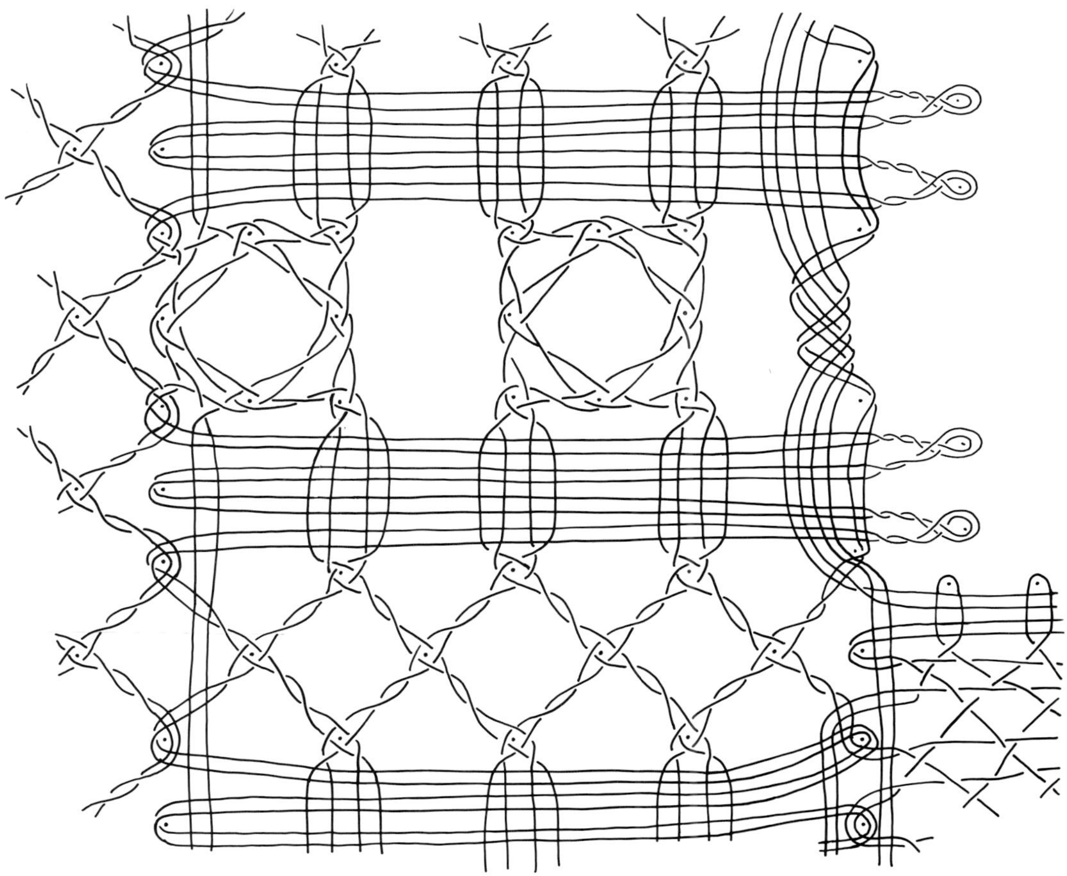

158. Pförtnerhäuschen. Die Tür des zweiten Gebäudes. Die kleinen Klöppel oberhalb der Tür beachten, hier wird ein Paar herausgenommen.

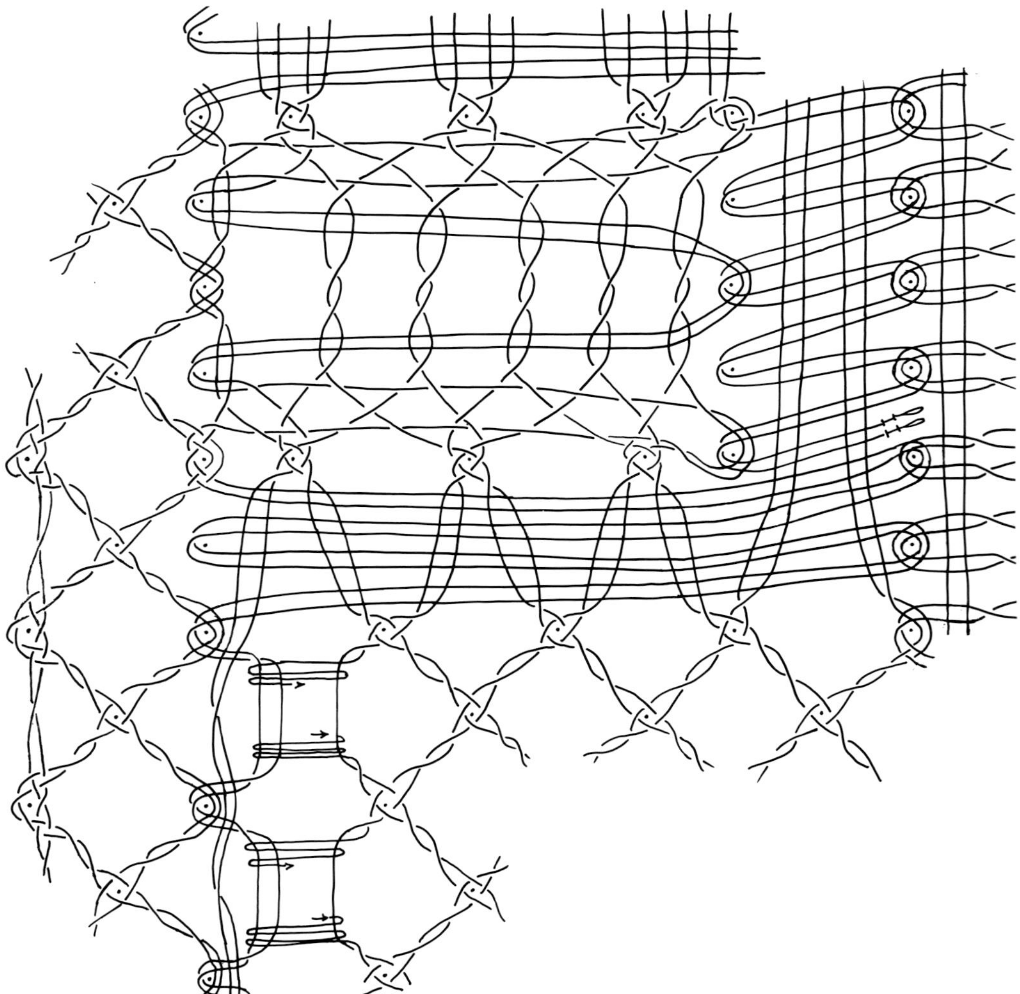

159. Der Baum des Bildes »Pförtnerhäuschen«.
Die Baumkrone ähnelt in der Ausführung Bärlapp, siehe Abb. 102.

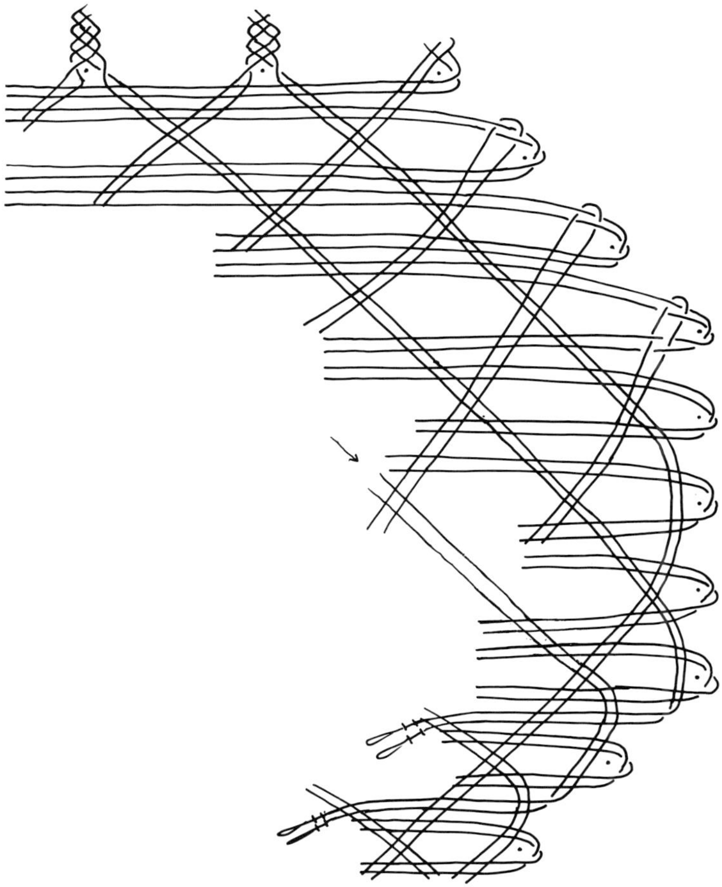

Boot aus Blekinge

Größe 13,5 × 11,5 cm
Material
Für das Vorsegel: Leinengarn 35/2
19 Paar Klöppel
Für das Großsegel: Leinengarn 35/2
18 Paar Klöppel (vom Vorsegel) +
9 Paar Klöppel, Garn 35/2
Für den Mast: Schwedisches Leinengarn 40/3 ungebleicht
2 Paar Klöppel
Für die Segelstange: Schwedisches Leinengarn 40/3 ungebleicht
1 Paar Klöppel
Für den Rumpf: Schwedisches Leinengarn 35/2
12 Paar Klöppel

Technik
Leinenschlag
Leinenschlag, Durchbrüche
Netzschlag
Flechten

160. Anfang des Bootes.

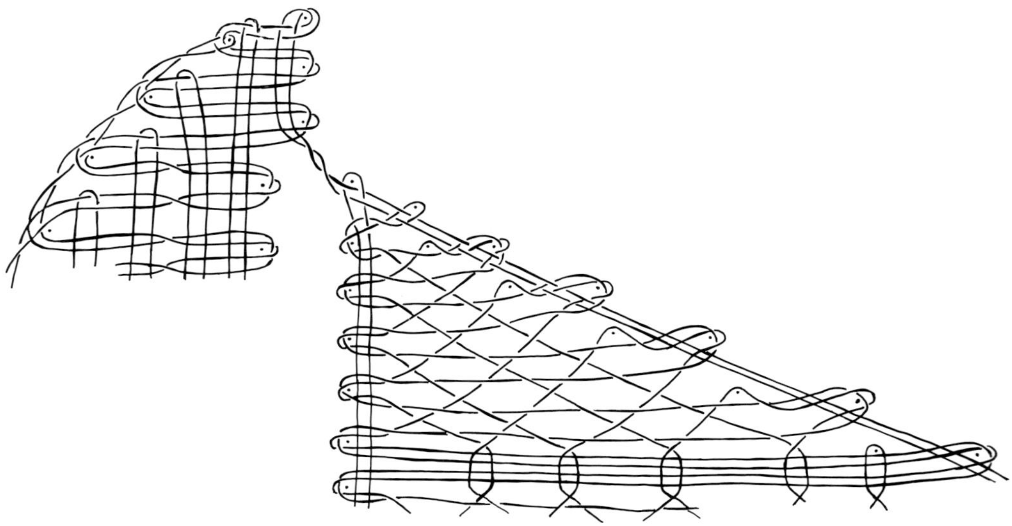

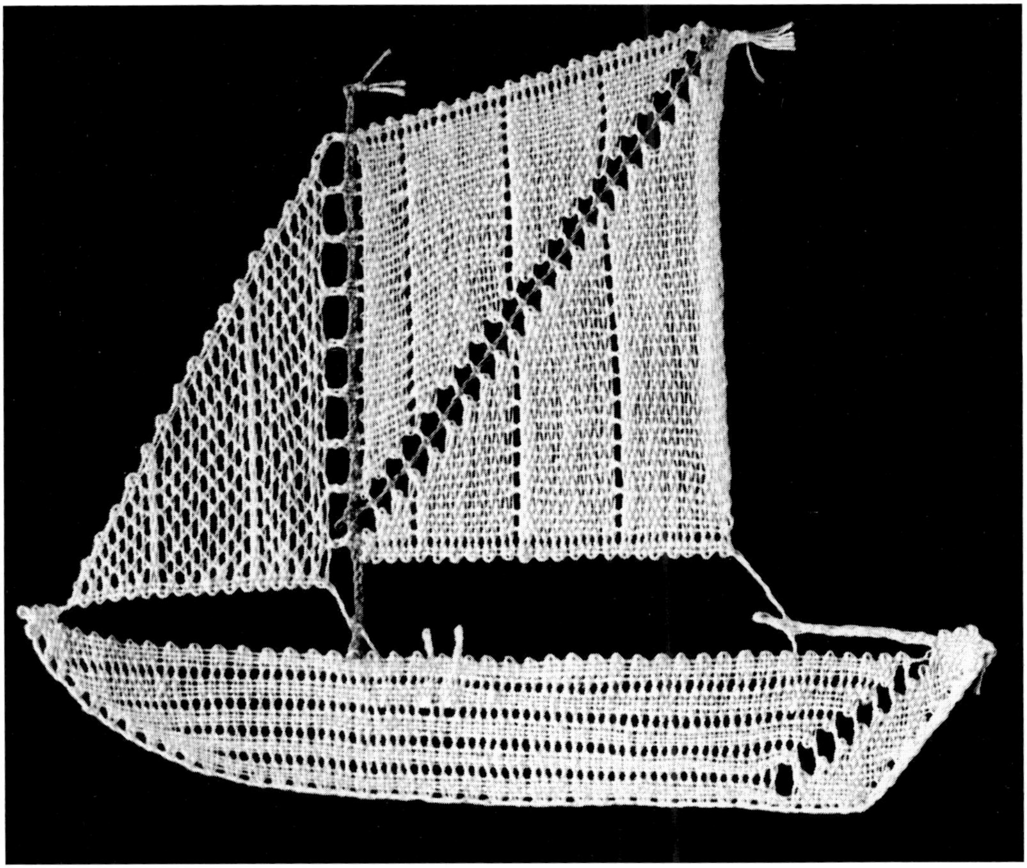

161. Boot aus Blekinge. Entwurf Ulla Fagerlin.

162. Boot aus Blekinge. Das Paar des Vorsegels wird durch die »Mastflechte« geklöppelt und im Rumpf herausgenommen, siehe die kleinen Klöppel. Die Segelstange wird durch den Mast ins Großsegel geklöppelt.

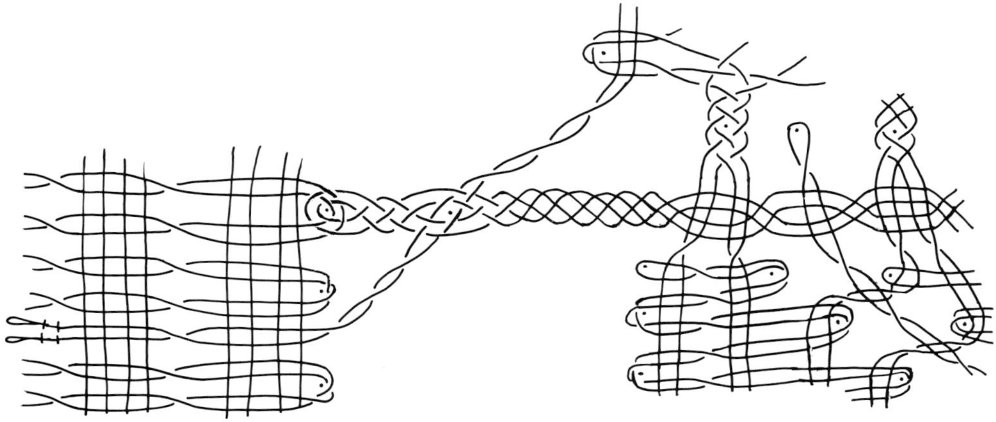

163. Der Abschluß des Großsegels.

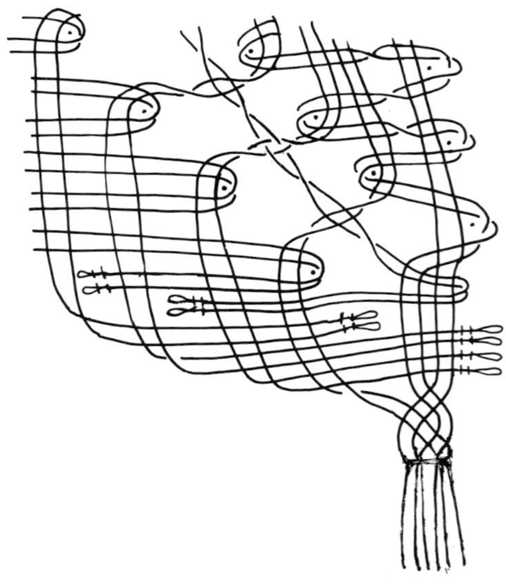

164. Verbindung des Ruders am Bootsrumpf.

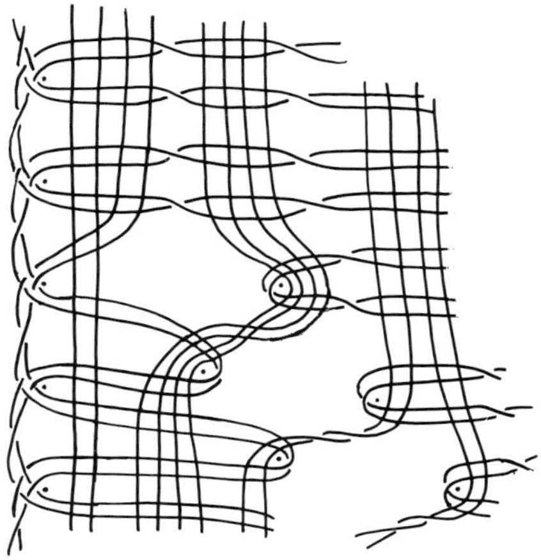

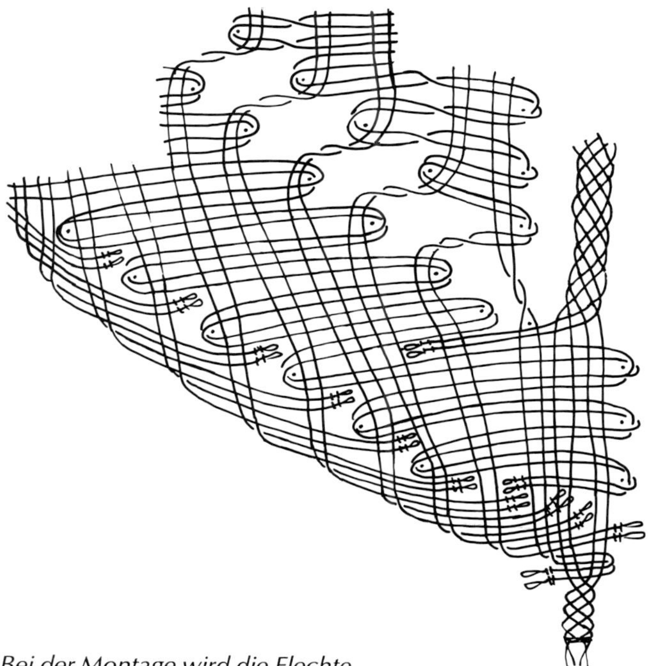

165. Abschluß des Ruders. Bei der Montage wird die Flechte nach hinten weggeknickt.

Amphora

Größe 13,5 × 8,5 cm
Material
Leinengarn 50/3
24 Paar Klöppel +
extra 12 Paar Klöppel
Technik
Leinenschlag
Leinenschlag, Durchbrüche
Netzschlag
Löcherschlag mit doppelter Drehung
Formschläge
Rohrstuhlgrund ohne zusätzliche Drehung
Flechten mit Picot

166. Links – obere Kante.

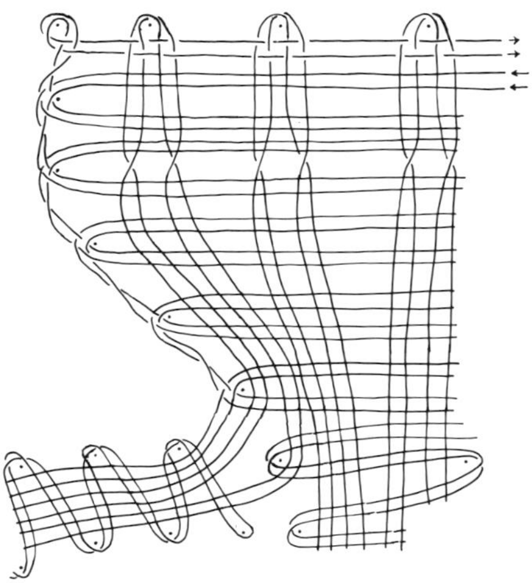

167. Amphore. Entwurf Ulla Fagerlin.

168. Amphore. Rechts – obere Kante.

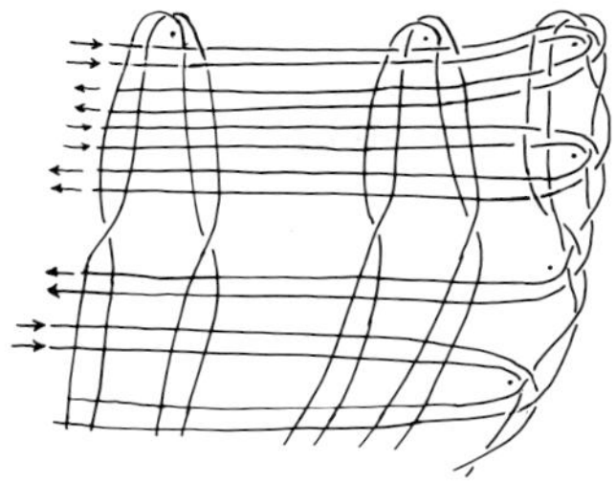

169. Linke Seite rechts des Henkels.

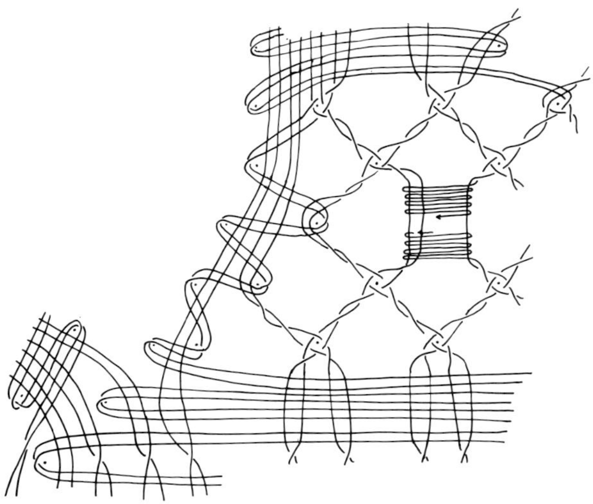

170. Untere Fassung des Henkels – rechte Seite.

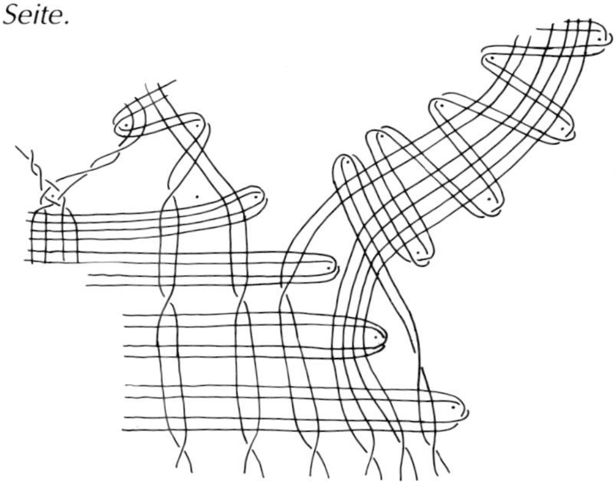

171. Linke Seite – Anfang des Rohrstuhlgrundes. Die Arbeit beenden, indem man abklöppelt und Flechten macht, die unter die Kante geknickt werden.

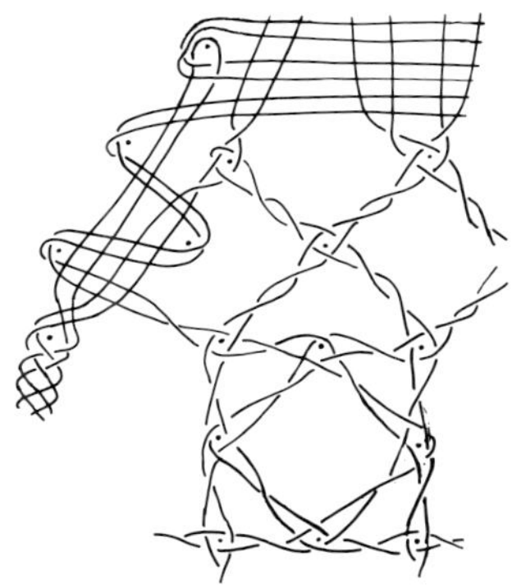

Plattfisch

Größe 18 × 8,5 cm
Material
Leinengarn 50/3 oder 35/2 ungebleicht
40 Paar Klöppel
Leinengarn 35/2 halbgebleicht
4 Paar Klöppel
Konturfaden 18/5
3 Paar Klöppel (werden zweimal gebraucht)
Technik
Leinenschlag
Leinenschlag, Durchbrüche
Löcherschlag mit doppelter Drehung
Ganzschlag
Formschlag
Netzschlag
Einlegen des Konturfadens

172. Der vordere Teil des Kopfes. Das Einhängen von Laufpaaren. Das Wegnehmen des nicht benötigten Laufpaares (siehe die kleinen Klöppel).

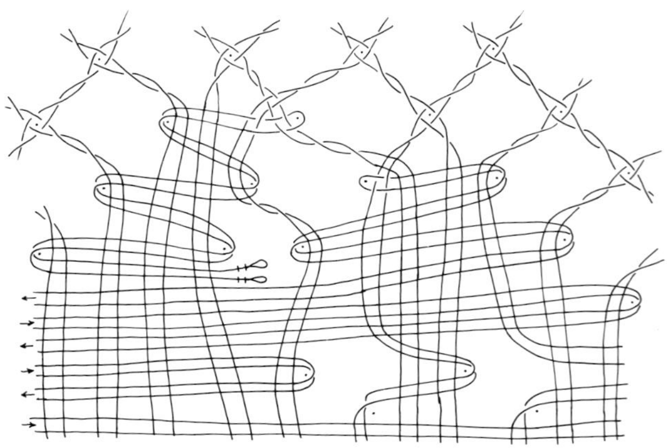

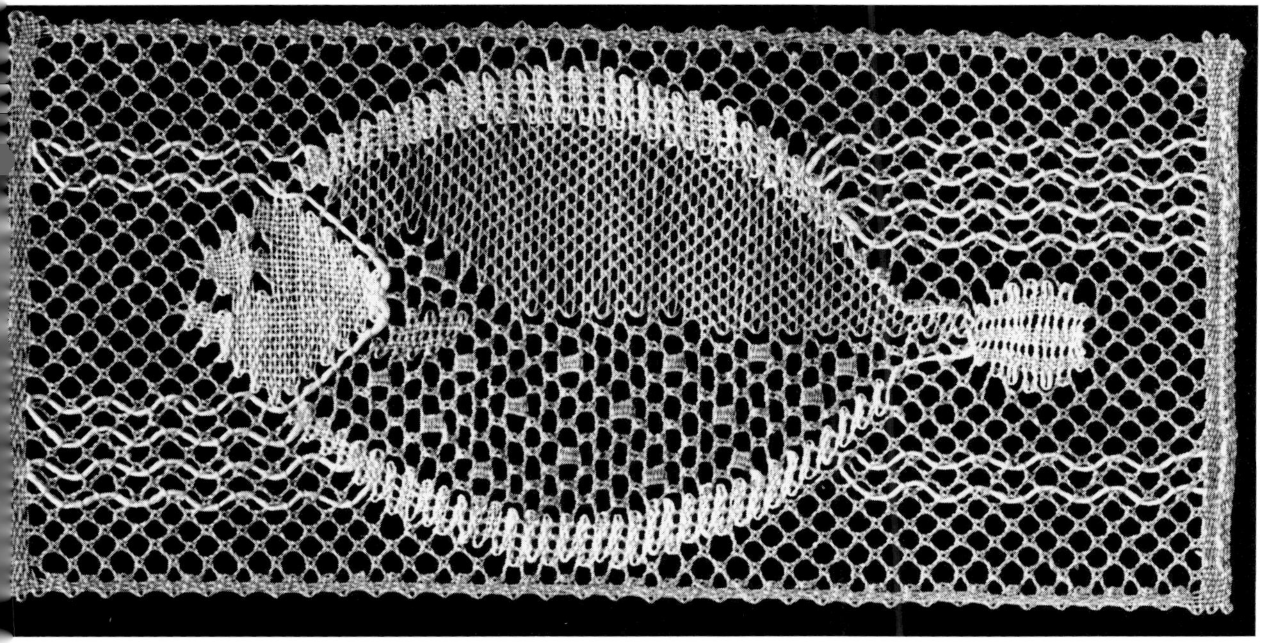

173. Plattfisch. Entwurf Ulla Fagerlin.

174. Verbindung zwischen Bauchflosse und Kopf. Das Einhängen des Laufpaares. Das Wegnehmen der Konturfäden (siehe Klöppel).

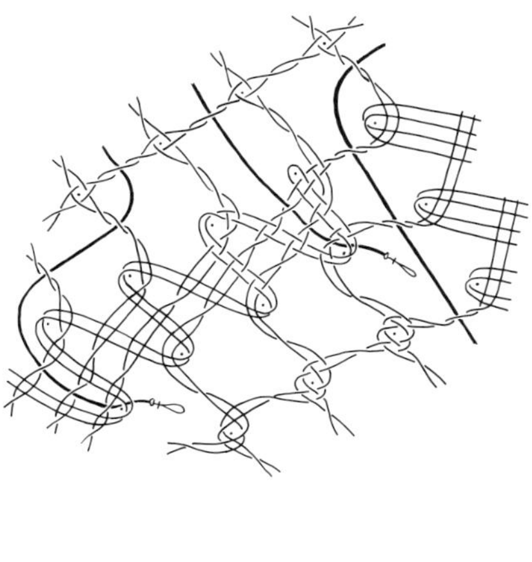

175. Der Anfang der Schwanzflosse – ein Rißpaar wird herausgenommen. Die Arbeit wird beendet, indem man abklöppelt und Flechten macht, die nach hinten weggeknickt werden.

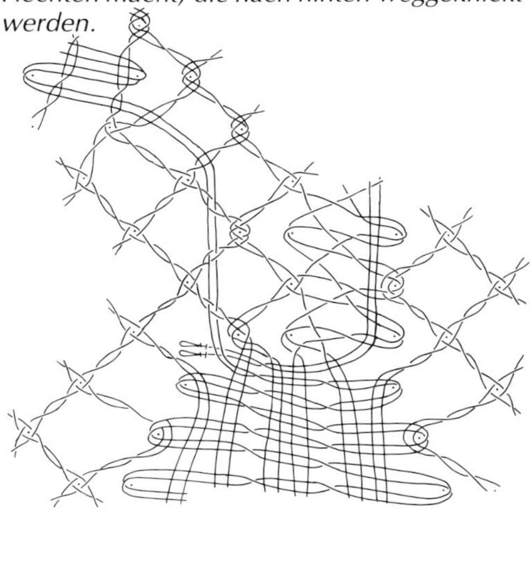

Blütenkelch

Größe 9 × 13,5 cm
Material
Leinengarn 50/3 halbgebleicht
22 Paar Klöppel
Ungebleichtes oder farbiges Klöppelgarn 35/2 oder 40/2
14 Paar Klöppel
Technik
Formschläge
Leinenschlag
Netzschlag
Löcherschlag mit doppelter Drehung
Ganzschlag
Picot mit zwei Fäden

Detailzeichnung für Picot mit zwei Fäden auf der rechten Seite, siehe Pingpong, Abb. 110.

Detailzeichnung für Picot mit zwei Fäden auf der linken Seite, siehe Abb. 219.

Die Klöppelarbeit mit Flechten beenden, die nach hinten geknickt werden.

Diese Spitze ist als Verzierung für eine Tasche oder kleine Handtasche gedacht.

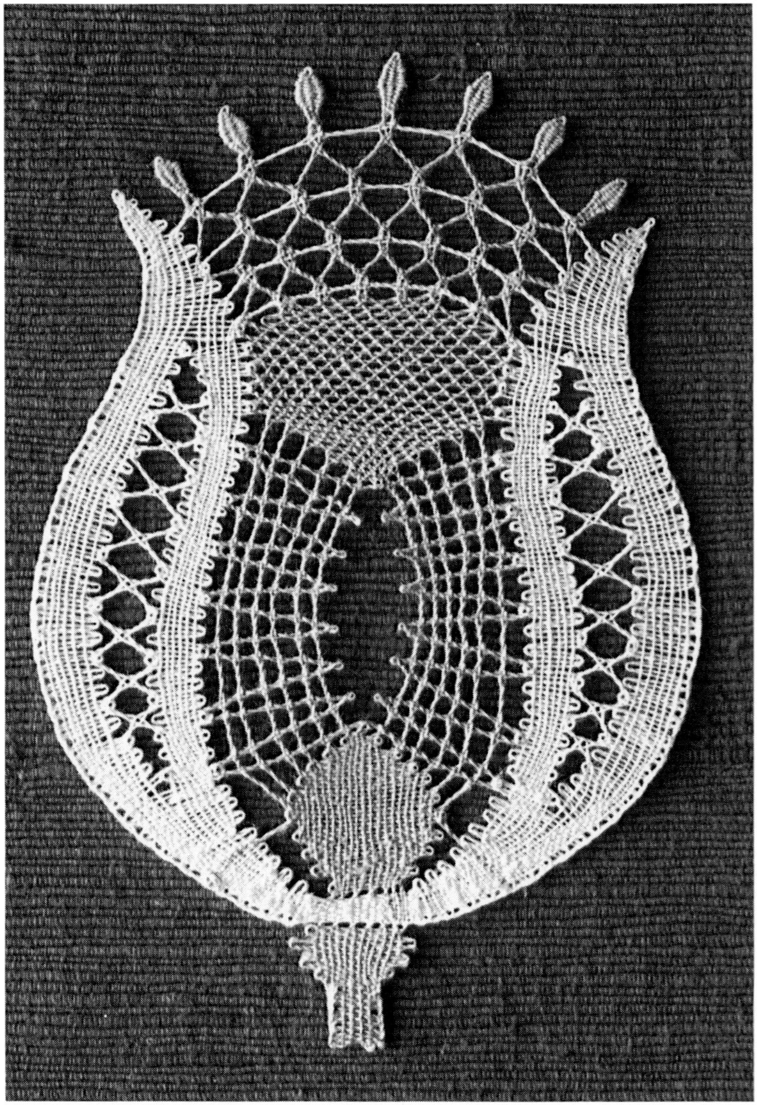

176. Blütenkelch.
Entwurf Ulla Fagerlin.

177. Das Einhängen der »Bogenpaare« unterhalb der Formschläge.

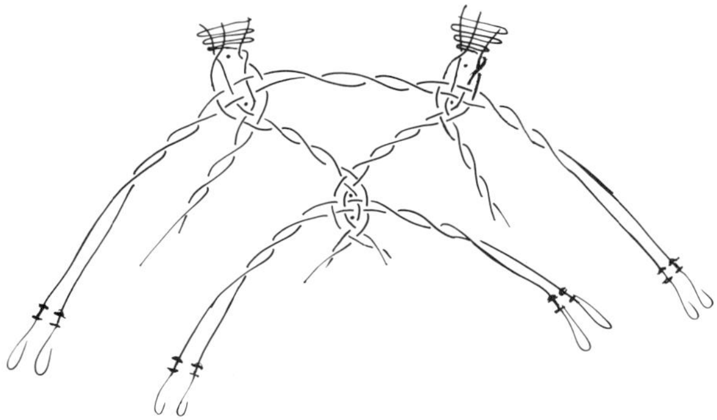

178. Die Mitte des Blütenkelches. Übergang vom Netzschlag zum Ganzschlaggrund.

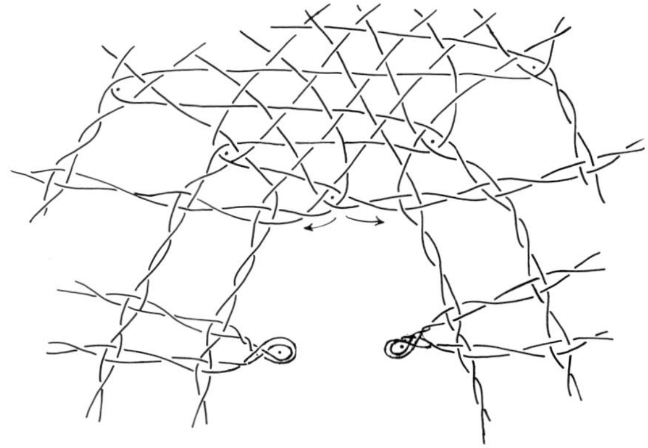

179. Das Herausnehmen der Paare beim Blütenkelchboden, wo sich die Seitenteile mit dem Mittelteil treffen.

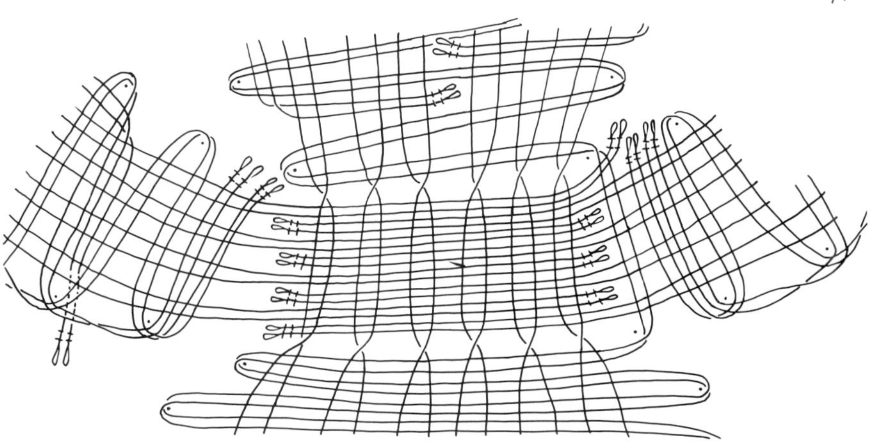

Samarkand

Größe 17 × 15 cm

Material

Der linke Teil: Leinengarn 35/2 halbgebleicht
25 Paar Klöppel
Farbiges Klöppelgarn 35/2 oder 40/2
3 Paar Klöppel
Das Mittelstück: Leinengarn 50/3 oder 35/2 ungebleicht
24 Paar Klöppel + 8 Paar Klöppel (Pforte)
Der rechte Teil: Schwedisches Leinengarn 35/2 halbgebleicht
19 Paar Klöppel
Schwedisches Leinengarn 50/3 oder 35/2 ungebleicht
6 Paar Klöppel
Farbiges Klöppelgarn 35/2 oder 40/2
2 Paar Klöppel

Technik

Leinenschlag
Leinenschlag, Durchbrüche
Netzschlag
Löcherschlag mit doppelter Drehung
Formschläge
Flechten
Picot

181. Der Sockel des spitzen Turmes – linke Seite. Die kleinen Klöppel an der Stelle beachten, wo Paare oberhalb des Formschlages herausgenommen werden.

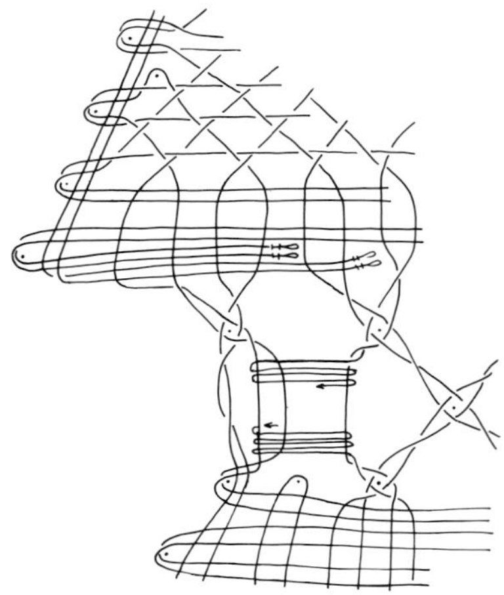

180. Das Herausnehmen der Rißpaare in der Oberkante des Gewölbes – linker Teil.

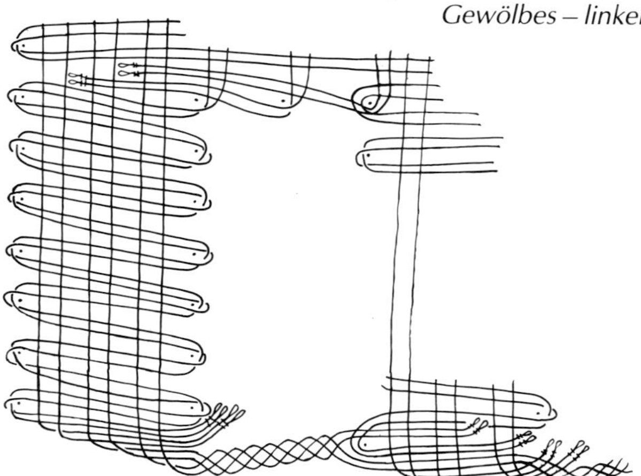

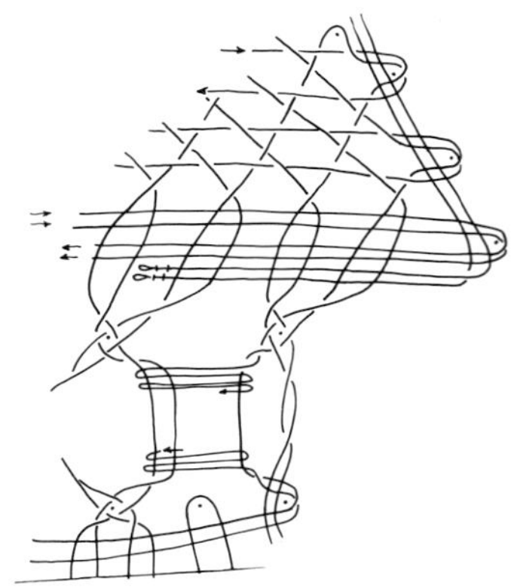

182. Der Sockel des spitzen Mittelturmes – rechte Seite. Die kleinen Klöppel dort beachten, wo oberhalb des Formschlages ein Paar herausgenommen wird.

183. Samarkand. Entwurf Ulla Fagerlin. Das Motiv kann in drei Teilen geklöppelt werden. Das bedeutet, daß man mit einem Klöppelkissen auskommt. Die Teile werden dann mit feinen Stichen zusammengenäht.

184. Samarkand. Der linke und mittlere Teil der Gittertür. Man beachte, daß dort acht Paare für die Gittertür nach und nach hereingenommen werden, während man den linken Teil des Gebäudes klöppelt. Die Gittertür ist vor dem rechten Teil des Gebäudes fertigzustellen.

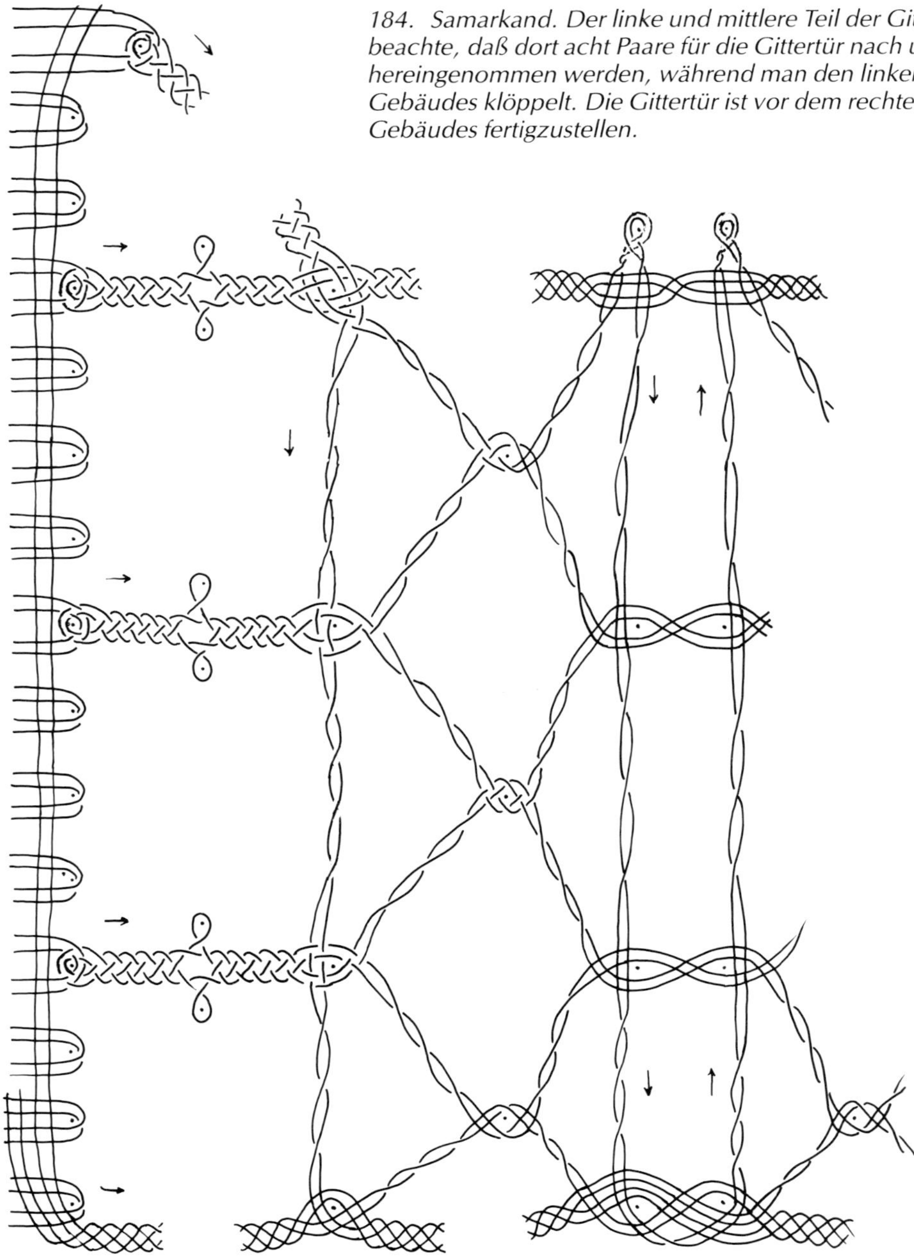

185. Samarkand. Der rechte Teil der Gittertür, wo die Paare von der Tür in den rechten Teil des Gebäudes mit hineingenommen werden, siehe die kleinen Klöppel.

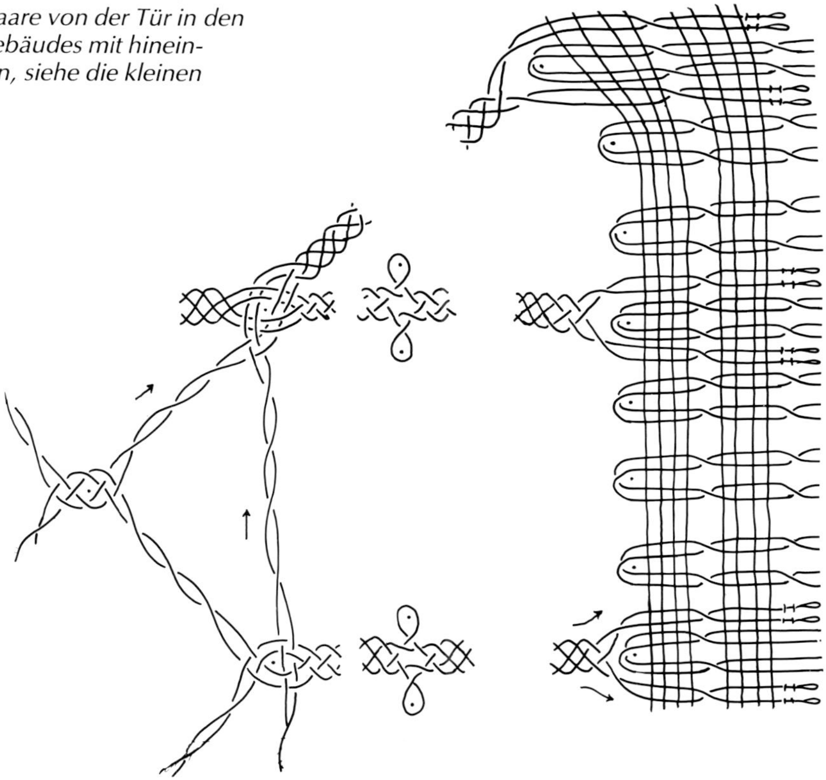

186. Der untere Teil der rechten Kuppel mit Übergang zum Turm – linke Seite.

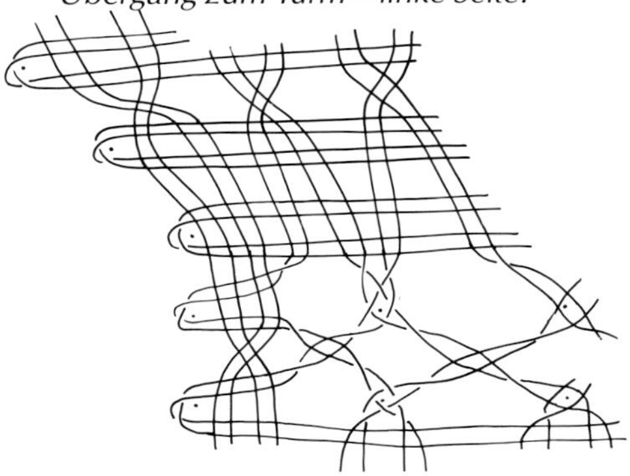

187. Der untere Teil der rechten Kuppel mit Übergang zum Turm – rechte Seite.

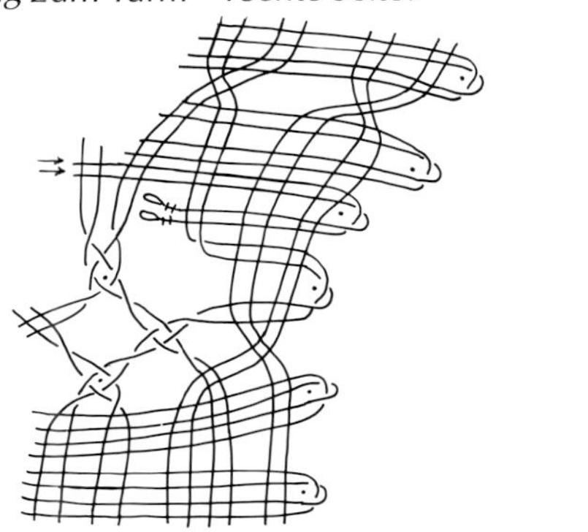

188. Luftballon.
Entwurf
Ulla Fagerlin.

Luftballon

Größe 16 × 27 cm
Material
Leinengarn 60/3 oder 35/2 halbgebleicht
56 Paar Klöppel
Ungebleicht oder farbiges Klöppelgarn 35/2 oder 40/2
12 Paar Klöppel

Technik
Leinenschlag
Leinenschlag, Durchbrüche
Netzschlag
Rosengrund
Fünf-Löcher-Grund
Löcherschlag mit doppelter Drehung
Spinne
Flechten
Formschläge

189. Anfang des Luftballons.

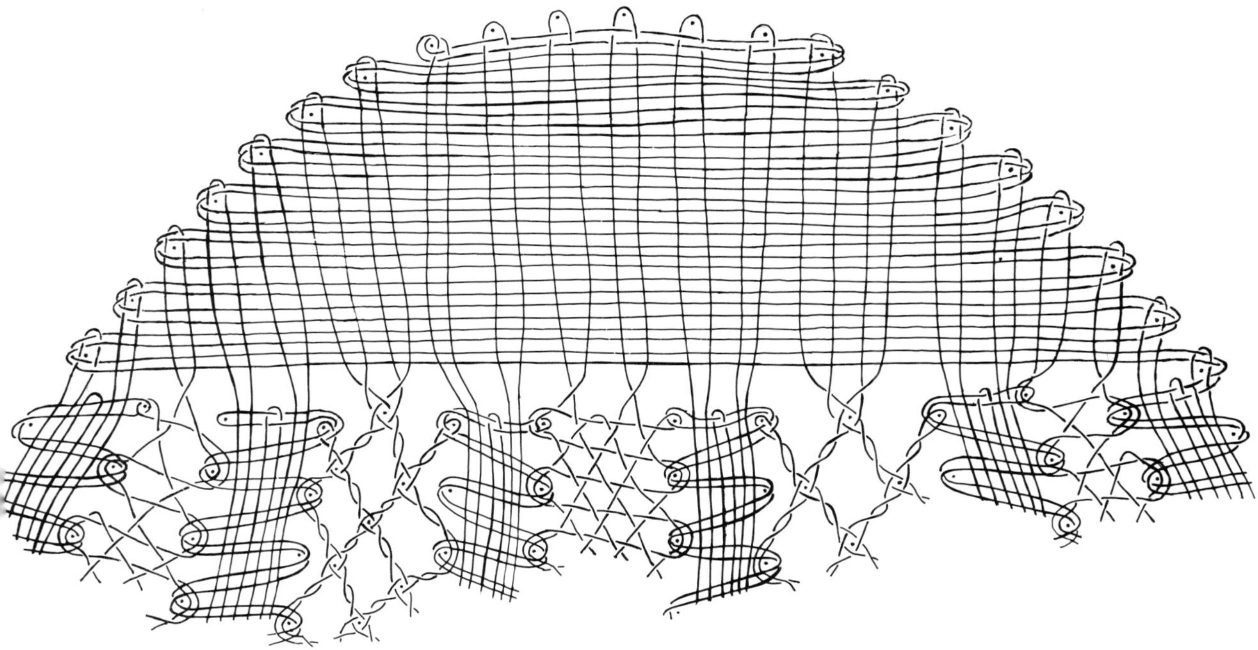

190. Luftballon. Die sich verjüngende linke Seite. Man beachte, daß mehrere Paare herausgenommen werden, siehe die kleinen Klöppel.

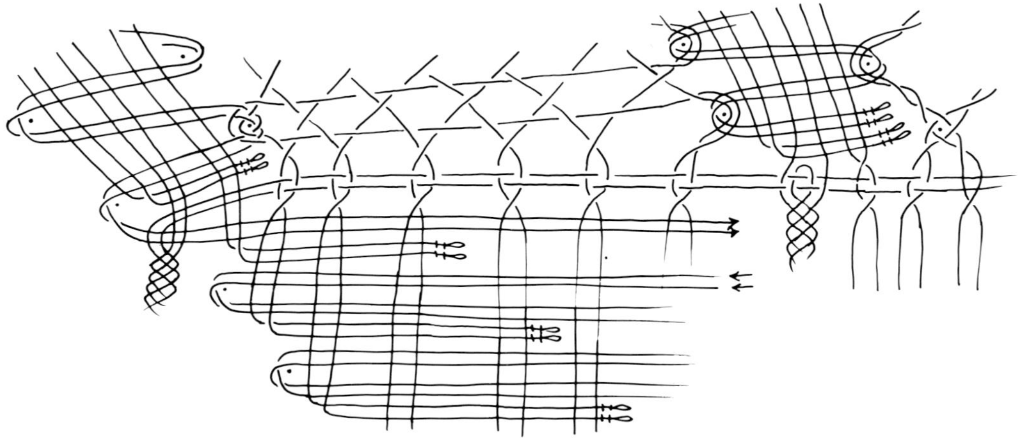

191. Zwei Paare mit ungebleichtem Garn werden durch den Luftballon geklöppelt, ehe man mit dem unteren Teil beginnt.

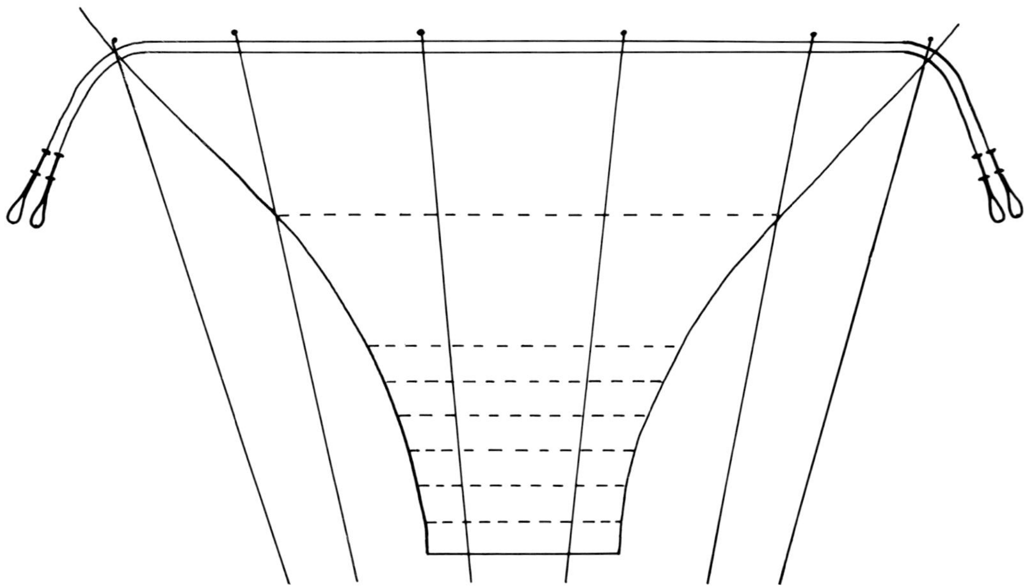

Seilbefestigung am Luftballon.

192. Der Korb – linke Seite. Die Luftschläge zwischen den Formschlägen beachten. Am Ende wird abgeklöppelt und Flechten gemacht, die unter den Korb weggeknickt werden.

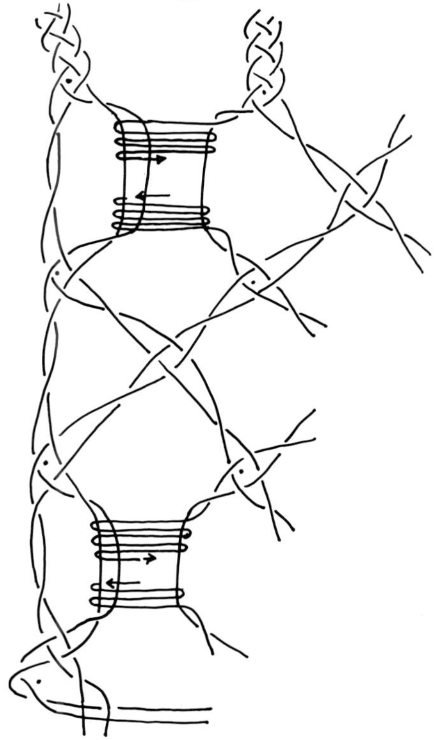

193. Fünf-Löcher-Grund – wird mit Ganzschlag geklöppelt.

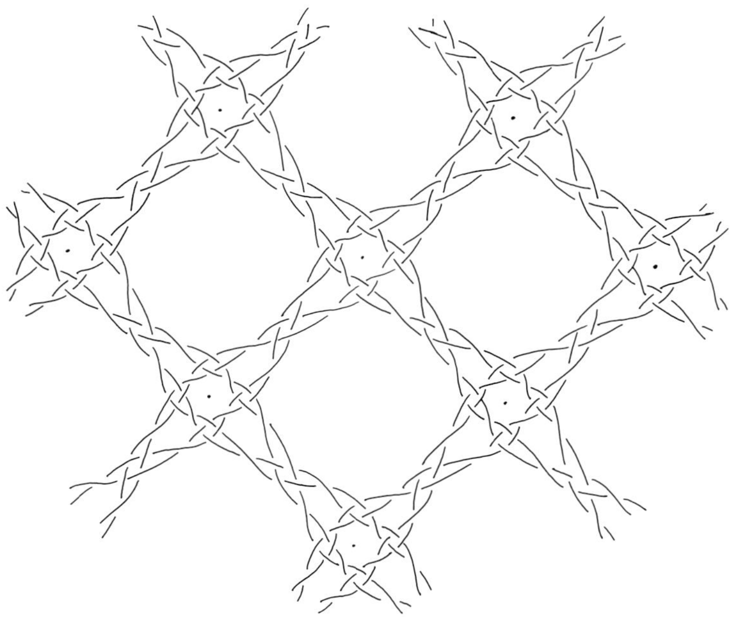

Experimentelles Klöppeln

Sicherlich gibt es viele talentierte Menschen, die klöppeln, und die bestrebt sind, über das traditionelle Klöppeln hinaus sich durch freiere Arbeitsweise weiter zu entwickeln.

Die Absicht dieses Abschnittes ist es, Inspiration und Anregung zum Experimentieren zu geben, und zwar mit Hilfe eigener Entwürfe, gründlichen technischen Wissens und guter Materialkenntnis.

Hilfsmittel

Ein ausgezeichnetes und preisgünstiges Hilfsmittel als Unterlage für die Klöppelarbeit kann man selber aus einer Dämmplatte herstellen. Einen Kreis von ca. 30 cm Durchmesser aussägen. Die Kanten mit einer Feile glätten. Die Platte mit Baumwollstoff beziehen, an der Rückseite anheften und ein rundes Stück Pappe gegenheften, damit die Stoffkante verdeckt wird.

Die Rolle aus dem Klöppelkissen nehmen, die Platte über das Loch legen und sie mit Nadeln im Klöppelkissen befestigen. Der Vorteil einer solchen Platte ist es, daß man das Gewicht und die Wölbung des Klöppelkissens ausnutzt.

Die Platte kann man auch gut für kleine Vierecke und runde Spitzen benutzen.

Eine Alternative wäre eine viereckige Dämmplatte, 60 × 60 cm, mit Stoff bezogen. Damit sie auf dem Tisch nicht rutscht, legt man eine dünne Unterlage aus Schaumstoff unter die Platte.

Solche Platten kann man während des Arbeitens drehen, falls man von verschiedenen Richtungen klöppeln will.

Garn

Zum experimentellen Klöppeln ist für den Anfang Leinengarn 16/2, das es in mehreren Farben und Abstufungen gibt, geeignet.

Heutzutage gibt es eine Menge verschiedene Seidengarne zu kaufen. Falls man probieren will, mit Seide zu klöppeln, muß man daran denken, daß die

194. Runde Dämmplatte, mit Stoff bezogen und mit Nadeln auf dem Klöppelkissen befestigt.

Seide gleichmäßig und glatt sein muß. Außerdem muß sie recht fest gezwirnt sein.

Seide ist weich und elastisch und führt sich nicht so gut wie Leinen. Klöppelarbeiten aus Seide sollten auf irgendeinem Stoff befestigt sein, z. B. auf einem Kleidungsstück, um zur vollen Geltung zu kommen.

Knopflochseide ist glatt, fest gezwirnt und man kann gut mit ihr klöppeln, siehe Schmiedearbeit, Abb. 217.

Da Seide elastisch ist, haben Klöppelarbeiten aus diesem Material die Neigung, sich zusammenzuziehen, nachdem man die Nadeln weggenommen hat.

Die Seidengarne, die Z-gedreht sind, müssen *im Uhrzeigersinn* auf die Klöppel gespult werden, sonst geht die Zwirnung auf und die Klöppelarbeit wird locker. Über S- und Z-Drehung kann man auf Seite 54 nachlesen.

Mehr über Garne kann man im Kapitel Werkzeug und Material finden.

195. Farbiges Klöppelgarn 35/2. Farbe Nr. 537, 510, 528, 545, 546, 531, 547, 541, 527 und 522 werden mit der Zeit aus dem Sortiment verschwinden. Mehr über farbige Garne auf Seite 51.

Formgebung

Man kann von sehr unterschiedlichen Dingen inspiriert werden. Es kann ein Erlebnis sein, das man gehabt hat, ein Gefühl oder Gedanke, ein Protest gegen etwas, ein schönes Naturerlebnis oder sich bewegende Menschen und Tiere. Man kann auch von Formen und Musik fasziniert sein, und man kann Spannungen und Auflösungen in Kompositionen umsetzen.

Es gibt viele Möglichkeiten, und Bilder zu entwerfen ist ein individueller Vorgang, dessen Ergebnis immer persönlich und einzigartig wird.

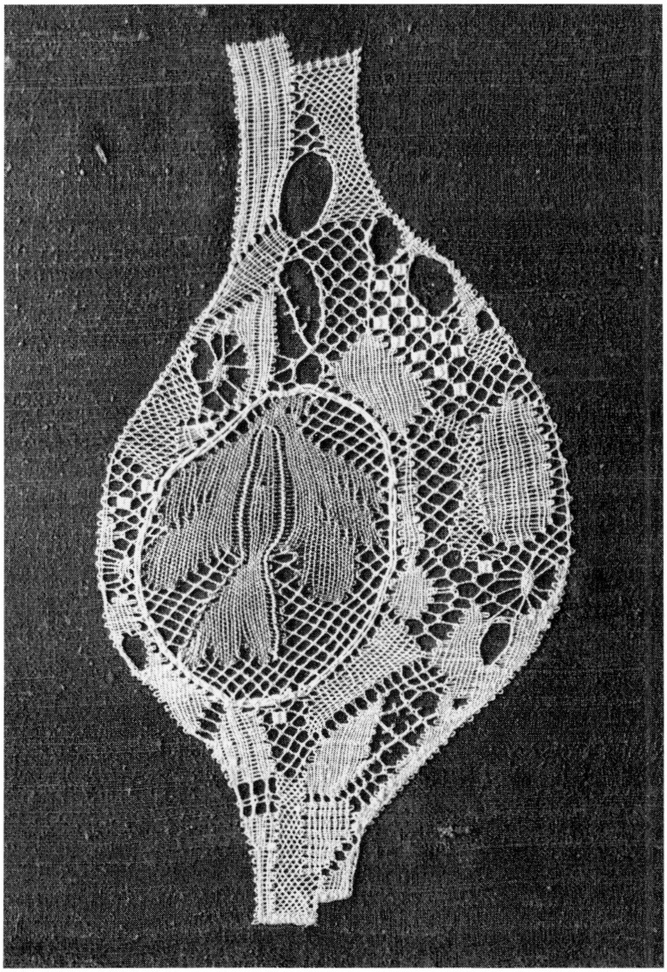

196. Eingesperrter Vogel. 16 × 29 cm. Entwurf Ulla Fagerlin.

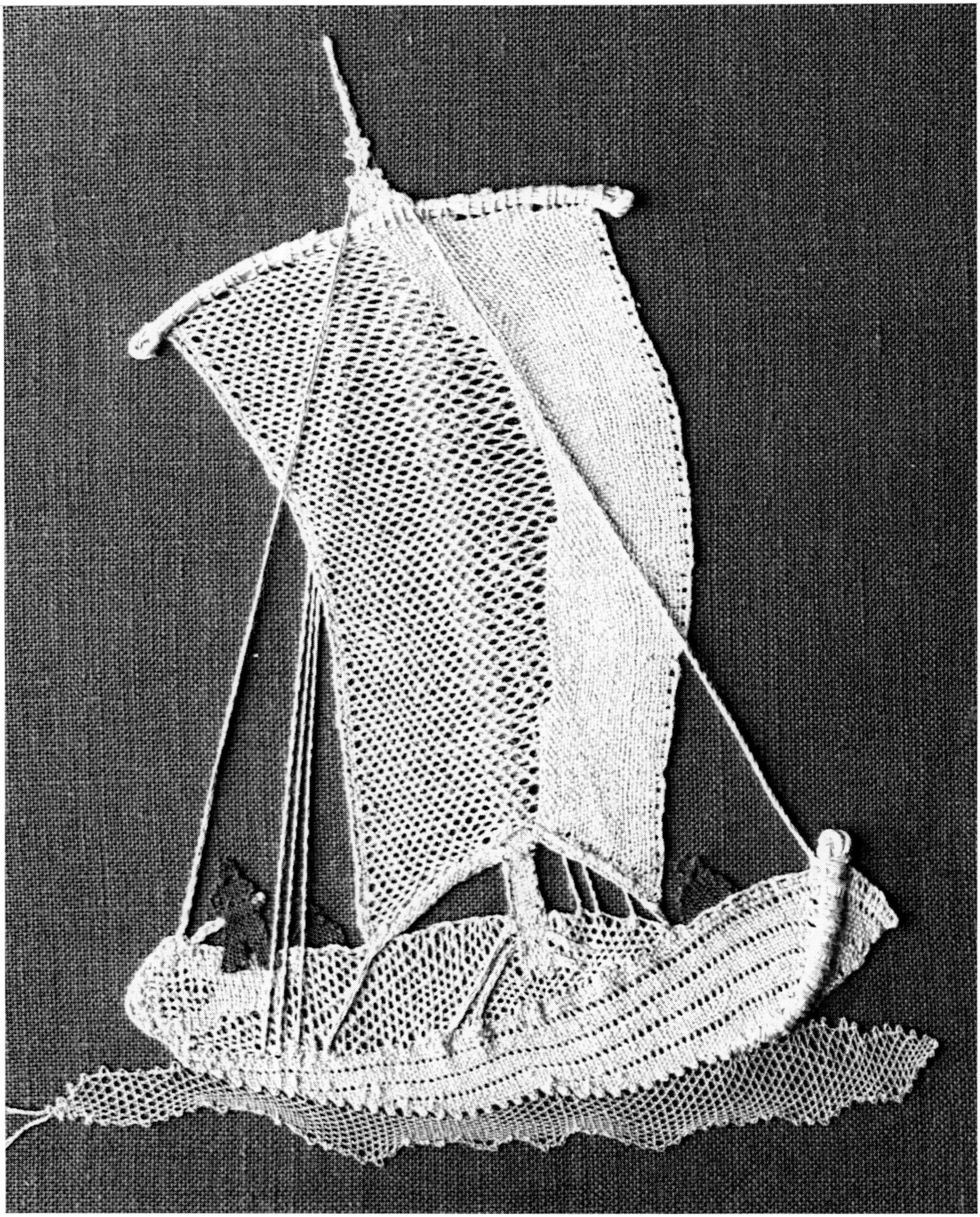

198. Möwen. 33 × 20 cm. Entwurf Ulla Fagerlin.

197. Lastkahn vom Vätternsee. 22 × 29 cm. Entwurf Hildur Kratz.

199.
„Frieden".
20 × 17 cm.
Entwurf
Naime Thorlin.

Der Klöppeltechnik sind natürlich gewisse Grenzen gesetzt, aber nicht in so großem Maße, wie man glauben könnte. So kann man sehr wohl eine Klöppelarbeit dreidimensional herstellen.

200. Magnolie. Entwurf Teija Juntikka.

Die Technik beinhaltet auch andere Möglichkeiten:

Man kann Formen verändern durch Zufügen oder Wegnehmen von Fäden.

Fäden können die Richtung verändern, senkrecht laufende Fäden waagerecht oder diagonal laufen oder umgekehrt.

Man kann Flächen dicht oder locker klöppeln oder auch ungeklöppelte Zwischenräume lassen.

Bilder kann man in Einzelteilen klöppeln, um sie dann zu einer Einheit zusammenzufügen, indem man die Teile zusammenklöppelt oder mit feinen Stichen zusammennäht, siehe Abb. 183 und 201.

Strukturelle Wirkungen kann man herausarbeiten, indem wechselweise dünnes und grobes Garn verwendet wird, durch Effektgarn, mit einem einzigen handgesponnenen Faden etc.

Die Klöppelarbeit kann gedreht und gewendet werden, was bedeutet, daß man von und in verschiedene Richtungen klöppeln kann.

Man sollte überlegen, was der Entwurf vermitteln soll. Will man keine besondere Botschaft vermitteln, reicht es vollkommen, daß das Bild ein ästhetischer Genuß für das Auge ist. Siehe z. B. Abb. 202. Häufig ist es die Erstellung des Bildes selbst, die dem Künstler Zufriedenheit gibt. Man kann die Arbeit auch als eine Herausforderung ansehen, ein schönes Handwerk mit dem Wunsch zu verbinden, selbst etwas zu schaffen.

Technische Probleme zu lösen, ist auch ein schöpferischer Vorgang, der Phantasie fordert.

201. Tropfsteine. 17 × 35 cm. Entwurf Ulla Fagerlin.

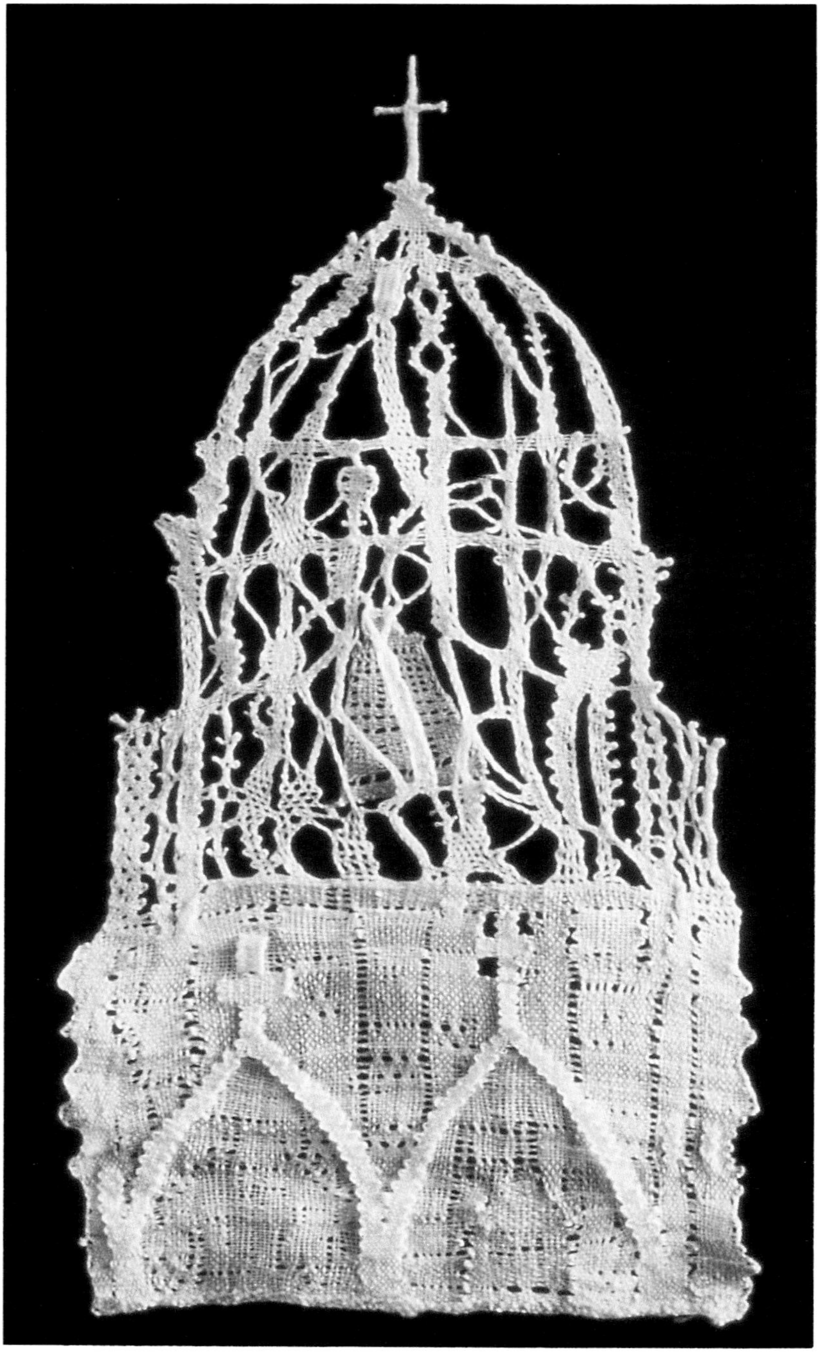

202. Campanile. 19 × 36 cm.
Entwurf Naime Thorlin.

▷
203. Blätter in verschiedenen Farbkombinationen:
1. Garn 16/2. Verschiedene Farben bei senkrechten und waagerechten Fäden. Nach Fertigstellung sieht man diese Fäden gut.

2. Garn 16/2. Die eine Hälfte in Leinenschlag geklöppelt mit andersfarbigem Laufpaar. Abschluß wie bei 1. Die andere Hälfte mit Netzschlag geklöppelt. Beim Abschluß klöppelt man Leinenschlag, um beide Fäden herausnehmen zu können.

3. Garn 16/2. Die senkrechten und waagerechten Fäden haben dieselbe Farbe. Herausgenommene Fäden sieht man nicht. Ein Paar, mit dunkelgrünem Garn in der Mitte eingesetzt, wurde mit Ganzschlag geklöppelt und am Ende herausgenommen.

4. Senkrechte Fäden in ungebleichtem Leinengarn 40/2 und waagerechte Fäden in zwei verschiedenen Grüntönen 16/2. Um diese Ripswirkung zu bekommen, macht man nur eine Drehung in der Außenkante. Falls man Durchbrüche haben möchte, muß man zwei Drehungen machen, um die richtigen Streifen zu bekommen.

Eigene Experimente

Die Natur ist unser größter Formgeber. Man muß nur hinausgehen und Blätter, Äste, Steine, Moos und andere Dinge mitbringen, womit uns die Natur bereichert hat. Mit Blumen sollte man noch warten und statt dessen Formen suchen, die verschiedene Gründe in der Klöppelarbeit ermöglichen können.

Am besten mit einer einfachen Blattform und einfarbigen Fäden anfangen.

Man sollte einen weiteren Versuch des gleichen Entwurfes machen, jedoch mit verschiedenfarbigen Fäden.

Man wird sicher entdecken, daß man mit nur einer Farbe größere Möglichkeiten hat, sein technisches Können auszudrükken. Verwendet man ähnliche Farben oder eine Farbe in unterschiedlichen Nuancen, kann man sowohl technische Feinheiten ausdrücken als auch den erstrebten Farbklang erhalten.

Nimmt man noch mehr Farben hinzu, kommt die Technik erst an zweiter Stelle, und es werden leicht zu viele Leinen schläge in der Arbeit gemacht.

204. Nach einem Bild in weißem Garn verschiedener Stärken geklöppelt. 16 × 7 cm Ausgeführt von Birgitta Hulterström.

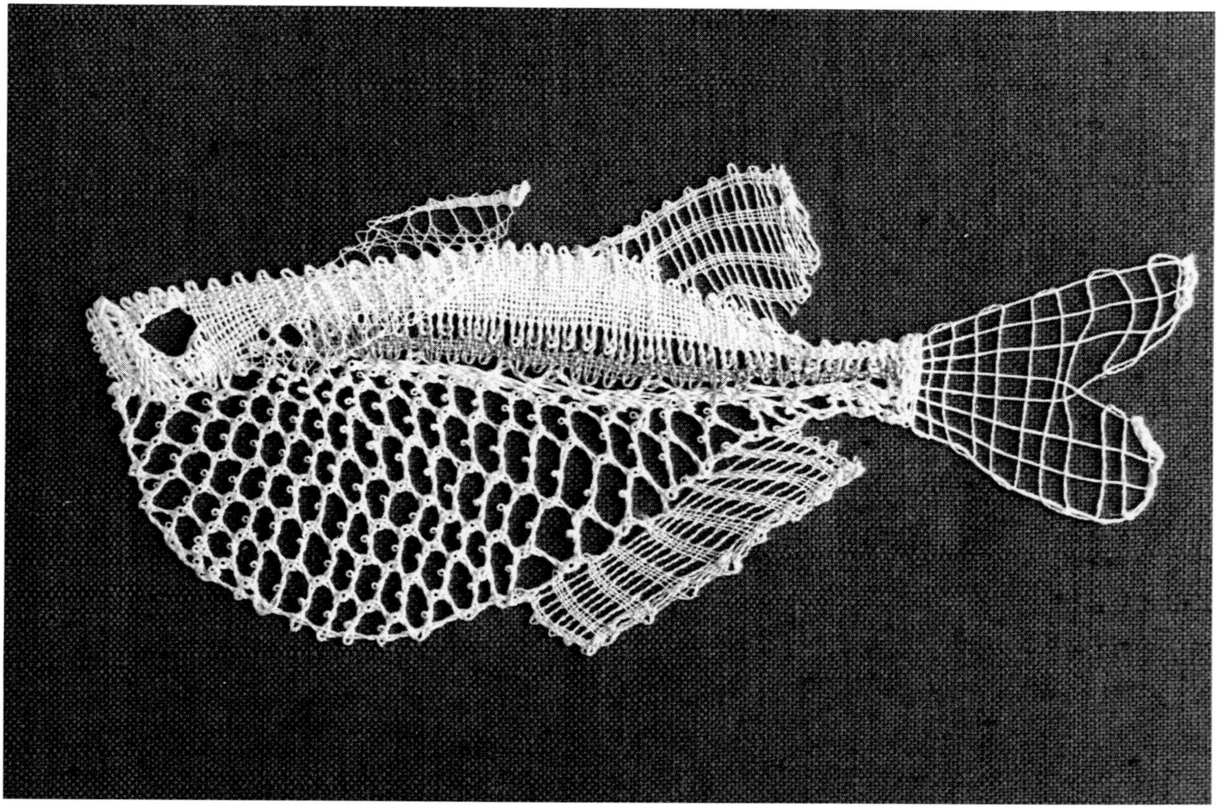

205. Darstellung nach einem Bild. 16 × 7 cm. Ausgeführt von Birgitta Hulterström.

Wenn Farbe in der Klöppelarbeit verwendet wird, ist folgendes zu beachten:

Die Technik muß sich der Farbe unterordnen.
Stark gegensätzliche Farben vermischen sich nicht, und der Eindruck wird unruhig.
Um einen weichen Effekt zu erhalten, sollte man ähnliche Farben verwenden.
Man sollte daran denken, daß in Gründen mit Halbschlag die Fäden stets schräg verlaufen, außer in einer Netzschlagfigur (z. B. Rosengrund, Löchergrund).
In einer Leinenschlagfigur verlaufen die Fäden waagerecht von einer Seite zur anderen.
In einer Netzschlagfigur werden die Fäden miteinander vermischt, daher ist es sehr schwer, sie zu einem bestimmten Platz hinzuführen.

206. *Bildkollage, ausgeführt nach einem Naturgegenstand. 11 × 14 cm. Entwurf Ulla Fagerlin.*

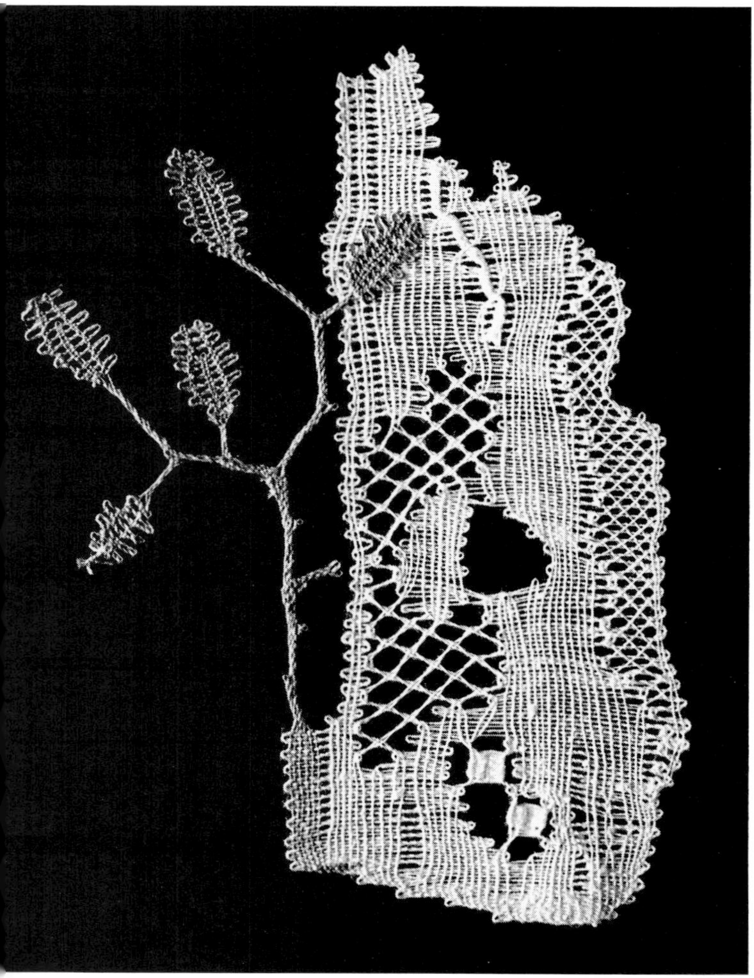

Wenn man mehr Übung bekommen hat, kann man verschiedene Naturgegenstände wie Steine, Äste u. ä. zu einer Kollage zusammensetzen. Man sollte versuchen, sowohl kaputte als auch heile Gegenstände zu finden.

Alle diese Gegenstände sollen zusammenhängen, aber trotzdem einigen Zwischenraum haben. Bei wenig Zwischenraum wird das Klöppeln erleichtert, so daß man sich nach und nach auf bestimmte Abschnitte konzentrieren kann.

Auch kann eine Kinderzeichnung oder ein hübsches Bild, das man aufbewahrt hat, Ideen geben.

Falls man eine Kinderzeichnung auswählt, sollte man die spontane Ausdrucksweise betonen. Häufig malen Kinder nur Striche, in diesem Fall sollte die Fläche dann mit weißen Fäden ausgefüllt werden, siehe Abb. 207.

*207. Kinder-
zeichnung.
12 × 16 cm.
Geklöppelt von
Ulla Fagerlin.*

Von der Idee zum Entwurf

Nachdem die Idee zur Klöppelarbeit in den Gedanken Form angenommen hat, muß man als nächsten Schritt den Entwurf zu Papier bringen.

Einfache Skizzen in verschiedenen Größen zeichnen, um richtige Ausgewogenheit zu erhalten. Es kann ausreichen, nur Konturen zu zeichnen. In der Zeichnung auch dichte und lockere Abschnitte andeuten.

Das Bild in seiner Ganzheit fertigstellen. Verschiedene Linien in der Komposition beeinflussen den Charakter des Bildes: waagrechte und senkrechte ergeben ein ruhiges Bild, diagonale ein unruhiges und strahlenförmige Linien geben dem Bild Bewegung und Tiefe.

Für eine dreidimensionale Klöppelarbeit muß man die Konstruktion erst aus Papier fertigen und dann formen. Dann muß sie auseinandergenommen und flach nach der Vorlage geklöppelt werden.

Klöppelt man in Teilen, schneidet man diese aus Papier und legt sie zu einer Bildkomposition zusammen.

Mit Farben und Schattierungen kann man Tiefe in zweidimensionalen Bildern bekommen.

Eine Fotografie kann hilfreich sein, sowohl bei der Herstellung der Skizze als auch später beim Klöppeln.

Wenn man das Klöppelkissen als Unterlage für die Arbeit benutzt, braucht man eine feste Pappe, auf die die Skizze gezeichnet wird.

208. Samenscha
30 × 46 cm,
Entwurf
Naime Thorlin.

209. Frischer Frühlingswind.
15 × 13 cm.
Entwurf
Ulla Fagerlin.

210. *Göta Kanal.*
15 × 13 cm.
Entwurf
Ulla Fagerlin.

Arbeitsweise

Frühzeitig bestimmen, wie die Arbeit montiert werden soll.

Es ist zu überlegen, in welche Richtung geklöppelt werden soll, wo man am besten anfängt und wo man aufhört. Oft ist es am sinnvollsten, in die Richtung zu klöppeln, in der man nachher die Arbeit betrachtet. Man muß sehen, wie das Bild während der Arbeit entsteht.

Auch sollte bedacht werden, daß es einfacher ist, Paare hinzuzufügen als wegzunehmen.

Falls man mit weißen Fäden klöppelt, muß die Unterlage farbig sein. Ist die Skizze auf weißem Karton gemacht, befestigt man farbige, am besten selbstklebende Folie auf der Skizze. Andernfalls fertigt man die Skizze auf farbigem Karton an. Alles auf dem Klöppelkissen oder der Platte mit Nadeln befestigen.

In verschiedenen Gruppen anfangen, wenn die Komposition »kaputt« ist.

Die Nadellöcher nicht vorstechen, sondern sich »vortasten«.

Die erste Arbeit wird vielleicht nicht so gelingen. Dann sollte man einen neuen Versuch starten und einige Dinge aus dem ersten Entwurf verändern.

Neue Paare müssen nicht immer in der Außenkante eingehängt werden, sondern man kann sie auch in der Mitte der Arbeit einhängen, siehe rechte Kuppel in Samarkand, Abb. 183.

Durch das Einlegen eines Karopapiers unter bestimmte Teile der Klöppelarbeit kann man, wenn man es wünscht, eine gleichmäßigere Dichte erhalten. Dies kann für Anfänger hilfreich sein.

Um das Verhältnis Nadelabstand–Garnstärke zu bestimmen, gibt es folgende Tabelle als Anleitung:

2,5 mm Nadelsystem – Garn 120/2
4 mm Nadelsystem – Garn 50/2, 60/2
5 mm Nadelsystem – Garn 40/2, 50/3, 60/3
7 mm Nadelsystem – Garn 16/2, 20/3, 25/3
10–12 mm Nadelsystem – Leinenkettgarn für Teppiche 8/2, 12/3

Nadelsystem = Der Abstand zwischen den Nadeln im Löchergrund.

Es ist zu beachten, daß ohne Karopapier unter der Klöppelarbeit eine Fläche unregelmäßiger und lebendiger wird.

Nichts hindert daran, daß man das Aussehen gewisser Flächen während der Arbeit verändert.

211. Hemd in Naturseide. Die Spitze ist in Leinengarn 35/2 und Goldfaden hergestellt. Entwurf Eva Zachrisson.

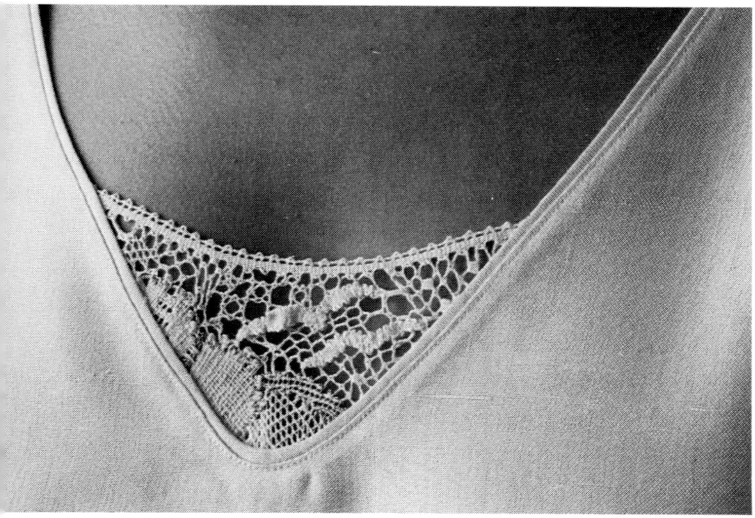

212. Eine freie Arbeitsweise ohne Vorlage.

Bilder, die inspirieren

214. Paix. Entwurf Marie Vanková, Prag, Tschechoslowakei. Größe 100 × 200 cm.

Detail aus Paix. ▷

213. Friedenstaube. 23 × 42 cm. Entwurf Hildur Kratz.

215. Au dessus de la terre. Entwurf Maria Danielova, Prag, Tschechoslowakei. Größe 150 × 108 cm. Material der Klöppelarbeit: Leinen, Baumwolle und Silberfaden. 1986 gekauft vom Tekomuseum, Borås und bis auf weiteres im Kunstmuseum, Kulturhaus, Borås ausgestellt.

216. Handtasche aus Leder. Die Klöppelarbeiten sind aus Leinengarn 35/2 und in verschiedenen Teilen geklöppelt. Entwurf Eva Zachrisson.

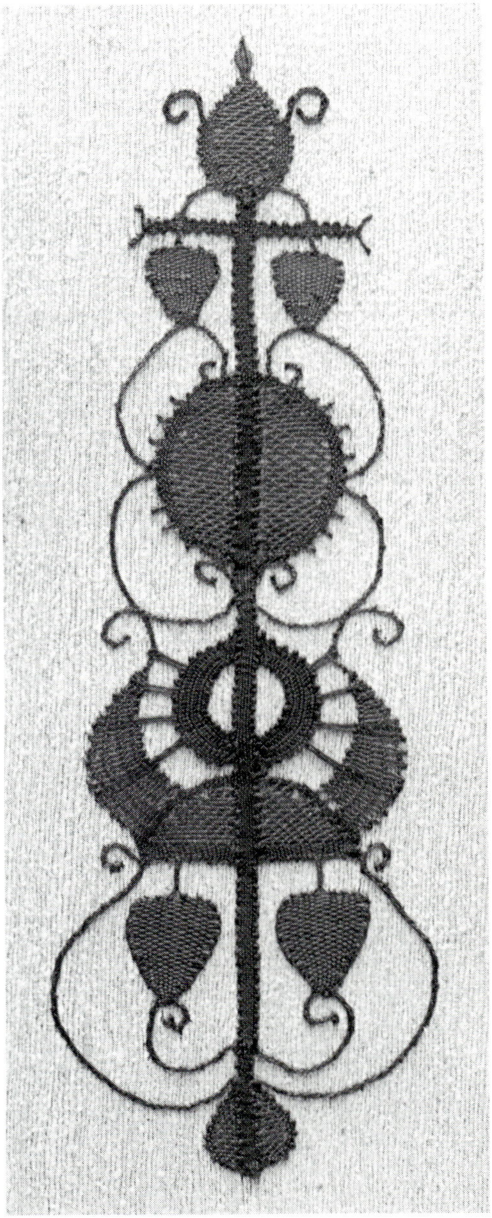

218. Metallarbeit. Entwurf Barbara Saupe, Siegen, Bundesrepublik Deutschland.

217. Schmiedearbeit, mit Knopflochseide geklöppelt. 10 × 30 cm. Entwurf Ulla Fagerlin.

Technische Lösungen

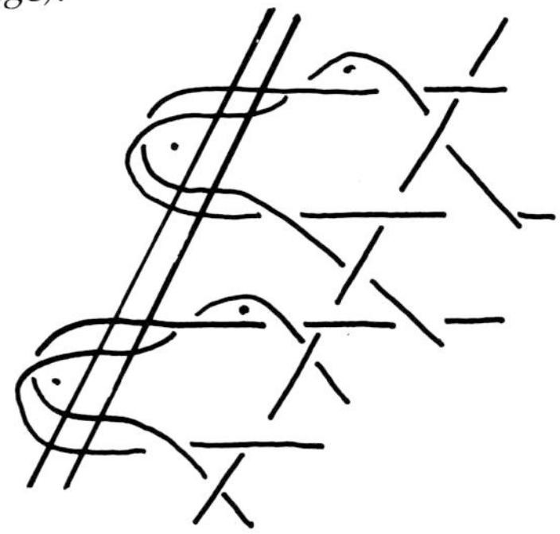

221. Das Einhängen von extra Paaren in Netzschlag (siehe Taube und Boot aus Blekinge).

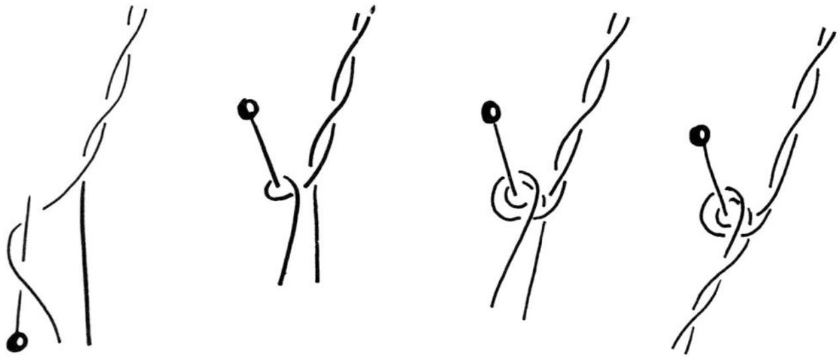

219. Picot mit zwei Fäden auf der linken Seite. Drei Drehungen vorher und zwei Drehungen nachher.

222. Flechte mit 3 Paaren. Die Außenpaare drehen, von links nach rechts zwei Leinenschläge klöppeln und wiederholen.

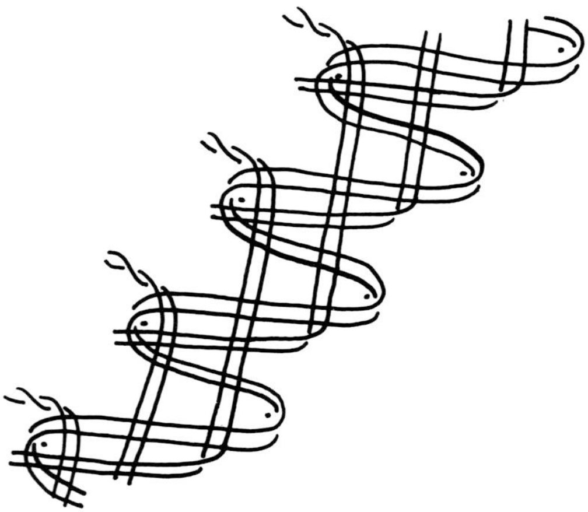

220. Abschluß in einer abfallenden Linie (siehe z. B Pförtnerhäuschen).

223. Flechte mit 4 Paaren. Die Außenpaare drehen, von links nach rechts drei Leinenschläge klöppeln und wiederholen.

Materialkunde

Leinen

Geschichtliche Übersicht

Der Flachs ist die älteste bekannte Gespinstpflanze und wurde in Europa lange vor der Baumwolle verwendet. Man hat in der Schweiz, in Österreich und Holland Gewebe aus Leinen aus der Jungsteinzeit gefunden (ca. 2000 Jahre v. Chr.). Wandmalereien in den Grabkammern der Pyramiden und Funde von Mumien zeigen, daß Flachs auch in Ägypten um etwa die gleiche Zeit Verwendung fand. In Schweden stammen die bekanntesten Leinenfunde aus Birka auf der Insel Björkö im Mälarensee. Die Funde sind aus Gräbern der Wikingerzeit (800–975) und sind Gewebereste von Hemden, Ösen für Trägerröcke und von Futter für Wollbekleidung.

In Schweden gibt es noch zwei aus dem Mittelalter stammende gewebte Bilder, die aus Leinwand hergestellt sind. die Överhogdalstapete aus Härjedalen und die Skogstapete aus Hälsingland. Man weiß nicht, seit wann man Flachs in den Nordischen Ländern gebraucht hat, aber wahrscheinlich schon seit der Steinzeit. Geräte zur Flachsbearbeitung aus dem 8. Jahrhundert sind in Norwegen gefunden worden.

Flachs

Der Flachs, der eine einjährige Pflanze ist mit schmalen Blättern und blauen oder weißen Blüten (rote können auch vorkommen), gehört zur Familie *Linaceae*. Es gibt etwa zehn Gattungen, wobei der Flachs zur Gattung *Linum* gehört.

Zwei verschiedene Hauptarten sind verarbeitet worden, *Ölflachs* und *Gespinstflachs,* von welchen nur der letztere für die Garnherstellung gebraucht wird. Gespinstflachs sollte lang, faserreich, dünn und so wenig verzweigt wie möglich sein, da sich die Flachsfasern im Stengel befinden. Diese Ansprüche fordern, daß der Flachs in beständig feuchtem und kühlem Klima angebaut wird.

Der Gespinstflachs kann 150 cm lang werden, aber die beste Länge liegt zwischen 60 und 100 cm. Die Flachsfasern sind in einer Bastschicht im Stengel eingebettet und werden von einem Leimstoff, dem Pektin, zusammengehalten.

Die größten Flachserzeuger sind die Sowjetunion und Polen, aber Flachs wird auch in Holland, Belgien, Frankreich und Irland angebaut.

Herstellung

Flachsherstellung ist ein umfassendes und teures Verfahren. Bei der Ernte wird der Flachs mit der Wurzel ausgerissen und durchläuft dann folgende Produktionsstufen:

evtl. Trocknen	Schwingen
Rösten	Hecheln
Trocknen	Spinnen
Brechen	evtl. Bleichen

Eigenschaften

Die Flachsfaser ist *stärker im nassen als im trockenen Zustand.* Der Flachs ist eine unserer stärksten Textilfasern.

Geringe Dehnbarkeit, Elastizität und geringe Abnutzung. Dies hat zur Folge, daß Leinen leicht knittert und ein schlecht gezwirnter Faden leicht abreißt.

Hohe Feuchtigkeitsabsorption. Die Faser nimmt Feuchtigkeit auf und gibt sie schnell wieder ab. Deshalb ist das Material für Kleider angenehm.

Gute Resistenz gegen Sonnenlicht, etwas besser als die der Baumwolle.

Hoher Glanz, der mit der Qualität zunimmt.

Geringe Formbarkeit.

Wird leicht von Schimmel befallen.

Widerstandsfähig gegen Motten und Insekten.

Flachs in der Gegenwart

Heutzutage wird kein gewerbsmäßiger Flachsanbau in Schweden betrieben. 1966 wurde das letzte Flachsbearbeitungswerk geschlossen, weil die staatliche Unterstützung für den Anbau und die Bearbeitung eingestellt wurde. Jetzt wird Flachs vorwiegend aus Belgien importiert.

Das zunehmende Interesse an Naturmaterialien hat dazu geführt, daß sich in ganz Schweden viele Flachsanbauvereine und Kollektive zu bilden begonnen haben. Von ihnen bauen einige Flachs an und bearbeiten ihn, aber er wird nicht verkauft.

Vor einigen Jahren wurde vom Ausschuß für Kunstgewerbefragen eine Arbeitsgruppe »Flachs/Leinen« gebildet mit dem Auftrag, die Nachfrage zu untersuchen und Vorschläge zu erarbeiten. Auf diesem Gebiet nimmt auch die Ausbildung zu. So wird seit Herbst 1986 von der Schulbehörde eine einjährige Ausbildung in Flachsbehandlung und Leinenweben angeboten.

Naturseide

Geschichte

Seide und die Kunst, Fäden daraus herzustellen, wurden in China etwa im Jahr 2600 v. Chr. entdeckt. Es war lange ein wohlbehütetes Geheimnis.

Etwa im Jahre 300 wurde die Seidenraupe nach Japan eingeführt, und heutzutage ist Japan das wichtigste Erzeugerland, danach folgen China und andere asiatische Länder.

Im 12. Jahrhundert war Italien Zentrum für die europäische Seidenproduktion.

Im 18. und 19. Jahrhundert wurden vielerorts in Schweden mit dem Seidenbau Versuche gemacht, aber sie mißlangen, da die Maulbeerbäume während des kalten Winters erfroren. Den bekanntesten Anbau gab es im Schloßpark von Drottningholm bei Stockholm.

Maulbeerseide

Naturseide bekommt man von verschiedenen Arten der Seidenspinner. Der wichtigste hiervon ist der Maulbeerspinner *(Bombyx mori),* dessen Raupen von den Blättern des weißen Maulbeerbaumes leben. Die Herstellung der Maulbeerseide, die die beste Seide ist, geschieht ausschließlich durch Zucht. Diese Seide ist von Natur aus weiß, glänzend und sehr fein, im Gegensatz zur Wildseide, die goldbraun, uneben und bedeutend gröber ist.

Das Rohmaterial für Seide stellt die Raupe her, die, wenn sie ausgewachsen ist, sich in einen Kokon einspinnt. Aus zwei Spinndrüsen am Kopf drückt die

Raupe dünne Fäden aus, die aus Fibroin bestehen und umhüllt sind von Sericin, dem sogenannten Seidenleim. Die Kokons, die je eine Fadenlänge von 3000–4000 m ergeben, werden dann bearbeitet. Um die feinen Eigenschaften der Seide zu erhalten, muß das Sericin durch Kochen abgesondert werden. Dies wird abgekochte Seide genannt, im Gegensatz zur Rohseide, die matt und hart ist und sich rauh anfühlt.

Eigenschaften

Seide ist stark. Sie ist etwa gleich stark wie Baumwolle.

Gute Elastizität, knittert nicht immer. Gestrickte Sachen dehnen sich.

Gute Feuchtigkeitsabsorption und deshalb sehr angenehm als Material für Kleidung.

Schöner Glanz nach dem Abkochen.

Weich.

Ziemlich geringe Resistenz gegen Lichteinfluß.

Wird leicht abgenutzt.

Geringer Widerstand gegen Schweiß.

Montagen

Zusammennähen einer Spitze

Eine Spitze, die mit paarweise zusammengespulten Klöppeln angefangen ist, wird zusammengenäht, indem man den Anfang der Spitze auf die letzte abgeschlossene Nadelreihe legt. Man muß kontrollieren, ob sich die Muster decken.

Mit feinen kleinen Stichen von der rechten Seite nähen und einen Stich in jede »Zacke« machen. Zum Nähen muß ein dünnerer Klöppelfaden verwendet werden als der, mit dem die Spitze geklöppelt wurde.

Auf der Rückseite näht man dicht über den Knoten und schneidet danach die Fäden ab.

Hat man eine Spitze, die mit Knoten angefangen ist, näht man die Spitze mit einer Kappnaht zusammen, siehe nachfolgendes Bild.

Viereck

Die Größe des Leinenstoffes wird der Größe der Spitze angepaßt. Man muß daran denken, daß die Spitze etwas eingehalten werden muß. Falls der Saum fertig 5–6 mm breit sein soll, muß der Leinenstoff 1 cm breiter ringsherum an allen Seiten sein.

Ist die Spitze gerade, also ohne geklöppelte Ecken, muß man berechnen, daß die Spitze in jeder Ecke einmal gefaltet werden muß.

224. *Den Saum an allen Seiten falten und Nadeln gem. Zeichnung stecken.*

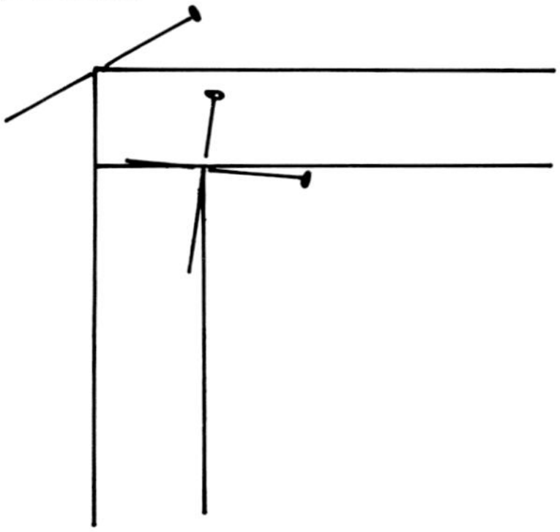

225. *Den Saum öffnen, bis auf den Einschlag.*

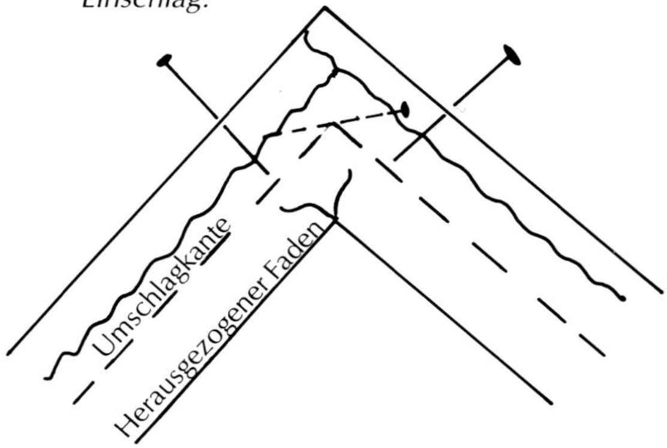

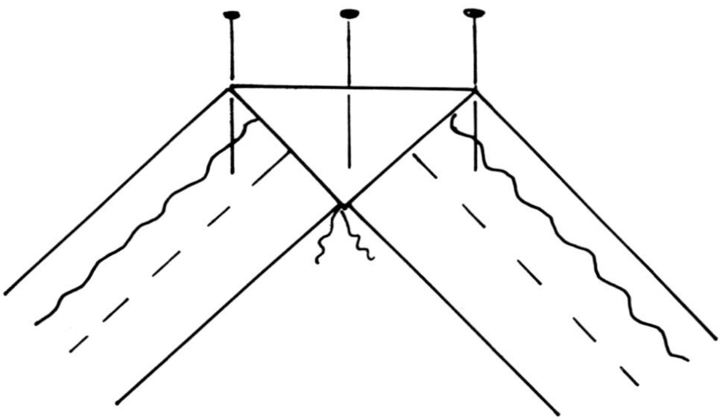

226. *Den Stoff diagonal über die Ecke durch alle drei Nadeln falten.*

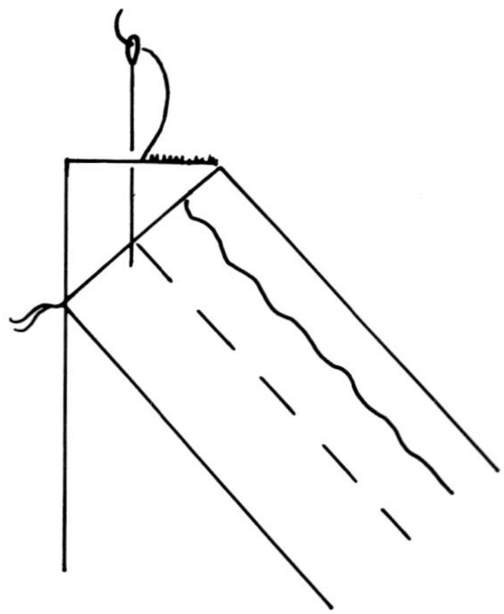

227. *Die Ecke doppelt falten, rechts auf rechts und mit dichten Stichen zusammennähen. Die Spitze herausziehen und den überflüssigen Stoff abschneiden. Die Ecke wenden und vorsichtig nach oben drücken.*

228. Hohlsaum.

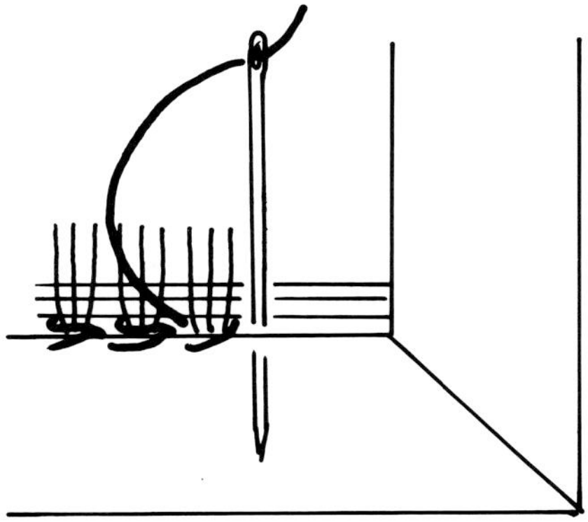

Einen Faden 17 mm von der Außenkante herausziehen, aber nicht in den Ekken! Die Fadenenden sollen später im Saum liegen.

Den Einschlag 5 mm von der Kante machen. Es ist darauf zu achten, daß der Einschlag fadengerade ist.

Nochmal falten, so daß der Umschlag parallel zu der Reihe liegt, aus der der Faden gezogen wurde.

Die Ecke schräg mit Innennaht nähen, siehe Abb. 224–227.

Den Saum heften.

Den Hohlsaum von der linken Seite über drei Fäden nähen, siehe Abb. 288.

Die Spitze und den Leinenstoff rechts auf rechts legen. Die Spitze etwas einhalten, die Weite verteilen und die Spitze mit Nadeln feststecken.

Die Spitze mit feinen Stichen festnähen.

Runde Decke

Die Spitze zusammennähen, wie vorher beschrieben.

Einen Kreis aus Papier ausschneiden, der so groß ist wie die Innenkante der Spitze.

Falls man eine Spitze mit gerader Kante und Zacken hat, die zu einer runden Decke geformt werden soll, muß man errechnen, wie groß der Kreis werden soll und dementsprechend einen Papierkreis ausschneiden.

Den Papierkreis auf dem Stoff mit Stecknadeln befestigen und mit Vorstichen um den Kreis herum markieren.

Die Spitze entlang der Markierung mit Nadeln feststecken und dann heften. Die rechte Seite der Spitze liegt oben.

Die Spitze gemäß einer der folgenden Vorschläge festnähen.

1. Die Spitze von der rechten Seite mit Hohlsaum annähen. Die Decke umdrehen, einen schmalen Saum falten und säumen oder mit Langettenstich nähen. Sollte es schwierig sein, die Weite in den Saum zu verteilen, kann man mit kleinen Vorstichen entlang der Einschlagkante nähen und den Stoff vorsichtig zusammenziehen, ehe man säumt.

2. Die Spitze mit feinen Stichen festnähen. Der Saum wird wie bei Vorschlag 1 genäht.

Pflegehinweise

Will man den schönen Glanz und die Spannkraft des Leinens erhalten, ist es wichtig, es richtig zu behandeln.

Dadurch, daß die Flachsfaser eine glatte Oberfläche hat, weist sie Schmutz ab und ist leicht zu säubern.

Es ist darauf zu achten, daß Waschmittel nicht optische Aufheller (Weißmacher) enthalten dürfen, da das ungebleichte Leinen sonst seine Naturfarbe verliert. Ein Seifenwaschmittel, z. B. Seifenflocken, benutzen und vorsichtig per Hand waschen. Das Waschmittel im Wasser auflösen, ehe die Klöppelarbeit hineingelegt wird. Mit einem Schwamm die Seifenlösung durch die Spitze drükken, *auf keinen Fall reiben.* Gut spülen.

Das beste Ergebnis erhält man, wenn die Klöppelarbeit während des Trocknens so glatt wie möglich liegen kann. Die Spitze mit den Fingern glätten. So viel Wasser wie möglich mit einem Handtuch aufnehmen und die Spitze zum Trocknen liegen lassen. Ist die Spitze an eine Decke genäht, kann man mit Hilfe von rostfreien Stecknadeln die Decke auf eine weiche Unterlage spannen und sie aufgespannt trocknen lassen.

Lampenschirme werden mit Hilfe einer Handdusche gereinigt und sollten möglichst schnell trocknen. Das Gestell sollte lackiert sein, damit es nicht rostet. Es ist zu beachten, daß Pergament nicht gewaschen werden darf.

Zusammengenähte Spitzen auf Glasleuchten z. B. werden gewaschen und sollen zum Trocknen auf dem Glas bleiben.

Die meisten Flecken verschwinden mit Hilfe von kaltem Wasser und Seife.

Eine Klöppelarbeit nie bügeln. Wenn man es tut, bekommt die Klöppelarbeit eine geglättete Oberfläche und Glanz und Reliefwirkung verschwinden.

Muß man z. B. den Leinenstoff einer Decke bügeln, läßt man die Spitze über die Kante des Bügelbrettes oder Ärmelplättbrettes hängen.

Decken, mit denen man besonders behutsam umgehen möchte, sollte man aufgerollt auf einer mit Stoff oder Gaze bezogenen Papprolle aufbewahren.

Es ist nicht gut, Leinen in Plastik aufzubewahren. Plastik zieht Schmutz an und auf der Innenseite können sich Kondensat und Schimmel bilden.

Seidenstoffe und Seidengarne werden in lauwarmem Wasser von Hand gewaschen. Als Waschmittel benutzt man Babyschampoo oder unparfümiertes und ungefärbtes Spülmittel. Gut spülen, das Wasser vorsichtig ausdrücken und trocknen lassen.

Seidenstoffe können mit niedriger Temperatur gebügelt werden. Seide nicht in starkem Sonnenlicht aufbewahren, da die Resistenz ziemlich gering ist.

Lehrpläne

Kurs I

Kapitel: Geschichte des Klöppelns, Werkzeug und Material, Wie geklöppelt wird, Traditionelles Klöppeln, Montagen, Pflegeratschläge

	Lernziele Lerninhalte	Durchführung	Diskussionsgrundlagen	Literatur zur Vertiefung
1	Erläuterung des Lehrganges, Kursplan, Werkzeug, Stellung der Hände, Befestigung des Briefes, Spulen, Schlinge, Grundschläge, Rand, Leinenschlag.	Garnspulen, Schlinge, Grundschläge mit grobem Garn üben. Randspitze klöppeln.	Die Durchführung des Kurses.	
2	Klöppelgarne. Lesen einer Zeichnung.	Randspitze weiterklöppeln, 12 cm, ggf. mehr für Montage.	Warum haben Sie gerade diesen Kurs gewählt? Was erwarten Sie von diesem Kurs?	
3	Löcherschlag mit doppelter Drehung, Durchbruch, Netzschlag.	Teveronika, 12 cm klöppeln, ggf. mehr für Montage.	Der Gebrauch von Spitzen heute.	
4	Das Zusammennähen einer Spitze, Montage der Randspitze und Teveronika.	Teveronika weiterklöppeln. Montage der Randspitze oder Teveronika beginnen.	Verschiedene Montagevorschläge.	E. Köhlmark: *Broderiboken.* Abschnitt: Montagen
5	Ratschläge – woran man denken muß. Löcherschlag. Netzschlagfigur mit Leinenschlag an den Kanten.	Wegrand klöppeln, 12 cm, eine der Varianten, evtl. auch beide.	Klöppeln mit grobem und dünnem Garn: ein Vergleich.	
6	Geschichte des Klöppelns, ggf. Bilder zeigen. Rand: Innennadel.	Eiszapfen klöppeln, 12 cm, eine der Varianten, evtl. auch beide.		van der Meulen-Nulle: *Spetsar – en historik.* Oder M. Schuette: *Alte Spitzen*
7	Fortsetzung der Geschichte des Klöppelns. Verschiedene Traditionen. Einlegen des Konturfadens.	Kornblume klöppeln.	Klöppeltradition in Schweden. Woher und wann kam sie?	
8	Anfang einer Spitze mit paarweise bewickelten Klöppeln.	Übungsspitze klöppeln.	Verschiedene Arten, Spitze herzustellen.	A.-M. Nylén: *Hemslöjd*
9	Rohrstuhlgrund mit und ohne extra Drehung, Rosengrund, Formschläge, Spinne.	Übungsspitze klöppeln.	Durchgehen der fertigen Arbeiten mit Randspitze/Teveronika.	
10	Abschluß und Flechten sowie Pflege geklöppelter Spitzen.	Übungsspitze klöppeln.	Bewertung des Kurses.	Konsumentverket: *Textil handbok*

Kurs II

Kapitel: Traditionelles Klöppeln, Materialkunde, Montagen, Pflegeratschläge

	Lernziele Lerninhalte	Durchführung	Diskussionsgrundlagen	Literatur zur Vertiefung
1	Wiederholung. Anfang mit paarweise bewickelten Klöppeln, Formschläge, Leinenschlag, Flechten.	Lesezeichen »Mandelrose« klöppeln, ggf. Gürtel.	Die Durchführung des Kurses diskutieren.	
2	Das Wechseln von Laufpaaren in einer Leinenschlagfigur. Eine Ecke klöppeln.	Fischschwarm klöppeln, ggf. Viereck.	Das Aufbewahren von Klöppelarbeiten.	Vorführen: *Knyppling.* Film.
3	Das Beenden einer Spitze in der Ecke aufzeigen. Zusammennähen einer Spitze zeigen.	Fischschwarm klöppeln, ggf. Viereck. Ein Viereck zusammennähen.	Besuche von Fachausstellungen etc. besprechen.	
4	Montage vorführen.	Ein Viereck montieren.		
5	Wiederholung: Flechten, Leinenschlag, Durchbruch. Zusammenfügen von Flechten zeigen.	Regenbogen klöppeln, ggf. Viereck.	Verschiedene Montagearten besprechen.	E. Köhlmark: *Broderiboken.* Kapitel: Montagen
6	Materialkunde: Flachs/Leinen.	Bärlapp klöppeln.	Warum verwendet man Leinen für geklöppelte Spitzen?	S. Wiklund, V. Djursson: *Textil materiallära*
7	Montage einer runden Decke vorführen.	Bärlapp klöppeln. Runde Decke montieren.		
8	Picot mit zwei Fäden zeigen. Wiederholung: Rosengrund.	Pingpong klöppeln.		
9	Konturfaden und Fachwechsel Luftschlag. Montage eines Taschentuches vorführen.	Apfelblüte oder Tulpe klöppeln. Taschentuch montieren.		
10	Konturfaden ohne Drehung vorher und nachher.	Gittertür oder Anna-Stina klöppeln.	Bewertung des Kurses.	

Kurs III

Kapitel: Geschichtliche Übersicht, Werkzeug und Material, Traditionelles Klöppeln, Geklöppelte Bilder, Montagen

	Lernziele Lerninhalte	**Durchführung**	**Diskussionsgrundlagen**	**Literatur zur Vertiefung**
1	Herstellung eines Briefes vorführen.	Einen Klöppelbrief zeichnen und stechen. Delsbospitze klöppeln.	Die Durchführung des Kurses besprechen.	K. Malmberg: *Delsboknyppling* Katalog für die Wanderausstellung: I knipplingahjörnan
2	Volkstümliche Spitzen in Schweden.	Brief zeichnen und stechen. Blekingespitze klöppeln.	Die Unterschiede zwischen west- und osteuropäischen Traditionen.	M. Flink: *Allmogeknyppling i Blekinge* U. Berglund Brasch, Hams U. Danielsson: *Folklig knyppling i Dalarna.* Ausstellungen zum Leihen: *Folklig knyppling i Dalarna* Dalarnas Museum
3	Verschiedene Traditionen – Verbreitungswege.	Brief zeichnen und stechen. Ångermanlandspitze klöppeln.	Die Unterschiede zwischen west- und osteuropäischen Traditionen.	und/oder *I knipplingahjörnan* Kristianstads länsmuseum
4		Brief zeichnen und stechen. Ovanåkerspitze klöppeln.	Montage-Vorschläge besprechen.	E. Köhlmark: *Broderiboken.* Kapitel: Montagen
5	Das Einhängen von extra Paaren im Netzschlag und Picot mit einem Faden vorführen.	Die Taube klöppeln.		
6	Besprechen von farbigen Klöppelgarnen.	Tuff-tuff klöppeln.		
7	Klöppeln und das schwedische Kunstgewerbe.	Tuff-tuff klöppeln.		
8		Das Pförtnerhäuschen klöppeln.	Verschiedene technische Lösungen, Schläge und Gründe diskutieren.	
9		Das Pförtnerhäuschen klöppeln.		
10		Blekingeboot klöppeln.	Bewertung des Kurses.	

Kurs IV

Kapitel: Geschichtliche Übersicht, Geklöppelte Bilder, Montagen

	Lernziele Lerninhalte	**Durchführung**	**Diskussionsgrundlagen**	**Literatur zur Vertiefung**
1	Klöppeln als Kunst in verschiedenen Ländern, ggf. Bilder zeigen.	Amphora klöppeln.	Die Durchführung des Kurses.	Pfannschmidt: *Twentieth Century Lace* Mühlensiepen: *Leni Matthaei*
2	Klöppeln als Kunst in verschiedenen Ländern, ggf. Bilder zeigen.	Plattfisch klöppeln.		*Lace as an Art* Katalog einer Ausstellung, Tekomuseum, Borås
3	Wiederholung: Anfang und Abschluß einer Spitze sowie verschiedene Schläge und Gründe.	Plattfisch klöppeln.		M. Cook – G. Stott: *Bobbin Lace Stitches*
4	Wiederholung: Anfang und Abschluß einer Spitze sowie verschiedene Schläge und Gründe.	Blütenkelch klöppeln.	Die Rolle des Künstlers in der Gesellschaft, Probleme und Arbeitsbedingungen diskutieren.	
5	Wiederholung: Anfang und Abschluß einer Spitze sowie verschiedene Schläge und Gründe.	Blütenkelch klöppeln.	Künstler oder Fachleute einladen.	
6	Technische Lösungen durchnehmen.	Samarkand klöppeln.	Montagevorschläge diskutieren.	E. Köhlmark: *Broderiboken.* Kapitel: Montagen
7	Technische Lösungen durchnehmen.	Samarkand klöppeln.	Besuche von Fachausstellungen etc. besprechen.	
8	Technische Lösungen durchnehmen.	Luftballon klöppeln.		Folgende Ausstellung ausleihen: *Knyppling jorden runt,* Malmö Museum
9	Technische Lösungen durchnehmen.	Luftballon klöppeln.		
10	Technische Lösungen durchnehmen.	Fertige Arbeiten montieren.	Bewertung des Kurses.	

Kurs V

Kapitel: Werkzeug und Material, Experimentelles Klöppeln, Materialkunde

	Lernziele Lerninhalte	Durchführung	Diskussionsgrundlagen	Literatur zur Vertiefung
1	Hilfsmittel, Garne, Formgebung.	Muster entwerfen.	Die Durchführung des Kurses besprechen.	B. Bager: *Naturen som formgivare* Jerstorp – Köhlmark: *Forma mönster*
2	Formgebung, ggf. Bilder zeigen.	Muster entwerfen, einfache experimentelle Klöppelarbeit vorbereiten und anfangen.	Möglichkeiten und Grenzen der Technik diskutieren.	Kliot: *Bobbin Lace* Nieuwhoff: *Contemporary Lace making*
3	Formgebung, ggf. Bilder zeigen.	Experimentelles Klöppeln fortsetzen.	Montagevorschläge besprechen.	E. Köhlmark: *Broderiboken.* Kapitel: Montagen
4	Farbenlehre.	Muster entwerfen. Experimentelles Klöppeln.	Möglichkeiten und Grenzen der Farben in bezug auf die Klöppeltechnik diskutieren.	Färginstitutet: *Kurs och studiematerial för färgundervisning enl NCS.* E. Köhlmark: *Broderiboken,* Kap. Farbe
5	Farbenlehre.	Muster entwerfen. Experimentelles Klöppeln.	Möglichkeiten und Grenzen der Farben in bezug auf die Klöppeltechnik diskutieren.	Collier: *Creative Design in Bobbin Lace.*
6	Materialkunde: Seide.	Experimentelles Klöppeln fortsetzen.	Seide bei Klöppelarbeiten.	Wiklund – Djursson: *Textil materiallära.*
7	Verschiedene technische Lösungen.	Muster entwerfen. Experimentelles Klöppeln.	Besuch von Fachausstellungen besprechen.	Cook – Stott: *Bobbin Lace Stitches.*
8	Ggf. Bilder zeigen.	Muster entwerfen. Experimentelles Klöppeln.	Die Klöppeltechnik als eine Kunstrichtung betrachten und mit anderen Kunsthandwerken vergleichen.	
9	Andere Materialien.	Eventuell experimentelles Klöppeln als Gruppenarbeit. Fertige Arbeiten montieren.	Die Klöppeltechnik als eine Kunstrichtung betrachten und mit anderen Kunsthandwerken vergleichen.	Wiklund – Djursson: *Textil materiallära.*
10		Eventuell experimentelles Klöppeln als Gruppenarbeit. Fertige Arbeiten montieren.	Bewertung des Kurses.	

Die geklöppelten Arbeiten in diesem Buch sind in einer bestimmten Reihenfolge bezüglich des Schwierigkeitsgrades aufgenommen worden. Wenn man möchte, kann man natürlich diese Reihenfolge ändern und sie auf die Kenntnisse und Möglichkeiten der Teilnehmer abstimmen.

Literatur und Ausstellungen

Literatur zu den Lehrplänen

Bager, B.: *Naturen som formgivare* (Die Natur als Formgeber). Nordisk Rotogravyr 1961[1].

Berglund Brasch, U. Danielsson Hams U.: *Folklig knyppling i Dalarna* (Volkstümliches Klöppeln in Dalarna), herausgegeben von Dalarna Museum, 1987.

Collier: *A Creative Design in Bobbin Lace* (Ein kreativer Entwurf der Klöppelspitze). Bt Batsford Ltd, London 1982.

Cook, M./Stott, G.: *Introduction to Bobbin Lace Stitches* (Einführung in verschiedene Schläge beim Klöppeln). Bt Batsford Ltd, London 1983.

Flinck, M.: *Allmogeknypplingar i Blekinge* (Volkstümliche Spitzen aus Blekinge). Herausgegeben von Blekinge Läns Museum. Auszug aus dem Blekingebuch 1986.

Färginstitutet (Farbeninstitut). Box 14038, 104 40 Stockholm. *Kurs-och studiematerial för färgundervisning enl NCS* (Kurs- und Studienmaterial zur Farbenlehre gem. NCS).

»I Knipplingahjörnan« (In der Klöppelecke). Katalog zur Wanderausstellung siehe unten.

Jerstorp, K./Köhlmark, E.: *Forma mönster* (Muster gestalten). Bonniers 1986.

Kliot, K.: *Bobbin Lace* (Klöppelspitze), Crown Publicers Inc, New York 1973[2].

Konsumentverket, *Textil handbok* (Textiles Handbuch).

Köhlmark, E.: *Broderiboken* (Stickereibuch), ICA Buchverlag 1981.

Malmberg, K.: *Delsboknyppling* 1977 (Delsboklöppeln)[3].

van der Meulen-Nulle, L. W.: *Spetsar, en historik* (Geschichtliche Übersicht zu Spitzen) LT 1969[1].

Mühlensiepen, I.: *Leni Matthaei.* M. & H. Schaper, Hannover 1980.

Nieuwhoff, C.: *Contemporary Lace Making.* (Herstellung von Spitze heute) Van Nostrand Reinhold, London 1975.

Nylén, A.-M.: *Hemslöjd* (Handwerk). Verbum 1981.

Pfannschmidt, E. E.: *Twentieth Century Lace* (Die Spitze im zwanzigsten Jahrhundert). Mills & Boon Lmt, London 1975.

Schuette, M.: *Alte Spitzen.* Klinkhard & Bierman, Braunschweig 1981.

Tekomuseum, Borås. *Lace as an Art* (Spitze als Kunst). International exhibition of modern bobbin-lace (Int. Ausstellung moderner Spitzen). Betonac Prize. Utställningskatalog. Utställningen visades på Tekomuseet (Ausstellungskatalog. Die Ausstellung fand statt vom 10. 11. – 29. 12. 1985).

Wiklund, S., Djursson, V.: *Textil materiallära* (Textilkunde). LT 1976.

[1] Nur in Bibliotheken oder Antiquariaten erhältlich.
[2] Zu bestellen bei: Some Place, 2990 Adeline st, Berkeley, California, 94703 USA.
[3] Zu bestellen bei: Vadstenaspitzen

Wanderausstellungen

Folklig knyppling i Dalarna (Volkstümliches Klöppeln in Dalarna). Föremål och bilder om knypplingens utveckling i Dalarna (Gegenstände und Bilder zur Entwicklung des Klöppelns in Dalarna). Dalarnas Museum, Box 22, 791 21 Falun.

Knyppling jorden runt (Klöppeln weltweit). Samling av föremal och bilder från ett 40-tal länder (Eine Sammlung von Gegenständen und Bildern aus 40 verschiedenen Ländern). Malmö Museum, Box 406, 201 24 Malmö.

I knipplingahjörnan (In der Klöppelecke). Föremal och bilder om skånska spetsar-Tosterupsspetsar (Gegenstände und Bilder von Spitzen aus Schonen-Tosterupsspitzen). Kristianstad Länsmuseum, Stora Torg, 291 32 Kristianstad.

Film

Knyppling (Klöppeln).
Producent Pelle Tågmark Film AB.
Bestellen bei AB Starfilm, Hälsingegatan 7, 113 23 Stockholm. (Kann gekauft oder gemietet werden.)

Literatur

Dalarnas museum. *Textil tradition.* 1984.

Flinck, M.: *Allmogeknyppling i Blekinge* (Volkstümliche Spitze aus Blekinge). Blekinge läns museum 1986.

Henschen, I.: *Skånska spetsar:* Historik i Ingers (Spitze aus Schonen), G Skånsk knyppling. LT 1966.

Hörlén, A.: *Knyppling och knypplerskor i södra delen av Ingelstadshärad* (Klöppeln im südlichen Ingelstads-Kreis). CWK Gleerup 1962.

Johanson, S.: *Knyppling i Östergötland* (Klöppeln in Östergotland). Föreningen Gamla Vadstena 1983.

Levey, S.: *Lace a History* (Geschichte der Spitze). Victoria and Albert Museum London 1983.

Malmberg, K.: *Delsboknyppling* (Klöppeln in Delsbo). Stockholms universitet. Etn inst 1977.

Metelius, I.: *Spetshandel och spetsknyppling i Vadstena under 1800-och 1900-talen* (Spitzenhandel und Klöppelspitze in Vadstena im 19. und 20. Jahrhundert). Uppsala universitet. Etn inst 1972.

van der Meulen-Nulle, L. W.: *Spetsar, en historik* (Spitzen – eine Geschichte). LT 1969.

Nixdorff, H.: *Europäische Volkstrachten.* Museum für Völkerkunde, Berlin 1977.

Nylén, A.-M.: *Hemslöjd* (Handwerk). Verbum 1981.

Risselin-Steenebrugen. *Dentelle Belges* (Belgische Spitze). Musées Royaux d'Art et d'Histoire, Bryssel.

Schuette, M.: *Alte Spitzen.* Klinkhard & Bierman 1981.

Tornehave, B.: *Danske Frihåndsknipplinger* (Dänisches Freihandklöppeln). Notabene Köpenhamn 1987.

Einkaufsquellen

Die Klöppelbriefe für die Spitzen in den Kapiteln »Traditionelles Klöppeln« (nicht Volkstümliche Spitzen) und »Geklöppelte Bilder« können bestellt werden bei:
Vadstenaspetsar
Box 5015
580 05 Linköping 5
Adresse für Besucher:
Rådmansgatan 5
Gamla Linköping

Dort gibt es auch Klöppelgarne, auch farbige, Klöppelkissen und sonstige Geräte, Leinen, Lampenschirmgestelle u. a.
Klöppelgeräte und einige Garne kann man auch in Kunstgewerbegeschäften kaufen.

Das Lampenschirmgestell mit der Spitze Ovanåker auf Abb. 148 kann man bei Vadstenaspetsar bestellen.
Kerzenständer aus Glas kann man im Handel kaufen. Dämmplatten verkaufen Holz- und Baustoffgeschäfte.

Bildnachweis

Blekinge läns Museum 26, Boulez-Cuykx, Betty 46, 47, Dalarnas Museum/Gagnef kommun 25, Hälsinglands Museum 21, Höglund, Anders 37, Folklivsarkivet, Lund 31, Hansson, Lydia 152, Hulterström, Birgitta 158 (1), 162 (2), 164 (1), Jonsson, Agneta 150 (2), Lindahl, Johnny 150 (1), Malmberg, Kristina 22, 161, Musées Royaux des Beaux-Arts de Belgique 6, 9, Museum für Völkerkunde, Berlin 16, 17, Nordiska Museet 20, 24, 27, Österlens Museum 28, 29, Schüttzén, Håkan 162 (1), Steinsson, Torleif/Tekomuseum, Borås 163, 165 (2), Uppsala Bild/Nodén, Rolf 7, Wahland, Marianne 35, 36, übrige Fotos und Umschlagfotos Kent Jardhammar.

Register

ISBN 3-475-52666-2

Die Übersetzung besorgte Agneta Christen.
Dieses Buch erscheint in der Reihe Rosenheimer Raritäten im Rosenheimer Verlagshaus Alfred Förg GmbH & Co. KG, Rosenheim.
Es wurde gesetzt von Ludwig Auer GmbH, Donauwörth, gedruckt und gebunden bei Gummessons Tryckeri AB, Falköping.